Michael Laitman

QUANTUM KABBALA

Michael Laitman

QUANTUM KABBALA

Neue Physik und kabbalistische Spiritualität

Aus dem Englischen von
Christiane Reinstrom

Allegria

Titel der kanadischen Originalausgabe:
KABBALAH, SCIENCE AND THE MEANING OF LIFE
Erschienen 2006 beim Verlag LKP, Toronto, Kanada

Allegria ist ein Verlag der Ullstein Buchverlage GmbH, Berlin
Herausgeber: Michael Görden

ISBN 978-3-7934-2105-4

Übersetzung: Christiane Reinstrom
Lektorat: Michael Nagula
Umschlaggestaltung: FranklDesign, München
Titelabbildung: Ackermann & Frankl
Gesetzt aus der Aldus
Satz: Pinkuin Satz und Datentechnik, Berlin
Druck und Bindearbeiten: Clausen & Bosse, Leck
Printed in Germany

Inhalt

Vorwort

Die Essenz des menschlichen Seins ist das sich ständig entwickelnde Streben nach Genuss. Um dieses Streben zu bewahrheiten, verspüren wir die Notwendigkeit, unsere Wirklichkeit zu entdecken, zu erfinden und zu verbessern. Die allmähliche Zunahme dieses Strebens nach Genuss war die gesamte Menschheitsgeschichte hindurch die treibende Kraft hinter unserer Entwicklung.

Das Streben nach Genuss durchläuft mehrere Phasen. In der ersten Phase erscheint dieser Wunsch als Verlangen nach Nahrung, Fortpflanzung und Familie. Die zweite Phase beschreibt die Sehnsucht nach Reichtum, und in der dritten Phase wird die Begierde nach Ehre, Macht und Berühmtheit ausgedrückt. Nach Ablauf der dritten Phase entwickeln sich Klassen und Sekten in der menschlichen Gesellschaft.

Die vierte Phase kennzeichnet das Bestreben, sich an Wissen und Gelehrsamkeit zu erfreuen. Es drückt sich besonders in der Entwicklung von Wissenschaften, Bildungswesen und Kultur aus. Dieses Stadium war eng mit der Zeit der Renaissance und wissenschaftlichen Revolution verbunden und herrscht heute noch vor. Der Wunsch nach Wissen und Gelehrsamkeit macht es erforderlich, dass wir unser Umfeld kennen.

Um den gegenwärtigen Stand der Menschheit und ihre Perspektiven zu verstehen, müssen wir eine Brücke bauen, die mehrere Meilensteine in der Entwicklung der Wissenschaften miteinander verbindet. Diese Meilensteine haben einen bedeutenden Einfluss auf unser Verständnis des Lebens gehabt.

Die im sechzehnten Jahrhundert erfolgte wissenschaftliche Revolution zog radikale Veränderungen in unseren Denkmustern nach sich. Damals glaubten die Forscher, dass Theorien anhand von Experimenten und Beobachtungen nachprüfbar gemacht werden müssten. Sie ermahnten uns, mythologische und religiöse Erklärungen nur ja zu vermeiden. Im Zentrum wissenschaftlichen Denkens standen die Analyse der Wirklichkeit und das Auffinden wissenschaftlicher Antworten auf uralte Fragen. Diese Themen waren bis dahin einer göttlichen Macht zugeschrieben worden.

In seinem Buch *Mathematische Prinzipien der Naturlehre* (1687) schlug Isaac Newton (1642–1727) eine Theorie der Mechanik vor, die es ermöglichte, die Veränderung in der Geschwindigkeit eines jeden beliebigen Körpers zu berechnen, wenn eine bestimmte Kraft auf ihn Einfluss nahm. Der Erfolg von Newtons Theorie führte zu einer völlig neuen Weltsicht. Newtons deterministische Betrachtungsweise sagte aus, dass jedes Geschehen, gleich welcher Art, einem bestimmten Naturgesetz folgt. Die Gegenwart des Göttlichen war von geringer Bedeutung, da der Ablauf aller Bewegungen feststand, und eine Intervention durch das Göttliche gab es nicht.

Dieser deterministische Ansatz wurde von dem Astronomen Pierre Simon Laplace (1749–1827) gut beschrieben, als er Napoleon zu erklären versuchte, wie sich unser Sonnensystem gebildet hatte. Auf Napoleons Frage, wo Gott in diesem Vorgang denn seinen Platz habe, antwortete Laplace: »Je n'avais pas besoin de cette hypothèse-là.« (»Diese Hypothese benötige ich nicht.«)

Somit ließ die Wissenschaft keinen Raum für zusätzliche

Aspekte jenseits ihrer Begrenzungen, einschließlich der Wirklichkeiten, die unserer Wahrnehmung verborgen sind. Jeder meinte, dass die Menschheit alle erforderlichen Messmethoden kannte, um die Welt so zu erfahren, wie sie wirklich ist.

Im ausgehenden neunzehnten Jahrhundert schien es, als hätte die klassische Physik die Forscher mit einer umfassenden Sammlung an Gesetzen für jedes natürliche Phänomen ausgestattet. Viele Forscher behaupteten, dass diese Gesetze ihnen dabei helfen würden, selbst die wenigen Phänomene zu erklären, über denen noch der Schleier des Geheimnisvollen lag. Da die Physik immer als »Mutter aller Wissenschaften« und als Speerspitze für Technologie und Experimente betrachtet worden war, dienten ihre Entdeckungen auch als Grundlage von Forschungen auf anderen wissenschaftlichen Gebieten.

Das Zeitalter der modernen Physik begann Anfang des zwanzigsten Jahrhunderts mit Albert Einsteins (1879–1955) revolutionären Entdeckungen. Seine Relativitätstheorie führte zu einer radikalen Veränderung der Einstellung gegenüber allem, was bisher über Zeit, Raum, Masse, Bewegung und Anziehungskraft bekannt war. Einsteins Theorie verband Zeit und Raum zu einer einzigen Einheit – der Raumzeit – und erklärte damit die bisherige Grundannahme, Zeit und Raum seien absolut, für ungültig.

In den dreißiger Jahren des zwanzigsten Jahrhunderts kam eine andere Theorie auf: die Quantenmechanik, auch als Quantentheorie bekannt. Sie bewirkte eine kontinuierliche Revolution in der Physik, der zufolge alle Messungen nur noch angenäherte, quantitative Ergebnisse erbrachten, Wahrscheinlichkeiten, die mit Hilfe der Quantentheorie gedeutet werden.

Die Quantentheorie ermöglichte es auch, verschiedene

Phänomene zu beschreiben, die durch die bisherigen Theorien nicht erklärt werden konnten. Die berühmteste unter ihnen war die Welle-Teilchen-Dualität, die zeigte, dass mikroskopisch kleine Teilchen wie Elektronen sich unter bestimmten Bedingungen wie Schwingungen und unter anderen Bedingungen wie Teilchen verhielten.

Ein fundamentales Konzept der Quantentheorie ist die Unschärferelation, die besagt, dass der *Beobachter* das beobachtete Geschehen beeinflusst. Deshalb lautet die Hauptfrage: »Was messen wir bei den Messungen eigentlich?« Diese Relation macht die Vorstellung eines »objektiven Fortschritts« gegenstandslos. Mehr noch: Jenseits der gemessenen Resultate kann es keine »objektive Wirklichkeit« geben.

Die Entdeckungen der Quantenphysik veränderten die Betrachtungsweise der Wissenschaftler grundlegend. Das deterministische Konzept, das darauf besteht, dass die Physik objektive Tatsachen der Natur offenlegt und ihre absolute Existenz in der Natur beschreibt, wurde fallen gelassen.

An ihre Stelle trat die Erkenntnis, dass die Physik das wahre Wesen der Natur *nicht* kennt. Die Physik kann nur beim Erstellen von Paradigmen, Denkmustern und Formeln behilflich sein, welche die Berechnung von Resultaten eines Experimentes innerhalb gewisser Grenzen der Wahrscheinlichkeit ermöglicht.

Die zeitgenössische Wissenschaft unterscheidet zwischen der »eigentlichen Wirklichkeit«, die unabhängig vom Beobachter existiert, und der Wirklichkeit, die der Beobachter beschreiben kann. Das Verständnis der Forscher läuft heutzutage darauf hinaus, dass das, was einst als »absolute Tatsache« galt, nun neuen Schlussfolgerungen und Experimenten weichen muss. Diese wiederum führen zu immer neuen Formeln und Experimenten.

Damit ist mittlerweile offensichtlich, dass die Wissenschaft nicht die absolute Wahrheit wiedergibt, sondern vielmehr ein Bild der Welt, das durch die gegenwärtigen Experimente, Wahrnehmungen und Paradigmen geschaffen wurde. Je größer unsere Kenntnis der Welt ist, desto mehr Ungewissheiten und Widersprüchen sehen wir uns gegenüber.

Durch dieses Zugeständnis verringerte sich die Vorherrschaft der Naturwissenschaften im Allgemeinen und der Physik im Besonderen ganz beträchtlich. Sie machte aus der Wissenschaft ein Werkzeug, das einen begrenzten Teil der Wirklichkeit enthüllt, aber nicht die absolute Wahrheit. Die eigentliche Wirklichkeit ist uns verborgen; wir können sie nicht durch wissenschaftliche Forschungen erkunden.

In den letzten Jahren haben sich viele Wissenschaftler für unterschiedliche Religionen, New-Age-Theorien und Mystizismus interessiert. Sie versuchen neue Mittel und Wege zu finden, um die verborgenen Teile der Wirklichkeit zu erfassen, die mit konventionellen wissenschaftlichen Werkzeugen nicht erreichbar sind.

Diese Zwickmühle der Wissenschaft hat sich seit der Jahrhundertwende zu einer Krise ausgewachsen, die unsere Fähigkeit auf die Probe stellt, das vollständige Bild der Welt, in der wir leben, aufzudecken und die Regeln zu verstehen, nach denen sich Natur und Menschheit richten.

Als die Menschheit sich erst einmal den Wunsch nach Wissen und Gelehrsamkeit erfüllt hatte und die sichtbare Wirklichkeit erforscht war, tauchte ein neuer Wunsch auf – der Wunsch, mit dem höchsten aller Konzepte, dem verborgenen Teil der Wirklichkeit, vertraut zu werden. Das ist der Stand menschlichen Strebens, auf dem wir uns heute befinden.

Vor diesem Hintergrund erscheint nun die Kabbala, die der Menschheit eine neue Perspektive, eine wissenschaftliche Weltanschauung anbietet, die die Kabbalisten bereits vor Tausenden von Jahren während ihres Studiums der Wirklichkeit entdeckten. Unser gegenwärtiger Wunsch, die gesamte Wirklichkeit zu kennen, beweist, dass die Menschheit bereit ist, sich mit der Kabbala auseinanderzusetzen.

Die kabbalistische Wahrnehmung der Welt verbindet Voraussetzungen, die andere Religionen als bloßen Glauben annehmen, mit einer wissenschaftlichen Herangehensweise. Die Kabbala entwickelt in uns Werkzeuge, die uns in einer begreifbaren Wirklichkeit willkommen heißen, und versorgt uns mit den entsprechenden Mitteln, sie zu erforschen.

Das Buch *Quantum Kabbala* präsentiert die Grundlagen einer Wissenschaft, die jene Aspekte unserer Wirklichkeit erforscht, die den Wissenschaftlern verborgen bleibt. Wenn wir diese verborgenen Bereiche aufdecken, wird das Wissen über die Welt, in der wir leben, vollständig. Durch die Vereinigung des Verhüllten und des Enthüllten bereiten wir uns auf eine präzise wissenschaftliche Erforschung und die Entdeckung der wahren Formeln vor.

Dadurch, dass wir das Verhüllte offenlegen, wird unsere Sichtweise auf die Welt komplett, befreit von den Beschränkungen relativer Wahrnehmungen, und wir werden die Existenz sämtlicher Teile der Wirklichkeit jenseits von Zeit, Raum und Bewegung sichtbar machen. All dies gewährt die Weisheit der Kabbala jedem, der wahrhaft danach strebt.

Das vorliegende Buch beruht auf Vorträgen des Autors und wurde von seinen Studenten und Studentinnen zusammengestellt.

Kabbala
trifft auf Quantenphysik

Im März 2005 wurde in San Francisco, Kalifornien, eine einzigartige wissenschaftliche Konferenz abgehalten, deren bedeutendste Teilnehmer der Kabbalist Dr. Michael Laitman und die Quantenphysiker Dr. William Tiller, Dr. Jeffrey Satinover und Dr. Fred Alan Wolf waren. Alle drei Wissenschaftler haben auch an dem erfolgreichen Dokudrama *What the bleep do we know?* mitgewirkt. Das Thema der Konferenz lautete »Quantenphysik trifft Kabbala«.

Diese faszinierende Konferenz bestand aus intensiven Diskussionen im engeren Kreis und öffentlichen Präsentationen. Nach der Vorstellung der Teilnehmer gab Dr. Laitman einen Überblick über die Kabbala, erklärte die Struktur der Wirklichkeit und wie sich das Wesentliche der Schöpfung – das Streben nach Genuss – entwickelt. Schon nach einer Sitzung hatten die Wissenschaftler eine gemeinsame Sprache gefunden.

Später am Abend stellten die Wissenschaftler den Dozenten und Studenten der University of California in Berkeley und der Stanford University in einem öffentlichen Vortrag ihren jeweils speziellen Fachbereich vor.

Am nächsten Morgen saßen sie wieder am Runden Tisch. Zwischen den Diskussionen tauschten sie ihre Eindrücke von der Konferenz aus und schilderten den Ablauf ihrer persönlichen Suche.

Einige Wochen danach nahm Dr. Satinover an einem internationalen Kongress in Israel teil, der die Weisheit der Kabbala zum Thema hatte. Auf dem Kongress diskutierten Dr. Laitman und Dr. Satinover verschiedene Themen wie den freien Willen, die globale Krise, die Familie im einundzwanzigsten Jahrhundert, die zunehmende Suche nach Spiritualität und die Zukunft der Menschheit. Dr. Satinover hielt einen öffentlichen Vortrag über die Quantenphysik und ihre weitreichenden Implikationen.

Die Erklärungen der Kabbala im folgenden Teil des Buches beruhen auf diesen Treffen.

Der Herausgeber

Teilnehmer an der Konferenz in San Francisco

Prof. William Tiller

Professor William Tiller, Doktor der Physik an der University of Toronto, war früher Professor für Werkstoffkunde und Ingenieurwissenschaften an der Stanford University. Er veröffentlichte über 250 Publikationen und mehrere Bücher. Zu seinen Hauptwerken zählen *Some Science Adventures with Real Magic* (Wissenschaftliche Abenteuer mit echter Magie), *Conscious Acts of Creation: The Emergence of A New Physics* (Bewusste Schöpfungsakte: Das Entstehen einer neuen Physik), *Science and Human Transformation: Subtle Energies, Intentionality and Consciousness* (Wissenschaft und menschliche Transformation: Subtile Energien, Intentionalität und Bewusstsein).

Dr. Fred Alan Wolf

Fred Alan Wolf, Doktor der Theoretischen Physik an der University of California, Los Angeles, ist Dozent und Quantenphysiker. Er hatte noch mit dem bekannten Physiker David Bohm (1917–1992) Kontakt und studierte unter Richard Feynman (1918–1988), einem der berühmtesten Physiker des zwanzigsten Jahrhunderts.

Außerdem ist Dr. Wolf der Autor von elf Büchern, die in mehrere Sprachen übersetzt wurden. Darunter: *Taking the Quantum Leap: The New Physics for NonScientists* (dt. Ausgabe: *Der Quantensprung ist keine Hexerei. Die neue*

Physik für Einsteiger), The Yoga for Time Travel: How the Mind Can Defeat Time (Yoga für Zeitreise: Wie der Geist die Zeit besiegen kann), *Matter into Feeling: A New Alchemy of Science and Spirit* (Materie zu Gefühl: Eine neue Alchemie von Wissenschaft und Geist) und *Mind into Matter: A New Alchemy of Science and Spirit* (Geist zu Materie: Eine neue Alchemie von Wissenschaft und Geist).

DR. JEFFREY SATINOVER

Dr. Jeffrey Satinover erwarb akademische Grade am Massachusetts Institute of Technology (Bakkalaureus der Wissenschaften), an der University of Harvard (Diplom in Pädagogik), Texas (Doktor der Medizin) und Yale (Magister der Wissenschaften). Er schloss eine psychoanalytische Ausbildung am C.G. Jung Institut in Zürich ab und war Fellow an der Abteilung für Psychiatrie und Kinderpsychiatrie an der University of Yale, wo ihm zweimal der Seymour Lustman Residency Research Prize (2. Platz) der Psychiatrischen Abteilung verliehen wurde. 1975 hatte er den Lehrstuhl von William James in Harvard inne. Bis vor kurzem war er noch Vortragender an der Physikalischen Fakultät der University of Yale. Derzeit arbeitet er an seinem Doktor in Quantenphysik an der Universität von Nizza in Frankreich und unterrichtet Verfassungsrecht an der Princeton University.

Dr. Satinover hat fünf erfolgreiche Bücher verfasst, die in neun Sprachen übersetzt wurden und sich mehrere hunderttausend Mal verkauften. Sein berühmtestes Buch *The Quantum Brain (Der Quantenverstand)* setzte neue Maßstäbe im wissenschaftlichen Journalismus und wurde von der Kritik gefeiert. Darin werden gleich mehrere Themen angesprochen: Mathematik, Wissenschaft, Computer, Quantenphysik und künstliche Intelligenz. Zwei weitere Bücher wurden zu Bestsellern: *Cracking the Bible Code* (dt. Ausgabe: *Die verborgene Botschaft der Bibel. Den Code der Bibel entschlüsselt*) und *Homosexuality and the Politics of Truth* (Homosexualität und die Politik der Wahrheit).

DR. MICHAEL LAITMAN

Rav Michael Laitman ist Doktor der Philosophie an der russischen Akademie der Wissenschaften und hält einen Magister der Wissenschaften in Biokybernetik. Zwölf Jahre lang war er Schüler und privater Mitarbeiter von Rabbi Baruch Ashlag (1907–1991). In dieser Zeit eignete er sich die Sulam-Methode an, Lehren, die sein Mentor von dessen Vater übernommen hatte, Rabbi Yehuda Ashlag (1884–1954), durch den Kommentar *Sulam*, den er zum *Sohar* geschrieben hatte.

Rav Laitman hat dreißig Bücher über die Kabbala verfasst, die in zehn Sprachen übersetzt wurden. Seine täglichen Unterweisungen werden live und als Aufzeichnungen im Kabelfernsehen in Amerika und Israel und im Internet an Tausende von Studenten ausgestrahlt. In jüngster Zeit wurde Rav Laitman zu einem gern gesehenen Redner auf wissenschaftlichen Konferenzen und Kongressen in Europa, Ostasien und Nordamerika und legt dort den Zusammenhang zwischen Kabbala und Wissenschaft dar.

Dr. Laitman sagt, dass er nach dem Schulabschluss einen Beruf wählen wollte, der es ihm ermöglichte, nach dem Sinn des Lebens zu suchen. Er entschied sich für Biokybernetik, weil man auf diesem Gebiet Lebenssysteme und die Gesetze erforscht, die ihre Existenz begründen.

»Ich hatte gehofft«, erklärt er, »dass ich durch dieses Studium verstehen würde, wie das Unbelebte sich zum Pflanzlichen entwickelt und dann zum Belebten wird. Doch am meisten beschäftigte mich die Frage: Wofür leben wir? Das ist eine Frage, die in jedem von uns aufsteigt, in der Alltagsroutine gewöhnlich aber wieder untergeht.

Als ich meine akademischen Studien beendet hatte, arbeitete ich am Leningrader Institut für Hämatologie in Russland. Schon bei meinen Recherchen als Student war ich von der wundervollen Art, wie eine Zelle ihr Leben aufrechterhält, fasziniert. Die harmonische Einverleibung einer jeden Zelle in den Körper erfüllte mich mit Ehrfurcht. Meine Forschungen drehten sich um die Zellstruktur und ihre verschiedenen Aufgaben im Körper, aber ich konnte keine Antwort auf die Frage finden, weshalb der Körper als Ganzes existiert.

Ich nahm an, dass, so wie eine Zelle in einem Körper, auch der Körper Teil eines größeren Systems ist, in dem er als Teil des Ganzen wirkt. Doch meine Versuche, diese Frage im wissenschaftlichen Rahmen zu untersuchen, stießen auf beständige Ablehnung. Mir wurde gesagt, dass die Wissenschaft sich mit solchen Fragen nicht beschäftigt.

Ernüchtert beschloss ich, Russland so schnell wie möglich zu verlassen. Ich hoffte, die Forschungen, die mich so sehr begeisterten, in Israel fortsetzen zu können. 1974, nach vier Jahren als *Refusenik* (eine Person, der die Regierung die Ausreiseerlaubnis aus der Sowjetunion vorenthält), erhielt ich endlich das ersehnte Ausreisevisum und kam nach Israel. Aber auch hier wurden mir nur das Studium und die Forschungen auf der Ebene einzelner Zellen erlaubt.

Mir wurde klar, dass ich nach einem Platz suchen musste, an dem ich die allgemeinen Systeme der Wirklichkeit studieren konnte. Ich wandte mich der Philosophie zu und musste schnell feststellen, dass es auch dort keine Antwort gab. Danach versuchte ich, Antworten in der Religion zu finden, und entdeckte nichts als mechanische Ausführungen von Geboten. Auch dort gab es kein tieferes Verstehen.

Erst nach vielen Jahren der Suche fand ich endlich meinen Lehrer: Rabbi Baruch Ashlag. Zwölf Jahre lang, von 1979 bis 1991, war ich bei ihm. Für mich war er der letzte der Mohikaner, der letzte Kabbalist in einer Abfolge großer Kabbalisten, die sich über Generationen hinweg erstreckt hat. Ich war sein persönlicher Mitarbeiter und Schüler. Ich bin ihm in dieser Zeit nicht von der Seite gewichen, und 1983 schrieb und veröffentlichte ich mit seiner Hilfe meine ersten drei Bücher.

Als mein Lehrer gestorben war, begann ich das von ihm erhaltene Wissen zu entwickeln und zu veröffentlichen. Ich betrachtete es als eine unmittelbare Fortsetzung seiner Arbeit. 1991 gründete ich Bnei Baruch, eine Kabbalistengruppe, die die Methode von Baal HaSulam und seinem Sohn Rabbi Baruch Ashlag studiert und umsetzt.«

Seitdem wurde Bnei Baruch zu einer internationalen Organisation, die viele Tausende von Studenten in der ganzen Welt hat. Ihre Mitglieder erforschen, studieren und verbreiten die Kabbala.

Bnei Baruch hat den größten Internetauftritt über die Kabbala und bietet in 26 Sprachen das reichhaltigste Text- und Medienarchiv mit Lektionen, Büchern und Filmen an. Das gesamte Material wird auf der Webseite www.kabbalah.info gratis angeboten. Bnei Baruch gründete vor kurzem die Produktionsfirma Ari Films, die Dokumentarfilme und Bildungsmaterial produziert und auf Kabelfernseh-Netzwerken in Israel, Nordamerika und Europa ausstrahlt.

Darüber hinaus gründete Bnei Baruch das Ashlag Research Institut (ARI), so genannt nach Baruch Ashlag. Es dient als Zentrum für öffentliche Diskussionen über die Kabbala. Die erzieherischen und akademischen Ziele von ARI erwachsen aus der tief empfundenen Verpflichtung, die Lehren von Baal HaSulam in den Mittelpunkt der öffentlichen Debatte zu bringen.

Als Rav Laitman den Film *What the bleep do we know?* sah, sagte er: »Ich war hocherfreut, dass die darin auftretenden Wissenschaftler sich dieselben Fragen stellten, die ich mir einst stellte. Ich dachte, dass sie sich vielleicht für die Weisheit der Kabbala interessieren könnten.«

Vorstellung der Kabbala

Eine gekürzte Abhandlung von Dr. Laitmans
Präsentation der Kabbala bei einer öffentlichen Diskussion
mit Studenten und Lehrkräften der Universitäten von
Berkeley und Stanford.

Die Weisheit der Kabbala (»empfangen« auf Hebräisch) lehrt uns, wie der Name schon sagt, »zu empfangen«. Sie erklärt uns, wie wir unsere umgebende Wirklichkeit wahrnehmen. Damit wir verstehen, wer wir sind, müssen wir zuerst einmal lernen, wie wir die Wirklichkeit um uns herum wahrnehmen und mit Geschehnissen fertig werden, die auf uns zukommen. Die Weisheit der Kabbala liefert uns all diese Erkenntnisse.

Die Weisheit der Kabbala offenbart sich einem Individuum nicht einfach so, sondern erst bei Erlangen des richtigen Reifegrades. Auf diese Weise öffnet sich die Kabbala heutzutage aber vielen Menschen, und dies ist auch der Grund, weshalb sie jahrtausendelang verborgen war.

Frühere Generationen glaubten, dass die Welt in sich und aus sich heraus existiert, dass wir, ob wir es glauben oder nicht, die Welt wahrnehmen, so wie sie ist, objektiv und unabhängig. Danach begannen die Menschen zu verstehen, dass unser Weltbild durch unser Wesen geformt ist. Mit anderen Worten, das Bild unserer Welt ist eine Kombination unserer eigenen Charakteristika und äußeren Umstände.

Deshalb nehmen wir unsere Umgebung nur teilweise wahr. So gibt es gerade mehrere Welten außerhalb von uns, doch können wir nur eine von ihnen wahrnehmen, nämlich diejenige, auf deren Aufnahme wir uns eingestellt haben. Dadurch erkennen wir äußere Bedingungen je nach unseren inneren Eigenschaften. Haben wir nichts mit der Außenwelt gemeinsam, können wir sie weder wahrnehmen noch fühlen.

Die Kabbala spricht ausführlich von unserer Wahrnehmung von Zeit, Raum und Bewegung. Weshalb kommt es uns so vor, dass sich die Wirklichkeit ausdehnt, sie sich in einer gewissen Entfernung von uns befindet? Was ist die Ursache, dass wir stetig Bewegung und Veränderung wahrnehmen? Ist dies das Resultat innerer Vorgänge, die wir erfahren, oder existieren sie unabhängig davon?

Je mehr wir im Studium unseres Selbst vorankommen, desto mehr finden wir, dass die Wahrnehmung unserer Wirklichkeit von uns abhängt. Wenn sich die Menschheit in ihren Kenntnissen, ihrer Wissenschaft und Technologie hinreichend weiterentwickelt, dann werden wir auch fähig sein, das aufzunehmen, was uns die Weisheit der Kabbala bietet.

Die Weisheit der Kabbala sagt, dass es um uns herum nur das »Höhere Licht« gibt, eine einzige Kraft, die sich in einem unabänderlichen, ewigen Zustand befindet. Außer diesem Höheren Licht existiert nichts. In einem solchen Zustand bedeuten die Worte *existieren* und *nicht existieren* das Gleiche, weil wir nur die Veränderung messen. Wenn es keine Veränderung gibt, dann gibt es auch nichts zu messen.

In jedem von uns gibt es ein »Gen«, ein Stück Information, das ständig neue Empfindungen und Gefühle in uns hervorruft. Wir sehen die Welt dann nach Maßgabe dieser Empfindungen und leiten von ihnen das Bewusstsein ab, dass wir existieren. All diese Vorgänge geschehen in uns und bestimmen unsere Wahrnehmung der Außenwelt.

Eigentlich existiert nichts außerhalb von uns, doch unser Bild der Wirklichkeit erscheint uns so, als *wäre* es außerhalb von uns. Das Konzept, das ich hier vorstelle, wurde schon von den größten Kabbalisten vor Jahrtausenden beschrieben, und sein Reichtum der Erfahrungen ist ebenso faszinierend wie wundervoll. Es steht im *Buch Sohar* (Das Buch des Glanzes), dass wir diese Wahrnehmung erst verstehen, erleben und meistern müssen, bevor wir die Schriften der Kabbala und im *Sohar* verstehen können.

Nachdem wir einmal die Begrenzungen unserer Wahrnehmung erkannt haben, kann die Kabbala uns lehren, das zu entdecken, was wirklich außerhalb von uns ist. Mit Hilfe der Kabbala können wir über unsere angeborenen Eigenschaften hinausgehen, neue Empfindungswerkzeuge heranbilden und mit ihnen die äußere Wirklichkeit vollkommen erleben.

Wenn wir von den Fesseln unserer angeborenen Wahrnehmungen befreit sind, können wir eine ganz neue Welt entdecken und den ewigen, vollständigen und unbegrenzten Fluss des Lebens wahrzunehmen beginnen. Wir können dann die Kräfte erleben, die als einzige Macht die Wirklichkeit lenken, und Begebenheiten, die uns als zufällig, unerwartet und unverständlich erschienen, werden mit einem Mal sinnvoll.

Für solche Menschen kann dann die spirituelle Welt ein System von Kräften werden, das hinter unserer sichtbaren Wirklichkeit steht, Kräften, die die Wirklichkeit vorantreiben. Es ist so ähnlich, als würde man eine Stickerei betrachten: Von vorn gesehen sieht sie wie jedes andere Bild auch aus, aber betrachtet man sie von hinten, bemerkt man die Fäden und ihre Verknüpfungen. Wenn wir diese Fäden und Verbindungen entdecken, versorgt uns das mit Wissen über uns und unsere Umwelt.

Die Weisheit der Kabbala tritt gerade jetzt zutage, weil wir in einer besonderen Zeit leben: Einerseits kennen wir viele Wege, glücklich zu werden, andererseits sieht es so aus, als könnten wir nicht zum Glück finden. Die Kabbala weist weder andere Lehren und Wissenschaften zurück, noch stellt sie den über Generationen hinaus sich entwickelnden menschlichen Fortschritt in Frage. Sie schätzt die menschlichen Errungenschaften, aber gerade auf dem Höhepunkt dieser Errungenschaften verlangt es die Menschheit immer mehr danach, die vollständige Wirklichkeit zu spüren. Aus diesem Grund wächst heutzutage das Interesse an der Kabbala.

Um dieses Ziel zu erreichen und um die spirituelle Welt wahrzunehmen, müssen wir in uns Eigenschaften heranbilden, die denen in der spirituellen Welt gleichen. In der Wirklichkeit nehmen wir alles durch die Übereinstimmung von Eigenschaften wahr. Somit sehen und entdecken wir neue Dinge in der Welt stets nach Maßgabe der Eigenschaften in uns.

Wenn wir reifer werden, erwerben wir von unseren Eltern und unserer Umgebung neue Eigenschaften. Sobald wir sie aufgenommen haben, können wir mit ihrer Hilfe die uns umgebende Wirklichkeit untersuchen. Wir nehmen viele verschiedene Eigenschaften in uns auf, manche von ihnen erwachen zu gegebener Zeit auf natürliche Weise in uns, andere werden durch den Einfluss unserer Umgebung erworben. Manche Eigenschaften können allerdings nicht auf natürliche Weise erworben werden, sie müssen durch eine spezielle Methode in uns entwickelt werden.

Die Weisheit der Kabbala bildet solche Eigenschaften heran. Wenn wir authentische Texte von echten Kabbalisten lesen, hat das einen einzigartigen Einfluss auf uns und weckt subtile Einsichten. Auf der ganzen Welt gibt es keine anderen Texte oder Methoden, die das erreichen. Das Studium der Kabbala führt zu einer besonderen Wahrnehmung, mit der wir das, was »gewöhnliche Wirklichkeit« zu sein scheint, aus einer neuen Perspektive zu sehen beginnen.

Wir können das mit der Betrachtung eines räumlichen Bildes vergleichen, eines Bildes, auf dem die dargestellten Gegenstände einen festen Eindruck machen. Schauen wir das Bild direkt an, erscheinen die Linien wirr und zittrig. Lassen wir unseren Blick jedoch verschwimmen, können wir in das Bild »eintauchen« und stellen fest, dass es ein reichhaltiges, dreidimensionales Bild ist.

Die Weisheit der Kabbala wirkt genauso auf uns und hilft uns dabei, das Bild »einzufangen«. Tatsächlich bringt uns die Kabbala nichts Neues, sondern schärft einfach nur unseren Blick wieder, damit wir endlich »zu sehen« beginnen können.

Wenn ein Mensch beginnt, das richtige Bild wahrzunehmen und die Öffnung der Höheren Welt zu erleben, dann ist diese Entdeckung von dem wundervollen Empfinden ewigen Lebens und eines endlosen und unbegrenzten Flusses an Genuss begleitet. Genau dahin führt uns unser Leben.

Das Wesen der Materie

Die Weisheit der Kabbala hat sich über Jahrtausende entwickelt und wurde von den Kabbalisten durch die Menschheitsgeschichte hindurch verbreitet. Ich möchte hier kurz die entscheidenden Daten zusammenfassen:

- Der erste Kabbalist war Abraham, der Patriarch (ca. 1800 v. d. Z.). *Sefer Yezira* (Das Buch der Schöpfung) wird ihm zugeschrieben.
- Fünfhundert Jahre nach ihm schrieb Moses sein *Buch der Thora* (Das Pentateuch), ca. 1350 v. d. Z.
- Im zweiten Jahrhundert n. d. Z. schrieb Rabbi Shimon Bar-Yochai das Buch *Sefer ha Sohar* (Das Buch des Glanzes).
- Geleitet von dem Kabbalisten Ari (Rabbi Yitzhak Luria Ashkenazi, 1534–1572) erblühte die Kabbala in Israel im sechzehnten Jahrhundert in der Stadt Safed. Er legte seine Methode in seinen Büchern dar, und heutzutage gründet die Weisheit der Kabbala auf der Lurianischen Kabbala (der Kabbala Aris). Die Lurianische Kabbala betrachtet die Kabbala als eine Wissenschaft – es gibt keine Meditation, keine Mantren, Glücksbringer, Amulette und auch kein magisches Malen von Buchstaben.
- Rabbi Yehuda Ashlag (1884–1954), durch seinen Kommentar *Sulam (Leiter)* als Baal HaSulam (Herr der Leiter) bekannt, ebnete unserer Generation den Weg. Seine

Schriften ermöglichen uns die Verbindung zu den uralten, wahren Quellen, die uns die damaligen Größen hinterlassen haben.

Die Kabbala, die wir heute studieren, enthält das gleiche Wissen, das uns von Abraham über all die Generationen hinweg weitergegeben wurde. Ich hatte die Ehre, zwölf Jahre an der Seite von Baal HaSulams ältestem Sohn und Nachfolger, Kabbalist Rabbi Baruch Shalom Ashlag, zu verbringen, und er gab dieses Wissen an mich weiter.

Die Weisheit der Kabbala ist eine Methode zur Entdeckung des verborgenen Teils unserer Wirklichkeit, dieses nicht wahrnehmbaren Reiches der Wirklichkeit, das unsere fünf Sinne nicht erfassen können. Sie entwickelt einen weiteren Sinn in uns, einen, der die Wirklichkeit wahrnimmt, die jenseits unserer gegenwärtigen Wahrnehmung besteht.

Die Kabbala sagt, dass die gesamte Wirklichkeit aus einer Substanz besteht, die als »Wille, Genuss zu erfahren« bezeichnet wird. Dieser Wille, Genuss zu erfahren, ist im Wesentlichen ein Verlangen, von Freude und Entzücken erfüllt zu sein; er ist das, was wir so oft »Egoismus« nennen. Dieser Wille zu empfangen wirkt auf allen Ebenen der Existenz: bewegungslos (unbelebt), pflanzlich, belebt und sprechend.

Obwohl der Wille zu empfangen die Substanz jeglicher Wirklichkeit ist, handelt es sich bei dem Verlangen weder um Materie noch um Atome, die erst später kamen. Die gesamte Schöpfung, die als Basis der Wirklichkeit dient, beruht auf dem Willen, sich zu freuen, auf dem Streben nach Genuss. Auf jeder Wirklichkeitsebene nimmt dieses Streben andere Formen an.

Ohne Ausnahme hat jeder Kabbalist, angefangen von Abraham bis zum letzten großen Kabbalisten, Baal HaSulam, immer daran festgehalten, dass die gesamte Substanz der Schöpfung aus dem Willen zu empfangen besteht. Jedes kabbalistische Buch spricht von derselben Sache, und alle Kabbalisten sind sich in dieser Hinsicht einig.

Kabbalisten sind Menschen, die die Höheren Welten erreicht haben. Sie sprechen von einer greifbaren Erkenntnis, nicht von bloßer Theorie. Das Wort »Erkenntnis« bezieht sich auf die letzte Stufe an Verständnis. Ich will es durch Zeichnungen ein wenig einfacher für Sie machen.

Wir sagten, dass der Wille zu empfangen die Basis der Schöpfung ist. Dieser Wille wird durch die Ausdehnung des Höheren Lichts erschaffen. (In der Kabbala bedeutet der Begriff »Licht« geben, schenken, lieben; er wird auch als »Schöpfer« bezeichnet). Folglich erschuf das Licht den Willen zu empfangen, von Licht erfüllt zu sein. Aus diesem Grund wird der Wille zu empfangen auch *Kli* (Gefäß/Empfänger) genannt (siehe Abbildung 1).

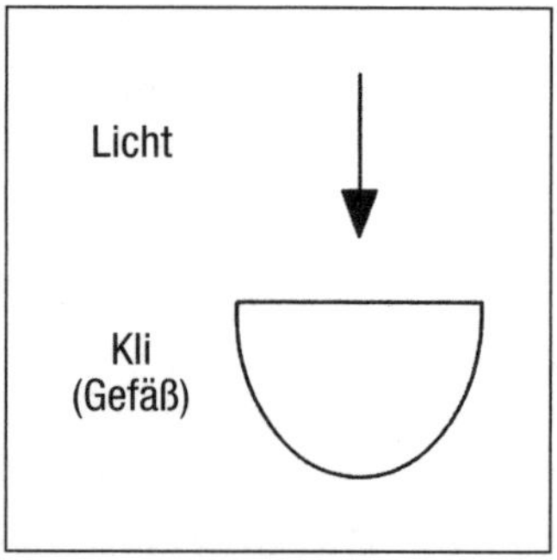

Abbildung 1

Mit anderen Worten, der Wunsch zu geben schafft den Wunsch zu empfangen. Das Licht möchte, dass das *Kli* (Gefäß) empfängt, was es ihm geben möchte.

Der Wunsch zu genießen bildet den Anfang der Materie;

die Kabbala nennt das »die Ur-Materie«. Sie ist aber noch keine vollkommene Materie, weil sie ganz und gar durch die Handlung des Lichts entsteht. Dieser Prozess geht der Entstehung jeder uns bekannten Materie voraus, lange vor der materiellen Entstehung unseres Universums.

Da der Wille zu empfangen aus der Handlung des Lichts stammt, nimmt er das Licht (den Genuss) auf niedrigster Ebene wahr. An diesem Punkt verspürt der Wille zu empfangen kein unabhängiges Verlangen nach dem Licht mehr. Um ihn unabhängig zu machen und den Willen zu empfangen weiterzuentwickeln, müssen wir noch ein Element hinzufügen: das Bewusstsein des Willens von seiner Existenz.

Der Schöpfer (das Licht) verleiht dem Willen zu empfangen das Gefühl, dass es existiert, dass es einen »Geber« gibt, jemanden, der ihm den erlebten Genuss bereitet. Sobald der Wille zu empfangen den Genuss wahrnimmt, beginnt er den Geber des Genusses innerhalb des Genusses wahrzunehmen.

Auf ähnliche Weise spüren wir, wenn wir ein Geschenk erhalten, außer dem Geschenk auch die Haltung des Schenkenden uns gegenüber. Wir sollten daran denken, dass, wenn wir uns auf den Schöpfer beziehen, wir uns eigentlich auf den Schenkenden beziehen. In diesem Stadium beginnt das Erschaffene (das Geschöpf) zu spüren, dass es einen Gegensatz zwischen dem Genuss und der Empfindung des Genussgebers gibt (Abbildung 2). Dieser Gegensatz ruft in dem Geschöpf eine Reaktion hervor, die es veranlasst, so wie der Schöpfer sein zu wollen, weil der Schöpfer über dem Genuss steht. An diesem Punkt entwickelt sich der Wille zu empfangen zur nächsten Stufe weiter.

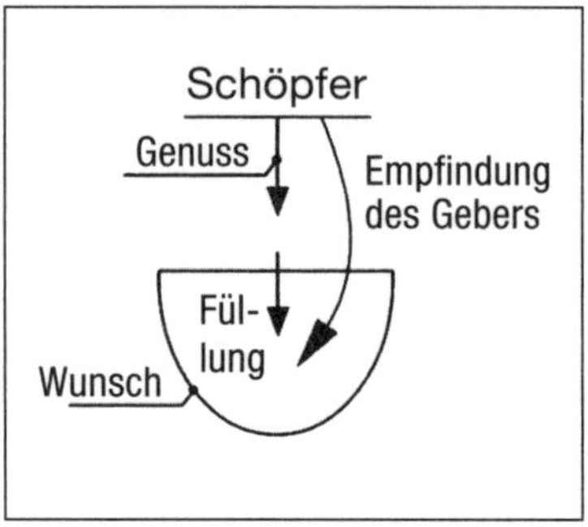

Abbildung 2

Der Wille zu empfangen beschließt daraufhin, zu einem Gebenden zu werden, wie der Schöpfer (der Geber) einer ist. Das ist die erste Reaktion des Geschöpfes, obwohl es noch nicht ganz unabhängig entscheiden kann. Seine Entscheidung ist vielmehr eine Reaktion, die aus dem Empfinden des Gebers stammt, und das macht sie zu einer zwanghaften Reaktion, die sich allein von der Gegenwart des Gebers ableitet. Somit hat der Wille zu empfangen in dieser Sache keine freie Wahl.

Nun beginnt das Geschöpf zu überlegen, was es dem Schöpfer geben könnte. Der Schöpfer gibt, weil Er die Quelle des Genusses ist. Wenn das Geschöpf nun auch geben will, findet es heraus, dass es seinerseits nichts zu geben hat.

Durch sein Bedürfnis, dem Schöpfer etwas geben zu wollen, entdeckt das Geschöpf das Wesen des Schöpfers. Das Geschöpf entdeckt die Liebe des Schöpfers für sich. Wenn der Schöpfer jedoch das Geschöpf liebt und ihm Freude bereiten will, folgt daraus, dass der Schöpfer etwas braucht oder will. Das Geschöpf erkennt, dass das Verlangen des Schöpfers darin besteht, dem Geschöpf Genuss zu bereiten; wenn das Geschöpf sich freut, dann freut sich der Schöpfer. Freut sich das Geschöpf aber nicht, freut sich auch der Schöpfer nicht.

Um seinen Wunsch umzusetzen, dem Schöpfer etwas zu geben, wie der Schöpfer dem Geschöpf etwas gibt, beschließt das Wesen, den Genuss durch den Schöpfer anzunehmen. Dieser Vorgang ähnelt dem Kind, das seiner Mutter zuliebe isst. So handelt es seiner Mutter gegenüber als Geber, auch wenn es das Kind ist, das von der Mutter Nahrung erhält.

Wenn sich das Wesen in diesem Stadium befindet, können wir sagen, dass es dem Schöpfer ähnlich ist; es empfängt, was der Schöpfer ihm geben will, aber nur, um es Ihm zurückzugeben. Das Geschöpf gibt genauso, wie der Schöpfer gibt. Das ist aber noch nicht das Ende von allem. Jetzt, wo das Wesen eine ähnliche Handlung wie der Schöpfer ausgeführt hat, empfindet es einen zusätzlichen Genuss – den Genuss, den Status des Gebers zu haben.

Dieser Genuss ruft in dem Geschöpf einen neuen Wunsch hervor: den Wunsch, sich am Status des Gebers zu erfreuen, und nicht nur den Wunsch, den das Licht anfangs in dem Wesen hervorrief. Dieser neue Wunsch kommt nicht »von oben« und verdient deshalb die Bezeichnung »geschaffenes Wesen« oder »Geschöpf« (Abbildung 3).

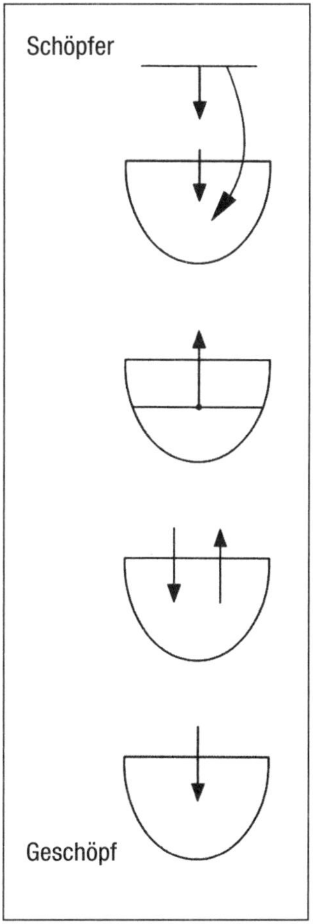

Abbildung 3

Das hebräische Wort *Nivra* (geschaffenes Wesen) leitet sich von dem Wort *Bar* (außen) ab. Folglich bezieht sich der Begriff »Geschöpf« oder »geschaffenes Wesen« auf etwas oder jemanden außerhalb des Willens des Schöpfers.

Wenn das Geschöpf einmal geschaffen ist, durchläuft es eine Anzahl miteinander verbundener Zustände, die auf Ursache und Wirkung beruhen. Diese Zustände werden »Höhere Welten« genannt. Das Höhere Licht und der Wille zu empfangen steigen durch die Höheren Welten hinab bis auf die unterste Stufe, die wir als »unsere Welt« bezeichnen.

Auf der Stufe unserer Welt werden wir ganz und gar vom Willen zu empfangen beherrscht und sind von der Wahrnehmung des Höheren Lichtes, des Schöpfers, vollkommen abgeschnitten.

Ist der Wille zu empfangen erst einmal bis zu unserer Welt hinabgestiegen, wird er von der Vorherrschaft des Schöpfers unabhängig, denn nur durch diese Loslösung kann der Zweck der Schöpfung – die Angleichung zwischen dem Willen zu empfangen und dem Schöpfer herzustellen – verwirklicht werden. In der Kabbala wird diese Identität als »Übereinstimmung der Form zwischen dem Geschöpf und dem Schöpfer« bezeichnet.

Die Weisheit der Kabbala beschreibt jede Entwicklungsphase des Willens zu empfangen vom ersten Zustand der Schöpfung bis hinunter in unsere Welt. Wenn wir diese Zustände studieren, verstehen wir, wie die materielle Welt, Zeit, Raum und Bewegung geschaffen wurden und wie sich der Wille zu empfangen entwickeln wird.

Unsere gesamte Geschichte wird durch die Entwicklung unseres Willens zu empfangen bestimmt; das kann uns dabei helfen, die Evolution der Menschheit zu verstehen. Jeder Vorgang in der Wirklichkeit ist ausnahmslos das Resultat unseres immer mehr wachsenden Willens zu empfangen.

Nimmt die hier beschriebene spirituelle Struktur Gestalt an, entsteht die Materie, aus der unsere Welt besteht. Unsere Welt hat mehrere Entwicklungsphasen durchgemacht, und heute sind wir an einem Punkt angelangt, an dem wir zu verstehen beginnen, dass die spirituelle Evolution einsetzen muss.

Heutzutage sieht sich die Menschheit einer ganzen Anzahl von Krisen auf gesellschaftlichem und wissenschaftlichem Gebiet gegenüber. Viele Zeichen weisen auf den düsteren Zustand der Menschheit und die globale Krise hin, die wir erleben. Der Drogenmissbrauch steigt unaufhaltsam und setzt in immer jüngerem Alter ein. Depressionen breiten sich wie eine Seuche aus, und der internationale Terrorismus ist nicht mehr zu zügeln.

Hinter alledem steht nur eine Absicht: der Menschheit bei der Erkenntnis zu helfen, dass die Wurzel allen Übels die Verstärkung unseres egoistischen Willens zu empfangen ist und dass wir seine Wurzel korrigieren müssen. Die Kabbalisten haben schon vor Jahren über das Anwachsen des Egos geschrieben und erklärt, dass, wenn die Menschheit diesen Zustand erreicht, die Zeit gekommen ist, mit Hilfe der Weisheit der Kabbala das Ego zu korrigieren.

Wiederholen wir noch einmal, was wir bisher besprochen haben. Es gibt einen Schöpfer, der geben will. Das ist die Wurzel oder Phase null. Damit Er geben kann, muss Er jemanden haben, der empfangen kann, und weil der Schöpfer geben will, schafft Er ein *Kli*, das die »Gabe« erhält, und auf diese Weise gibt der Schöpfer dem *Kli*. Das ist Zustand eins.

Damit das geschehen kann, muss der Empfänger den Genuss erst wollen. Wenn ich in Ihnen den Wunsch nach etwas erwecke und Ihnen dann gebe, was Sie möchten, werden Sie an meiner Gabe keine Freude haben, weil es nicht *Ihr*

Wunsch war. Sie müssen das Gefühl haben, dass es Ihr eigener Wunsch war, damit es Sie freut. Deshalb beginnt das Geschöpf den Geber und Seine Natur am Ende von Zustand eins wahrzunehmen.

Der Wille zu empfangen entwickelt sich dadurch, dass wir den Geber (Zustand eins) wahrnehmen und deshalb wie der Geber sein wollen (Zustand zwei). In diesem Stadium beginnt es sich für das Geschöpf zu lohnen, wie der Schöpfer zu sein (Zustand drei). All dies ist jedoch nur eine Phase in der Herausbildung des Willens zu empfangen, und das Geschöpf ist sich noch nicht bewusst, dass es etwas empfängt.

In der Tat ist sich das Geschöpf keiner dieser Beobachtungen bewusst, sie sind nichts anderes als Entwicklungsphasen des rohen Willens zu empfangen. Dieser rohe Wille muss noch herabsteigen, sich ausprägen und sich so weit vom Schöpfer entfernen, dass er aufhört, Ihn überhaupt wahrzunehmen. Er muss auf die Ebene unserer Welt gelangen, erst dann wird er den Wunsch in sich als eigenen, unabhängigen Willen verspüren (Zustand vier). Auf diese Weise wird er glauben, dass er frei ist und sich nicht der Lenkung des Schöpfers unterwirft.

Wenn ein Individuum in unserer Welt den Schöpfer entdecken will, wird es in dieser Phase den Anschein haben, als käme der Wunsch zuerst. Folglich wird es einer Person möglich sein, dem Schöpfer aus freiem Willen etwas zu geben, und dieser Wille begründet dann unsere Art des freiwilligen Gebens. Nun könnten Sie sagen, dass das aus der Sicht des Schöpfers reine Einbildung ist und in Wahrheit der Schöpfer alles in der Hand hat. Obwohl dies stimmt, schmälert es jedoch nicht die Tatsache, dass aus der Sicht des Geschöpfes die Verhüllung des Schöpfers es der Schöpfung ermöglicht, sich unabhängig zu fühlen.

Am Ende des dritten Zustands entscheidet sich das Geschöpf, vom Schöpfer zu empfangen, damit es Ihm ähnlich ist. Obwohl das Geschöpf bereits im zweiten Zustand das Verlangen hat zu geben, ist dieser Wunsch noch nicht seiner; es ist noch kein »schöpfergleicher Wunsch« wie in Zustand drei, sondern ein Wunsch, der direkt vom Schöpfer stammt.

Erlauben Sie mir, Ihnen ein Beispiel zu geben. Nehmen wir an, ich serviere Ihnen ein Stück Kuchen. Sie könnten nun sagen, dass Sie gerade keinen Appetit auf Kuchen haben, aber dann überzeuge ich Sie, dass Sie ihn doch probieren sollten, weil er so köstlich ist. Damit gebe ich Ihnen beides, den Wunsch und die Befriedigung, die Erfüllung des Wunsches.

Aus diesem Grund kommt es zu einem Entwicklungssprung beim Übergang zwischen den Zuständen, wenn »dieses Ding« (der Appetit) plötzlich »erwacht« und sich seiner selbst bewusst wird. Es ist, als begänne es sich mit dem Schöpfer zu unterhalten. Dieser evolutionäre Wechsel verdankt sich dem inneren Gegensatz der beiden Faktoren in dem Geschöpf – dem Genuss und dem Genussgeber. In Wahrheit existieren nur diese beiden Elemente.

Der dritte Zustand kennzeichnet darüber hinaus das Erwachen eines neuen Wunsches in dem Geschöpf: Neid auf den Schöpfer. In diesem Fall ist Neid ein positives und nützliches Element, weil es unsere Evolution beschleunigt.

Am Ende des vierten Zustands fühlt das Geschöpf schließlich, wie es dem Schöpfer Genuss verleiht. Darum glaubt es, den gleichen Rang wie der Schöpfer zu haben, und spürt den Genuss, der dieser Auffassung folgt, die Gleichheit mit dem Schöpfer.

Dieser Seinszustand ruft in dem Geschöpf den Wunsch hervor, diesen Status zu genießen, in seinem Genuss zu schwelgen. Weil dieser Wunsch das Geschöpf nicht direkt vom Schöpfer erreicht, sondern aus seinen eigenen Handlungen resultiert, wird er als neu betrachtet, als ein Wunsch, den wir dem Geschöpf zuschreiben. Das ist, was wir mit »der Wunsch zu genießen« (Abbildung 4) beschreiben.

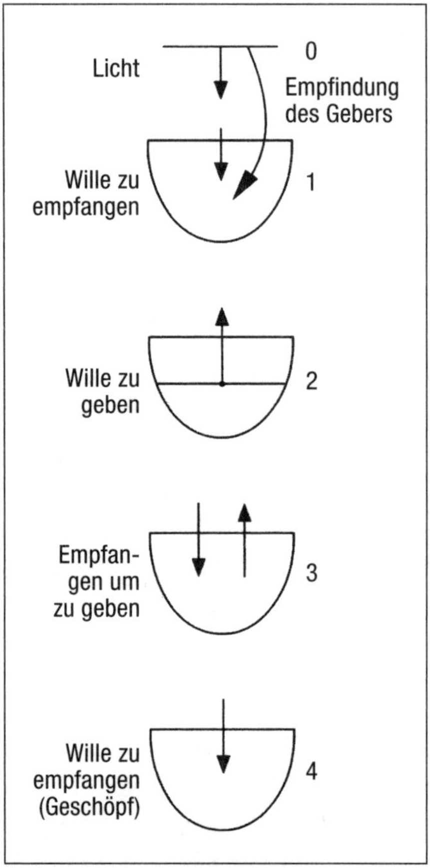

Abbildung 4

In diesem letzten Zustand bereitet es dem Geschöpf Freude, am Status des Schöpfers teilzuhaben, und es schwelgt darin. Folglich schwelgt das Geschöpf in zwei Genüssen:

dem Genuss, der vom Schöpfer kommt, und dem Genuss, der daher rührt, dass es den Status des Schöpfers teilt. Dieser Seinszustand wird *Ejn Sof* (Unendlichkeit) genannt und beschreibt einen Zustand, in dem es keine Grenzen mehr für den Wunsch gibt.

Das bezieht sich nicht auf Entfernung, Zeit oder Raum im körperlichen Sinne. Vielmehr ist das eine Beobachtung, die zur Natur des Wunsches gehört, der seinem ganzen Wesen nach unbegrenzt ist.

Wenn es diese Genüsse erfährt, stellt das Geschöpf noch einmal fest, dass es eine Quelle für diese Genüsse gibt. Es entdeckt, dass der Geber selbst die Quelle ist, und betrachtet sich als Empfänger. Diesmal zählt das Empfinden, denn der Wille zu empfangen ist in diesem Zustand der eigene Wille des Geschöpfs, keiner, der vom Schöpfer ausging.

In der Folge hat das Geschöpf den Eindruck, dass es seinem Wunsch entfliehen möchte. Es hält sich von seinem Wunsch fern und will nicht mehr zu ihm gehören. Die Zurückweisung, die es seinem Wunsch entgegenbringt, führt dazu, dass es ihn »einschränkt« (seine Verwendung meidet). Der Wunsch ist noch immer vorhanden, aber nun will das Geschöpf ihm nicht mehr nachgeben. Auf diese Weise endet auch das Gefühl von Erfüllung – der Genuss.

Nachdem ihm das Verlangen geblieben ist, beschließt das Geschöpf, den Rang des Schöpfers einzunehmen, den einzigen Zustand, den das Geschöpf jetzt noch haben will – den des Gebers. Es spürt, dass es dem Schöpfer etwas geben muss, ohne für sich selbst eine Belohnung zu empfangen. Von nun an werden sich seine Handlungen nur noch darauf konzentrieren, dieses Ziel zu erreichen.

Dazu führt das Geschöpf vielschichtige Handlungen aus. Es erschafft eine Kette von Verhüllungen (Abschirmungen) im Höheren Licht, »Welten« genannt (das hebräische Wort für »Welt« ist *Olam*, das sich von dem Wort *Haalama*, Verhüllung, ableitet). Am unteren Ende der Weltenkette befindet sich »diese Welt«. Da der Vorgang, durch den das Geschöpf erschaffen wurde, aus fünf Teilen bestand, geschieht das Nachlassen des Höheren Lichtes durch die fünf Grade der Verhüllung, die fünf Welten mit den Namen Adam Kadmon, Azilut, Bria, Jezira und Assiya.

Während der Bildung dieser Welten erschafft das Geschöpf eine Umgebung für sich. In der Welt Azilut ist der Wille zu empfangen in zwei Teile gespalten: einen inneren Teil – die Seele – und einen äußeren – die Umgebung (Umwelt), in der die Seele wirkt. Dieser Zustand gehört nicht in unsere Welt.

Aufgrund späterer Ereignisse werden die Seele und ihre Umgebung eine Zersplitterung erleben und sich mehrere Grade hinunter auf die Ebene »dieser Welt« bewegen. Erst jetzt erfolgt die Herausbildung der Materie, die unsere Welt ausmacht.

Von diesem Stadium an, dem »gebrochenen« Willen zu empfangen, beginnt die Evolution der materiellen Welt, mit der wir vertraut sind. Erst wenn das Universum erschaffen ist, entstehen der unbewegte (unbelebte), pflanzliche und belebte Zustand, und auf sie folgt die Herausbildung des sprechenden (menschlichen) Zustands (Abbildung 5).

In der einleitenden Entwicklungsphase hat die Menschheit das körperliche Verlangen nach Lebensunterhalt, Fortpflanzung und Familie. Der Körper hat diese elementaren Bedürfnisse immer, damit er sich ernähren kann; wir hätten sie auch dann, wenn wir allein auf einer Insel lebten.

Das zweite Stadium in unserer Evolution zeigt das wachsende Verlangen nach Wohlstand, gefolgt vom Wunsch nach Macht und Respekt. Diese Antriebe – Wohlstand, Macht und Respekt – werden »gesellschaftliche Bedürfnisse« genannt, und zwar aus zwei Gründen:

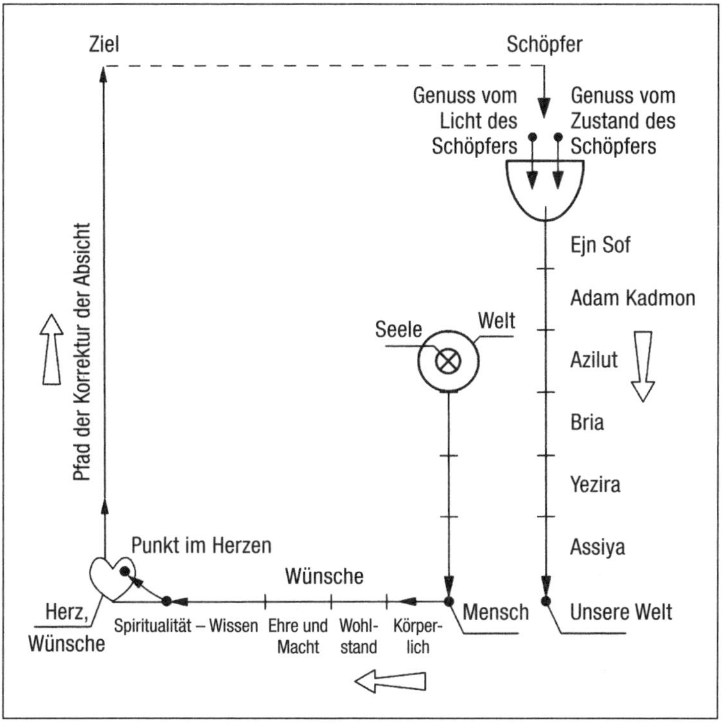

Abbildung 5

A) Wir nehmen diese Wünsche aus unserer gesellschaftlichen Umgebung auf. Würden wir allein leben, hätten wir kein Verlangen danach.
B) Diese Wünsche können nur innerhalb eines gesellschaftlichen Rahmens verwirklicht werden.

Die Endphase der Evolution ist das heftige Verlangen nach Wissen und Gelehrsamkeit. Wir wollen mehr und mehr Wissen, wollen alles erfahren und erforschen – daraus entwickelt sich die Wissenschaft.

Heutzutage, wo wir uns dem Abschluss dieser Evolution nähern, für die wir Jahrtausende brauchten, beginnen wir zu erkennen, dass sie eigentlich nichts gebracht hat. Wir befinden uns in einer einzigartigen Situation: Wir wollen uns mit Genuss füllen, doch können wir in unserer Umwelt keine Quellen wahren Genusses finden. Außerdem können wir noch nicht einmal genau bestimmen, was wir eigentlich wollen. Folglich sind wir so durcheinander und verängstigt wie verirrte Kinder und wissen nicht, wohin wir uns wenden sollen. Wir wollen zwar etwas, wissen aber nicht, was es ist oder wo es zu finden ist.

Die Summe der Wünsche, die sich in unseren Lebenszyklen entwickelt haben, bezeichnen wir als »Herz«: die körperlichen und gesellschaftlichen Wünsche und den Wunsch nach Wissen. Diesen Wünschen steht »der Punkt im Herzen« gegenüber, der »Keim« eines neuen Wunsches, der sich über alle anderen Wünsche hinaus entwickelt. Der Punkt im Herzen ist der erwachende Wunsch, die Höhere Kraft zu erfahren, und es ist dieses Erwachen, das uns zur Weisheit der Kabbala bringt, die uns dann hilft, diesen Wunsch zu verwirklichen.

Wenn der Punkt im Herzen erwacht, entsteht Verwirrung, ein Nebenprodukt der Ursprünge des Punktes in der Höheren Welt. Die Gesetze der Höheren Welt gehören zu einer Wirklichkeit, in der Zeit, Raum und Bewegung nicht gelten.

Unser Verstand ist von sich aus so eingerichtet, dass er immer in den Begriffen Zeit, Raum und Bewegung denkt. In diesem neuen Zustand beginnen wir jedoch zu fühlen, dass alles davon abhängt, wie wir selbst die Wirklichkeit wahrnehmen, und dass Wirklichkeit an und für sich unveränderlich bleibt.

So gelangen wir allmählich zu der Erkenntnis, dass die Wirklichkeit statisch ist und dass es Zeit, Raum und Bewegung eigentlich gar nicht gibt. Wir erkennen auch langsam, dass all unsere vergangenen Erfahrungen nur innerhalb unserer Empfindungen geschahen, dass alles davon abhängt, wie sehr wir unsere Fähigkeiten der Wahrnehmung entwickelt haben.

Wir benötigen Zeit, um uns an die Vorstellung zu gewöhnen, dass sich außer der Art, wie wir unsere »Wahrnehmungssinne« öffnen, nichts ändert. Wenn wir so weit sind, werden wir beginnen, die Welt, in der wir leben, auf ganz natürliche und einfache Weise wahrzunehmen, unbegrenzt, ohne Vorurteile, Regeln, Unterdrückung, Zwang oder Druck von außen.

Der Punkt im Herzen ist der Anfang unseres Strebens nach Spiritualität. Heutzutage befinden sich noch relativ wenige Menschen auf dieser Stufe, doch ist ihre Anzahl stetig im Wachsen. Irgendwann wird dann jeder Mensch den Punkt erreichen, wo sein Verlangen nach dem Schöpfer vorrangig ist, einen Punkt, der durch den oben erwähnten Neid angeregt wird, womit das jedem Geschöpf innewohnende Bedürfnis gemeint ist, den Status des Schöpfers einzunehmen.

Wir müssen verstehen, dass wir, als wir sagten, der Schöpfer ist gut, damit meinten, dass der Schöpfer uns mit der Absicht geschaffen hat, uns in den bestmöglichen Seinszustand zu versetzen, also den Zustand des Schöpfers selbst. Deshalb ist dies der Zustand, in den wir gebracht werden müssen. Jeder geringere Zustand wird als unzureichend betrachtet. Daraus folgt, dass der Zweck der Schöpfung darin besteht, den Zustand des Schöpfers einzunehmen (siehe Abbildung 6).

Um jedoch die Ebene des Schöpfers zu erreichen, müssen wir spüren, dass unser Wunsch dem des Schöpfers völlig entgegensteht, dass der Schöpfer nur geben will und wir nur empfangen wollen. Das sind die Leere und Dunkelheit des *Klis* (des Gefäßes) im Gegensatz zum Licht. Wenn wir diesen

Gegensatz anerkennen, werden wir zu Geschöpfen, denn um den Schöpfer zu erkennen, müssen wir erst mit der Ihm gegensätzlichen Form vertraut werden, dem »Anti-Schöpfer«, einem Zustand unerträglicher Qualen, die unsere Fähigkeit, diese Qualen zu ertragen, mit einem Fragezeichen versehen.

Es ist sicher nicht übertrieben zu sagen, dass wir noch nicht einmal angefangen haben, den Anti-Schöpfer zu erkennen. Um unsere Gegensätzlichkeit zum Schöpfer zu spüren, müssen wir gefühlsmäßig noch zu viel niedrigeren Graden hinabsteigen. Die Weisheit der Kabbala tritt nun in Erscheinung, weil es unmöglich ist, diese Zustände körperlich zu empfinden, und weil die Kabbala ein Mittel ist, uns durch die Stadien der Gegensätzlichkeit zum Schöpfer zu führen, sie in unserem Bewusstsein und unserem Verstand zu tragen, nicht in unserem Körper.

Wir können diesen Vorgang mit jemandem vergleichen, der Schmerzen hat. Dieser Mensch kann entweder warten, bis der Schmerz unerträglich ist, und dann zum Arzt gehen, oder sich an den Arzt wenden, sobald der Schmerz auftaucht. In letzterem Fall wird eine frühe Diagnose des Problems einem die Leiden ersparen, die den Ausbruch der Krankheit begleiten. Anders gesagt, nimmt ein kluger Mensch seine Medizin schon, sobald die Symptome einer Krankheit auftreten, und vermeidet dadurch ihren Ausbruch.

Wenn wir uns so verhalten, entwickeln wir uns bewusst, und das *Kli* (das Geschöpf) lernt, sich seiner Gegensätzlichkeit zum Licht bewusst zu werden. Die Weisheit der Kabbala ist eine Methode, die es uns ermöglicht, uns durch Wissen statt Schmerzen zu entwickeln, und sie tritt für die Menschheit jetzt wieder in Erscheinung, damit sie das Übel erkennen kann, das im Egoismus liegt, bevor er offen zutage tritt und in allen erdenklichen Lebensbereichen schrecklichen Schaden anrichtet.

Daher sollte die Weisheit der Kabbala als Mittel, in unserer Entwicklung voranzuschreiten und dem Zweck der Schöpfung zu dienen, die gesamte Menschheit erreichen. Je mehr Menschen sich mit der Kabbala beschäftigen und je mehr wir diese Weisheit in der Welt verbreiten, desto besser wird es uns gehen. Baal HaSulam schreibt darüber sehr deutlich in seiner *Einführung in das Buch Sohar*.

Der erste Forscher, der sich Gedanken über das Universum und die Kräfte machte, welche die Menschheit lenken, war Abraham. Er war einer der vielen Menschen, die in Mesopotamien (dem alten Persien) lebten, und damals gab es noch keine Teilung unter den Nationen. Er entdeckte die Methode, durch die wir die Wirklichkeit jenseits unserer normalen Wahrnehmung erkennen können, und beschrieb seine Forschungen und Entdeckungen im *Sefer Yezira* (Buch der Schöpfung).

Abraham begann Schüler um sich zu versammeln und lehrte sie die Weisheit der Kabbala. Mit der Zeit wurde diese Kabbalistengruppe zu einer Nation. Viele Jahre später verlor sie nach der Zerstörung des Ersten und Zweiten Tempels ihre Wahrnehmung der Höheren Wirklichkeit, stürzte von ihrer Ebene spirituellen Bewusstseins herab und konnte nur noch ihre körperliche Wirklichkeit wahrnehmen.

Es war ein allmählicher Prozess. Einige verloren ihr spirituelles Bewusstsein mit der Zerstörung des ersten Tempels, der Rest verlor es nach der Zerstörung des zweiten Tempels. Rabbi Akiva war der letzte große Kabbalist, der die Stufe des spirituellen Gesetzes »Liebe deinen Freund wie dich selbst« erreichte. Das Anwachsen des Egoismus rief unbegründeten Hass hervor, und den Menschen blieb nur noch Religion anstelle der Weisheit der Kabbala.

Trotz dieses Rückschritts blieben jedoch einige Auserwählte Kabbalisten, und sie gaben die Weisheit von einer

Generation an die nächste weiter, bis in eine Zeit, in der die gesamte Menschheit sie brauchen würde. Heute müssen wir diese alte Wissenschaft wiedererwecken, das Studium der Kabbala neu beleben, mit ihrer Hilfe die Höhere Wirklichkeit finden und sie an die gesamte Menschheit weitergeben.

Wichtig ist aber zu wissen, dass Kabbala nichts mit Religion zu tun hat und nicht von uns verlangt, irgendwelche körperlichen Handlungen auszuführen. Wie eingangs schon erwähnt, spricht die Kabbala nur von Wünschen und Absichten in Bezug auf den Schöpfer.

Das könnte uns zu der Schlussfolgerung führen, dass, wenn die Lösung unserer künftigen Herausforderungen in der Verbreitung der Kabbala unter der gesamten Menschheit besteht, wir aus allen Menschen Kabbalisten machen müssten. In Wahrheit ist das nicht nötig.

Die Menschheit ist wie eine Pyramide aufgebaut. Wie auf jedem Gebiet, auf dem sich Menschen engagieren, sind neunundneunzig Prozent der Weltbevölkerung auch hier passiv. Sie forschen nicht und entwickeln sich nicht, sondern vertrauen einfach den Resultaten der wissenschaftlichen Entdeckungen.

Darum sollten wir uns an diejenigen wenden, die in Sorge über das Schicksal unserer Welt und die Zukunft der Menschheit sind. Wir erwarten nicht von Millionen Menschen, dass sie die Kabbala studieren, doch wir können uns der Wissenschaft bedienen, um der Menschheit ein Wirklichkeitsbild vorzustellen, das alles verändern wird, weil wir alle Teil einer einzigen Struktur sind.

Wie anfangs schon erwähnt, wurde das vom Schöpfer geschaffene *Kli* (Gefäß/Geschöpf) in der Welt *Azilut* zu einer Seele. Das ist die kollektive oder allgemeine Seele, genannt *Adam ha Rishon* (der erste Mensch). Am Anfang waren alle Teile in wundervoller Harmonie miteinander verbunden, und sie waren vom Höheren Licht erfüllt. In diesem Zustand bildete die Summe aller Teile die Vollkommenheit. Später durchlief die Seele einen Prozess der Zersplitterung und sank auf eine Ebene hinab, die »unter der Grenze« genannt wird und an der spirituellen Wahrnehmung aufhört. Die Teile der einzelnen Seele existieren unterhalb der Grenze weiter, empfinden sich aber als getrennt voneinander (Abbildung 6).

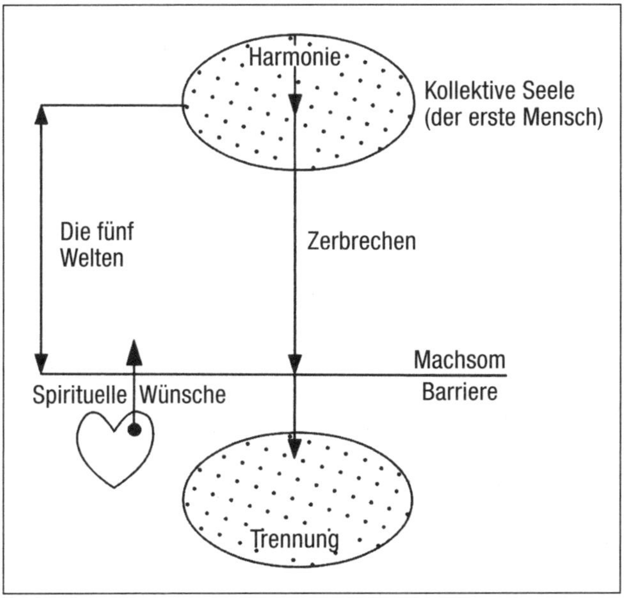

Abbildung 6

Zur weiteren Erläuterung könnten wir sagen, dass sie »am gleichen Platz« geblieben sind, an dem sie vorher auch waren, sich aber nun durch eine zusätzliche Empfindung auszeichnen. Es handelt sich um die Empfindung, in sich selbst zu existieren. Die Spiritualität kennt keine Orte, und Veränderung besteht lediglich in der Qualität der Wahrnehmung und Eindrücke. Folglich lebt jedes dieser Teile für sich und empfindet nichts als sich selbst.

Ein solcher Zustand wird »diese Welt« genannt und entspricht unserer gegenwärtigen Situation. Die Höhere Kraft arbeitet an uns (den abgeschiedenen Teilen), damit wir in den korrigierten Zustand zurückkehren können, das bezeichnen wir als die Erkenntnis des Zwecks der Schöpfung.

Im Grunde »schleuderte« uns die Höhere Kraft in diese Welt, damit wir erkennen, wie sehr wir uns von Ihm unterscheiden. Wir müssen den Wunsch entwickeln, von diesem niedrigsten Punkt zum korrekten Zustand der Existenz zu gelangen, in dem wir alle miteinander verbunden sind. Die Kluft zwischen der menschlichen Natur und dem Wesen des Schöpfers drückt sich in den Jahrtausenden der Leiden aus, eines kompletten Zyklus von Niedergang und Aufstieg, die uns dabei halfen, zu erkennen, wie hasserfüllt wir uns gegeneinander verhalten. Mit anderen Worten: Der Egoismus eines jeden muss offengelegt werden, erst dann erkennen wir, weshalb wir uns aus freien Stücken wieder miteinander verbinden sollten.

Wir müssen die Schwierigkeit verstehen, die sich daraus ergibt, dass wir ein Verlangen befriedigen wollen. Sitzt beispielsweise ein hungriger Mensch in einem Restaurant und wartet auf Essen, wird sein Appetit wieder nachlassen, sobald er zu essen beginnt. Je mehr diese Person isst, desto satter wird sie, und je mehr der Hunger nachlässt, desto geringer wird der Genuss. Auch wenn noch reichlich von dem Essen übrig ist und es noch so gut schmeckt – ohne das Verlangen danach (den Appetit) wird der Genuss aufhören.

Dieser Ablauf wiederholt sich bei der Erfüllung jedes Wunsches. Kommt ein Bedürfnis in uns auf, streben wir danach, es zu befriedigen. Wir strengen uns dann an und tun alles, um dieses Verlangen zu stillen, doch haben wir es einmal gestillt, verschwindet es. Es kann einige Minuten, einige Stunden oder auch einige Wochen dauern, aber früher oder später (meistens früher) verschwindet die Erfüllung. Derselbe Genuss, der das Bedürfnis befriedigt, löscht es auch aus.

Aber dem nicht genug: Die Erfüllung eines Wunsches führt auch dazu, dass sich ein doppelt so starkes Verlangen wie vorher entwickelt. Die Kabbalisten sagen: »Wer einhundert hat, will zweihundert, wer zweihundert hat, will vierhundert«, und so weiter. Haben wir einen gewissen Genuss erfahren, lässt er uns doppelt so leer zurück. Könnten wir nur einen Weg finden, uns immer wieder mit diesem Genuss zu erfüllen, wir würden das ewige Leben spüren.

Und es gibt einen Weg, das zu erreichen: Man muss die »Wahrnehmungseinheit« in zwei Teile teilen. Ein Teil wird Genuss erfahren und der andere ihn spüren. Anders ausgedrückt: Flösse der Genuss durch mich zu jemand anderem, würde mein Genuss nicht gestillt werden. Gäbe es einen anderen Menschen, der an meinem Empfang des Genusses teilhat, würde die Wahrnehmungseinheit in zwei geteilt sein.

In einem solchen Fall könnte ich den Empfänger des Genusses von demjenigen trennen, der ihn empfindet. Der Empfänger wäre eine andere Person, und derjenige, der den Genuss empfindet, wäre ich. Auf diese Weise kann das Empfinden von Genuss unendlich werden und das Empfinden ewigen Lebens bringen.

Wir können diese Situation mit der einer Mutter und ihres Kindes vergleichen. Die Mutter genießt die Freude des Kindes und kann daher ohne Zurückhaltung geben und sich daran erfreuen. Wenn ich jemanden so lieben könnte, dass es sich, wenn ich ihm oder ihr Freude bereite, so anfühlen würde wie meine eigene Freude, wäre mein Genuss grenzenlos. Damit unsere Seelen dieses Prinzip erkennen konnten, mussten sie sich abspalten und auf unsere Welt herabkommen.

Erwacht in den Menschen der Punkt im Herzen – der wahrhafte Wunsch, die Wahrnehmung der spirituellen Welt wieder zu erwecken –, so gelangen sie zur Weisheit der Kabbala. Das Studium der Weisheit der Kabbala ist das Studium unseres wahren Zustandes: vor der Zersplitterung. Das ist der einzige existierende Zustand. Selbst jetzt befinden wir uns in ihm, sind uns dessen aber nicht bewusst. Durch unseren Willen, aus der Dunkelheit herauszukommen und zu unserem wahrhaften Sein zu gelangen, ziehen wir die Wirkung des Lichts in diesem Zustand an.

Unsere Bemühungen, unsere Wahrnehmungswerkzeuge zu erschließen und unseren eigentlichen Seinszustand zu spüren, führen zur Entstehung neuer Gefäße in uns. Dadurch beginnen wir zu spüren, dass wir alle verbundene Teile eines einzigen Systems sind.

Endlos viel Licht und Erfüllung fließt unablässig durch jeden Teil des Systems. Der Grund für all die Leiden und Probleme, die unsere Welt heutzutage erlebt, besteht darin, dass die Menschheit in ihren wahren, vollkommenen Zustand zurückkehren soll, genannt *Gmar Tikkun* (das Ende der Korrektur).

Die Rückkehr in den natürlichen, vollkommenen Zustand ist ein Prozess, den der Schöpfer von Anfang bis Ende vorherbestimmte. Jede Phase wird von oben nach unten vorgegeben. In jedem von uns gibt es ein spirituelles Gen, das unsere gesamte Vergangenheit, Gegenwart und Zukunft enthält. Die Seele muss auf dem gleichen Weg und durch die gleichen Phasen wieder hinaufsteigen, auf dem und durch die sie von Oben hinabfiel. Der Weg zurück hängt jedoch davon ab, wie weit wir erkennen, dass unser egoistischer Zustand schlecht ist, und von unserem Verständnis, dass die größere Nähe zum Schöpfer ein Zustand ist, dessen Erfahrung vorzuziehen ist.

Deshalb entwickeln sich die vorherbestimmten Stufen, die in das spirituelle Gen eingebaut sind, durch das Licht, durch die Höhere Kraft, und führen uns von einem Zustand zum anderen. Wenn wir erkennen, dass es in unserem Interesse ist, aufzusteigen und das Umgebende Licht dazu »einzuladen«, auf uns zu wirken, werden wir unsere Evolution ankurbeln und schließlich wahre Spiritualität empfinden. Aus diesem Grund besteht unsere Wahlfreiheit auch lediglich darin, den Vorgang zu beschleunigen.

Der Begriff »Umgebendes Licht« beschreibt die Kraft, die uns zur Eigenschaft des Gebens führt. Sie zieht uns in diesen korrigierten Zustand, das Merkmal des Schöpfers. All unsere künftigen Zustände existieren in jedem Einzelnen von uns, obwohl wir sie nicht spüren. Die Projektion unseres altruistischen, korrigierten Zustandes auf unseren egoistischen erweckt die Eigenschaft des Gebens in uns.

Wie schon gesagt, wird unser korrigierter Zustand *Gmar Tikkun* (das Ende der Korrektur) genannt. In *Gmar Tikkun* wird jede Seele mit grenzenlosem Genuss erfüllt und einer vollkommenen Übereinstimmung der Form mit dem Schöpfer teilhaftig. In unserem jetzigen Zustand scheint das Licht, das unsere Seelen erfüllt, in der Form vom Umgebenden Licht; seine Kraft wird durch die Intensität unseres Wunsches bestimmt, die Eigenschaft des Gebens zu erlangen.

Das Licht ist die Kraft des Gebens, die Kraft des Schenkens. Wenn ein Mensch die Eigenschaft des Gebens entwickeln will, muss er die Kraft des Gebens – das Licht, das uns erfüllt, wenn wir korrigiert sind – dazu veranlassen, sich auf unseren derzeitigen Zustand zu projizieren. Das Umgebende Licht korrigiert uns und bringt uns dann zur Eigenschaft des Gebens zurück. Es ist so, als wäre ein ehrlicher Mensch vom Weg abgekommen und erwacht nun wieder, um zur Ehrlichkeit zurückzukehren.

Wenn wir die Grenze überwinden wollen, die die materielle Welt von der spirituellen trennt, müssen wir unsere Absicht ändern, uns nicht mehr hasserfüllt aufeinander beziehen, sondern voller Liebe. Die gleichen Regeln gelten für alle Teile der Schöpfung, vom niedersten Element der Wirklichkeit bis zum höchsten. Alles hängt von der Perspektive des Beobachters ab, der die Regeln entdeckt.

Eine Wissenschaft muss aber erst mathematisch etabliert sein, damit sie Wissenschaft genannt werden kann. Die Quantenphysik bezieht sich beispielsweise auf eine Wirklichkeit, die von Zeit und Raum bestimmt wird. Worüber wir hier sprechen, übersteigt jedoch Zeit und Raum.

Solange die Quantenphysik nicht dahingehend ergänzt wird, dass sie auch Dimensionen jenseits von Zeit und Raum mit einschließt, mag es für die konventionelle Wissenschaft schwierig sein, mit den Forschungen voranzuschreiten. Deshalb ist es wichtig, einen Berührungspunkt zu finden, eine Verbindung zwischen der Quantenphysik und der Kabbala, denn die Kabbala trägt uns in eine Wirklichkeit, die die Physik nicht erreichen kann.

Mit anderen Worten: Um sich auf eine höhere Stufe weiterzuentwickeln, müssen wir die zeitgenössische Wissenschaft um das Bewusstsein erweitern, und das ist ein großer Schritt.

An dieser Stelle könnte es von Vorteil sein zu beschreiben, wie sich die Kabbala auf unsere Wahrnehmung der Wirklichkeit bezieht. Wir nehmen die Wirklichkeit durch unsere fünf Sinne wahr – Sicht, Gehör, Geruch, Geschmack und Berührung. Dabei empfinden wir unsere Reaktion auf das, was außerhalb von uns existiert, aber ohne jede Wahrnehmung der tatsächlichen, objektiven Wirklichkeit.

Wenn mich beispielsweise eine Schallwelle erreicht, deutet mein Ohr sie als Geräusch. Das weiß ich auf Grund der Reaktion meines Trommelfells auf die Welle, die auf es auftrifft. In Wahrheit messe ich jedoch nichts als meine eigene Reaktion. Die Welle selbst fühle ich nicht. Ich nehme eine Anzahl von Tönen je nach den Veränderungen wahr, die sie in meinem Gehör bewirken, und je nachdem, wie gesund mein Gehör ist. Ich habe jedoch keine Ahnung, was wirklich außerhalb von mir geschieht. All unsere Wahrnehmungsorgane und Sinne arbeiten auf die gleiche Weise.

Man könnte sagen, dass wir uns in einer geschlossenen Kiste befinden und alles, was wir messen, unsere inneren Eindrücke sind, die in uns das Empfinden hervorrufen, dass sich die Wirklichkeit außerhalb von uns verändert. Wir können nicht wissen, ob sich tatsächlich etwas verändert; wir können nicht einmal wissen, ob außerhalb von uns überhaupt etwas existiert. Wir haben einfach nicht die Mittel, um aus uns herauszukommen und das zu testen.

Professor Tiller erwähnte einmal Tor Nørretranders, den bekannten dänischen Forscher, der das Buch *The User Illusion* (Die Sinnestäuschung des Benutzers) veröffentlichte. Nørretranders bemerkt eine wichtige Sache, was die Funktionsweise des Unterbewusstseins betrifft und seinen Inhalt. Anscheinend nehmen die fünf Sinne fünfzig Millionen Informationseinheiten in der Sekunde auf, die sich als Informationsströme im Bewusstsein sammeln. Das Unterbewusstsein verarbeitet diese Informationen mathematisch, doch es verarbeitet nur einen winzigen Bruchteil davon – vielleicht fünfzig Informationseinheiten in der Sekunde.

Offensichtlich besteht eine große Diskrepanz zwischen den empfangenen fünfzig Millionen Informationseinheiten und den verarbeiteten fünfzig Einheiten. Interessant ist daran, dass das Unterbewusstsein dem Gehirn nur diejenigen Informationen sendet, die das Gehirn im Voraus als bedeutungsvoll festgelegt hat. Die restlichen Informationen werden vom Unterbewusstsein beiseitegelegt. Diese Entdeckungen scheinen mit der Sichtweise übereinzustimmen, die die Kabbala auf den Willen zu empfangen hat.

Noch wissen wir nicht, ob die moderne Wissenschaft und ihre berühmtesten Forscher erkennen, dass die Entwicklung, die ihre Forschung nimmt, von der Veränderung unserer eigenen Innenwelt abhängt – vom Inneren des Forschers. Aber letzten Endes studieren wir uns selbst; unsere Fähigkeit, in der Forschung voranzukommen, hängt davon ab, in welchem Ausmaß wir uns selbst verändern.

In dem Film *What the Bleep Do We Know?* und in ähnlichen Veröffentlichungen der populären Wissenschaften stoßen wir auf Behauptungen, wonach wir von grenzenlosen Möglichkeiten umgeben sind. Die Weisheit der Kabbala erklärt, dass es das Höhere Licht in einem Zustand vollkommener Ruhe ist, das uns umgibt, und dass all die Veränderungen und grenzenlosen Möglichkeiten in uns sind. Alles, was wir sehen, ist die Reflexion unserer selbst im feststehenden, unveränderlichen Licht.

Ich betrachte die Vorstellung, dass wir uns selbst ändern müssen, wenn wir in der Forschung Fortschritte erzielen wollen, als die nächste Einsicht, zu der die Welt kommen wird. Dieser Prozess begann mit Isaac Newton, wurde von Einstein weitergeführt und setzt sich in der Quantenphysik fort. Jetzt wird es Zeit für die nächste Phase. Die Forschung wird irgendwann entdecken, dass sich außer unseren inneren Werkzeugen nichts verändert, etwas, was die Kabbalisten schon vor Tausenden von Jahren festgestellt haben. Heute sieht eine wachsende Zahl von Forschern und Denkern voraus, dass die Wissenschaft ebenfalls zu dieser Auffassung gelangen wird.

Die gebende und die empfangende Kraft

Das kabbalistische Wissen, das wir besitzen, ist das Ergebnis von Untersuchungen, die von Menschen durchgeführt wurden, in deren Seele die Frage nach dem Sinn des Lebens brannte. Sie benutzten eine besondere Methode, um die allumfassende Wirklichkeit zu spüren, und schrieben Bücher über ihre Entdeckungen. Wenn Kabbalisten zum ersten Mal diese allumfassende Wirklichkeit spüren, nennen sie es »das Öffnen der Augen«.

Das Öffnen der Augen ist ein Vorgang, bei dem wir dieselben Stufen wieder nach oben steigen, die wir aus dem vorherigen unendlichen Zustand (*Ejn Sof*) hinabgestiegen sind. Die Weisheit der Kabbala besteht aus zwei parallel angelegten Abläufen:

1. Von oben nach unten – der Wille zu empfangen von *Ejn Sof* durch alle Höheren Welten hindurch bis hinab in »unsere Welt«.
2. Von unten nach oben – der Aufstieg des Suchenden von dieser Welt durch die Barriere aufwärts zu den Höheren Welten und zu *Ejn Sof*.

Die Kabbala spricht über den Willen zu empfangen, den Wunsch, Genuss zu empfinden. Wie schon gesagt, gibt es fünf Stufen im Schöpfungsvorgang des Willens zu empfangen. Wir markieren diese Stufen mit vier hebräischen Buchstaben: der Spitze des *Jud* (·), dann *Hej* (ה), *Wav* (ו), *Hej* (ה), und wir nennen diese Buchstabenkombination kurz *HaWa-JaH*. Den fünf Stufen geben wir noch bestimmte Namen: *Keter, Chochma, Bina, Seir Anpin* und *Malchut*.

Die Spitze des *Jud* ist *Keter* (Abbildung 7), die den Anfang der Manifestation des Willens anzeigt, der sich vom Licht trennt, eben wie ein schwarzer Punkt im Licht. Aus diesem Punkt entwickelt sich der Buchstabe *Jud* – der Urwunsch. Die Form des Buchstabens *Jud* gleicht einem Punkt mit einem Dorn oben und einem Schwanz unten. Er steht für die Erschaffung der neuen Materie – die es vorher nicht gab –, für den Willen zu empfangen. Diese Stufe wird *Chochma* genannt.

Hat sich der Buchstabe *Jud* gebildet, entwickelt sich der Wille zu empfangen bald weiter, indem er die Eigenschaft des Gebens durch den Schöpfer annimmt. Die Verbindung der Eigenschaft des Gebens und der Eigenschaft des Empfangens bringt eine neue Eigenschaft hervor, die *Bina* genannt wird und mit dem Buchstaben *Hej* bezeichnet wird.

Bina enthält die erste Materie, die dem Licht gleichen will, durch das es entstand. Die Form von *Hej* symbolisiert die Integration der Eigenschaften des Empfangens und Gebens. Das bringt die Form des Gebens über dem Urwunsch hervor.

Als Nächstes will der Wille eine Handlung des Gebens vollziehen, wie es der Schöpfer tat, und versucht deshalb, dem Buchstaben *Jud* zu gleichen. Da es sich diesmal aber um einen Willensakt handelt, wird ihm die Form des Buchstabens *Wav* zugeschrieben.

Der Buchstabe *Wav* steht für unsere Bemühungen, dem Geber, dem Schöpfer zu gleichen. Die Handlung von *Wav* wird jedoch als unvollständig betrachtet, weil sie von einer zuvor getroffenen Entscheidung herrührt, dem Resul-

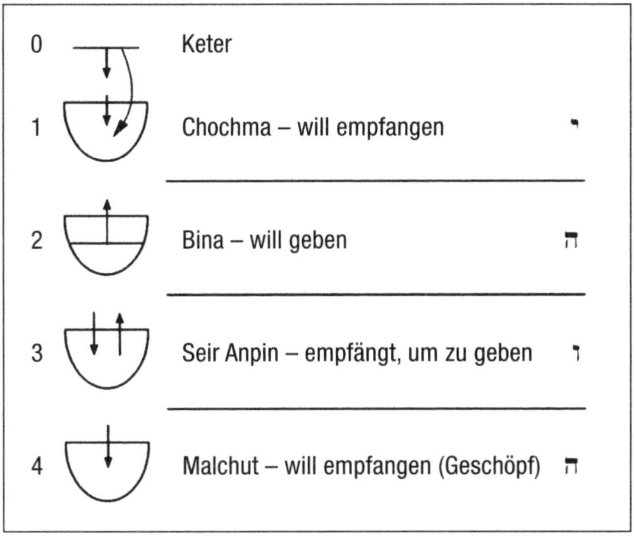

Abbildung 7

tat von Hejs Wunsch zu geben. Die Unvollständigkeit des Wunsches, durch den Buchstaben *Wav* symbolisiert, drückt sich auch in dem Namen *Seir Anpin* aus – kleines Gesicht (aramäisch). *Seir Anpin* fehlt der »Kopf«, die unabhängige Entscheidung.

Wenn *Seir Anpin* die Handlung des Gebens ausführt, findet es heraus, was es bedeutet, ein Geber zu sein. Folglich beginnt es, den Rang des Schöpfers einnehmen zu wollen, und dieser letzte Wunsch wird *Malchut* genannt. *Malchuts* Wunsch ist gänzlich darauf gerichtet, die Eigenschaft des Gebens zu empfangen, weshalb es wie *Bina* durch den Buchstaben *Hej* symbolisiert wird.

Es besteht jedoch ein fundamentaler Unterschied zwischen dem ersten *Hej* von *Bina* und dem letzten *Hej* von *Malchut*. In *Bina* stammt die Verbindung von Empfangen und Geben vom Schöpfer, »von oben«, während sie in *Malchut* »von unten« kommt, von unserem Verlangen, den Zustand des Gebers einzunehmen, ein Wunsch, der vom eigenen Willen zu empfangen herrührt. Nun sehen wir, weshalb *Jud*, *Hej*, *Wav*, *Hej* den Namen des Schöpfers symbolisieren. Es ist das Muster, durch das der Schöpfer den Willen zu empfangen geschaffen hat und in dem der Wille zu empfangen den Schöpfer spürt wie ein Licht, das ihn erfüllt.

Nachdem das Licht einmal den Willen zu empfangen in *Chochma* erfüllt hat und ihm das Gefühl des Gebens eingab, begann sich der Wunsch als Empfänger zu fühlen und wollte wie der Geber werden. Der Wunsch kann leicht seine Natur verändern, weil er auf dieser Stufe noch kein unabhängiger Wunsch ist, sondern einer, der vom Schöpfer herrührte. Der Wunsch zu empfangen in *Malchut* ist aber schon ein unabhängiger Wunsch des Geschöpfes.

Wenn der Wille zu empfangen beides in *Malchut* empfangen möchte, das Licht, das vom Schöpfer kommt, und den Genuss, der daraus entsteht, den Zustand des Gebers eingenommen zu haben, sieht er allmählich, wie gegensätzlich seine Eigenschaften zu denen des Lichtes sind. Der Wille zu empfangen erfährt dann den Abstand zwischen sich und dem Licht. Wenn er diesen schmerzlichen Abstand spürt, ist er dazu gezwungen, ein *Zimzum* zu vollziehen (eine Einschränkung des Lichtes). Mit anderen Worten: Durch die Erkenntnis, wie gegensätzlich seine Eigenschaften zu denen des Schöpfers sind, wird ihm all das Licht entzogen, das ihn vorher erfüllte.

Von dieser Stufe an wird *Zimzum* (die Einschränkung) zum bestimmenden Gesetz für alle Handlungen, die das geschaffene Wesen ausführt. Das Licht wird nicht länger in den dem Schöpfer gegensätzlichen Wunsch eintreten, weil das Geschöpf es so will. Auf diese Weise wird das *Zimzum* zum verbindlichen Gesetz in der Schöpfung.

Das Gesetz des *Zimzum* besagt, dass wir (das Geschöpf), solange wir egoistisch sind, weder den Schöpfer noch den Genuss, der von Ihm ausgeht, spüren können. Es gibt nur einen kleinen Teil der gesamten Wirklichkeit, genannt »diese Welt«, in dem man Genuss empfangen und sich innerhalb des egoistischen Wunsches freuen kann, trotz des Gesetzes des *Zimzum*. Dies ermöglicht uns, auf der körperlichen Ebene zu existieren, bevor wir unsere Korrektur beginnen und dem Schöpfer ähnlicher werden.

Wir müssen verstehen, dass es ein egoistisches Dasein, wie unsere gegenwärtige Existenz in dieser Welt, in Wirklichkeit gar nicht gibt. Ein Aufstieg aus dieser Welt beinhaltet den Aufstieg unseres Wunsches in Richtung der Eigenschaft des Gebens. Der Wille zu empfangen wirkt in dieser Welt nach innen und in der spirituellen Welt nach außen, durch das Geben, wie der Schöpfer.

Anders ausgedrückt: Die spirituelle Welt hält sich an das Gesetz des *Zimzum*, und der Begriff »Spiritualität« bezieht sich auf Zustände, in denen wir dem Schöpfer ähnlich sind. In unserem gegenwärtigen Zustand sind wir Egoisten und stehen im Gegensatz zum Schöpfer.

Kommen wir auf den Schöpfungsvorgang zurück. Der Begriff »Welt« beschreibt einen bestimmten Zustand des Geschöpfes, den Willen zu empfangen. Daher wird der Zustand des Geschöpfes vor dem *Zimzum* »die Welt von *Ejn Sof*« genannt (die unendliche Welt), und sein auf *Zimzum* folgender Zustand wird die »Welt von *Zimzum*« genannt (die Welt der Einschränkung).

Nach dem *Zimzum* bleibt das *Kli* (Gefäß/Empfänger) leer und muss entscheiden, was als Nächstes zu tun ist. Es spürt, dass es keinen Sinn ergibt, leer zu bleiben, weder für sich noch für den Schöpfer. Die Handlung des *Zimzum* hat es unabhängig von der Herrschaft des Lichtes gemacht, aber dadurch hat es noch nichts erreicht, weil der *Zimzum* es nicht zu einem Geber macht wie den Schöpfer.

Das *Kli* begreift, dass es wieder eine ähnliche Handlung ausführen kann wie jene, als es von *Chochma* zu *Bina* wechselte. Diesmal würde sie jedoch aus seinem freien, unabhängigen Willen heraus erfolgen. Es begreift außerdem, dass es dem Schöpfer Genuss bereiten kann, wenn es Sein Licht mit der Absicht empfängt, Ihn zu beschenken. Schließlich ist das der Wille des Schöpfers: dem Geschöpf zu gefallen und ihm Genuss zu bereiten.

Deshalb wies das *Kli*-Geschöpf, als der Lichtgenuss es zusammen mit dem Gefühl erreichte, dass es vom Schöpfer ausging, beides anfangs auch zurück. Es handelte so, damit es dies nicht direkt spürte und dadurch die Scham empfand, im Gegensatz zum Schöpfer zu stehen. Auf diese Weise gehorchte das Geschöpf dem Gesetz des *Zimzum*, das keinen Empfang von Genuss zur eigenen Befriedigung erlaubt.

Anschließend bewertete das Geschöpf den vor ihm liegenden Genuss und wog das Resultat gegen seinen eigenen Wunsch nach Genuss ab. Es empfing diese bestimmte Menge an Genuss erst, nachdem es genau erfahren hatte, wie viel es empfangen konnte, um dem Schöpfer und nicht sich selbst zu gefallen. Das restliche Licht wurde dann zurückgewiesen.

Die Kabbalisten erklären das anhand des Beispiels von Gastgeber und Gast. Der Gastgeber serviert alle möglichen Köstlichkeiten und bittet den Gast zu Tisch. Der Gast fühlt sich beschämt und lehnt höflich ab. In Wirklichkeit hat der Gast Angst, sich wie ein Empfangender zu fühlen, und beschützt sein Ego deshalb vor dem Schamgefühl.

Jetzt ist der Gastgeber an der Reihe, ihn zu bitten: »Ich habe das alles nur für dich gemacht! Du weißt doch, wie wichtig du mir bist. Ich möchte dich durch das erfreuen, was ich für dich zubereitet habe; bitte, willst du es nicht um meinetwillen essen?« Durch dieses Verhalten zeigt der Gastgeber dem Gast einen Mangel: das Bedürfnis des Gastes, etwas zu empfangen. Nun begreift der Gast, dass er, wenn er sich einverstanden erklärt, etwas davon zu essen, das Bedürfnis des Gastgebers erfüllen würde. Das Mahl anzunehmen würde dem Gastgeber guttun.

So verändert sich das Machtgleichgewicht: Wenn der Gast die Gabe empfängt, um dem Gastgeber zu gefallen, ist das nicht länger Empfangen, sondern Geben. Folglich benutzt der Gast die Liebe des Gastgebers, um dem Gastgeber den Genuss zurückzugeben.

Ein weiteres Beispiel der Beziehung von Geben und Empfangen finden wir zwischen Eltern und Kindern. Eigentlich ist das Kind das Oberhaupt der Familie und bedient sich der Liebe der Eltern, um sie so zu manipulieren, dass seine Bedürfnisse erfüllt werden. Selbstverständlich sind die Menschen in diesen Beispielen Egoisten. In der spirituellen Welt läuft das alles ganz anders ab, aber solche Beispiele können uns helfen, das Prinzip zu verstehen. Der sich in den Höheren Welten abspielende Prozess beruht auf einem ganz ähnlichen Prinzip: Wenn jemand dem Schöpfer zuliebe empfängt, wird das nicht als Empfangen angesehen, sondern als Geben. Durch diese Handlung wird der Mensch dem Schöpfer gleich und nimmt die Gedanken des Schöpfers an.

Um es anders auszudrücken: Von Anfang an erschuf uns das Licht mit einem gewaltigen, umfassenden Wunsch nach Ihm. Dieser Wunsch ist noch in uns, doch ist er verborgen, und deshalb spüren wir das Licht des Schöpfers nicht. Dieser Wunsch (nach dem Licht) muss geweckt werden.

Es ist wichtig zu erkennen, dass wir dabei sind, den Begriff des »Schöpfers« auf rein wissenschaftliche Weise zu untersuchen. Mit anderen Worten: Wir können unsere Wahrnehmung des Schöpfers mit präzisen Werkzeugen messen, jedes Empfinden quantitativ bestimmen und es zahlenmäßig ausdrücken. Das Werkzeug, mit dem wir die Wahrnehmung des Schöpfers messen, wird »die Weisheit der Kabbala« genannt. Wir können genau bestimmen, welche Lichter welchen Teil des *Klis* durchdringen, mit wie viel Macht und unter welchen Bedingungen.

Die Kabbala spricht über den Willen zu empfangen, der vom Schöpfer geschaffen wurde. Diese beiden – der Wille zu empfangen und der Schöpfer – sind viel höhere Elemente; sie gehen allen Religionen und Glaubenssystemen voran. Die Kabbala handelt von den beiden grundlegenden Kräften der Wirklichkeit, der gebenden Kraft, die »Schöpfer« genannt wird, und der empfangenen Kraft, genannt »Geschöpf«.

Die Kabbala hat nichts mit einer Religion oder einem Glauben zu tun. Ich möchte die Kabbala nicht mit anderen Lehren vergleichen und mich auch nicht über Religion ausbreiten, sei es Hinduismus, Christentum, Judentum oder Islam. Warum sollte man sich schließlich mit Religion befassen, wenn wir die Physik der Höheren Welt erörtern können?

Die Herausforderung in der Erklärung dieses Materials besteht darin, dass wir unsere Gefühle nicht vergleichen können. Wir können nicht sagen, dass der Begriff »Höhere Kraft«, die ein Mensch empfindet, dem gleicht, was ein anderer bei dem Begriff »Höhere Kraft« empfindet. Daher ist es zwecklos, diese oder jene Lehren mit der Kabbala zu vergleichen.

Die Kabbala ist eine Methode, die präzise, mathematische und messbare Werkzeuge liefert. Wenn ich Daten belege, die einen bestimmten Zustand betreffen, kann ein anderer Kabbalist – mit seinen oder ihren Werkzeugen – die gleiche Handlung ausführen und die Daten gewinnen, auf die ich mich beziehe. Die Weisheit der Kabbala ermöglicht ein akkurates Messen der menschlichen Gefühle.

In den Büchern der Kabbala werden die Eindrücke beschrieben, die Kabbalisten von der Höheren Kraft haben. Sie schildern ihre Gefühle und geben uns Formeln, die uns die inneren Handlungen erklären, die wir mit unserem Willen zu empfangen ausführen müssen. Wenn wir das tun, erlernen wir die Handlungen des Empfangens und des Gebens des Lichts, die der Schöpfer uns vermitteln will.

Ein Kabbalist misst den Genuss, der empfangen oder zurückgewiesen werden kann, sehr präzise. Auf diese Weise werden uns genaue Richtlinien gegeben, welche Art von innerer Arbeit wir auf jeder Stufe vollbringen müssen. So erfahren wir, wie wir mit unserem Wunsch in Anbetracht des Lichts arbeiten müssen.

Zwischen Kabbala und Wissenschaft

Ein Gespräch mit Dr. Jeffrey Satinover
und Dr. Michael Laitman in Israel, April 2005

Das Konzept von Freiheit in der Quantenphysik

Rav Laitman: Wie sieht die gegenwärtige Wissenschaft das Thema freier Wille?

Dr. Satinover: Die moderne Wissenschaft im Ganzen – und ich sage »im Ganzen«, weil ich gleich eine wichtige Einschränkung machen werde – nimmt die Wirklichkeit als rein *materielle* Gegebenheit wahr. Sie betrachtet die materielle Wirklichkeit im Ganzen als eine komplexe Maschine. Ich will Ihnen das anhand einer Spielzeugeisenbahn erklären. Wenn wir die Eisenbahn anschalten, wird sie auf den Schienen fahren und kleine Menschen werden sich in ihr bewegen. Dieses Modell ist nur eine Maschine.

Sie werden mir gewiss zustimmen, dass bei der Modelleisenbahn keines ihrer Teilchen einen freien Willen hat. Ganz ähnlich werden Ihnen die meisten Wissenschaftler heutzutage sagen, dass das physikalische Universum so wie die Modelleisenbahn ist und dass jede Handlung eines jeden Teilchens im Universum ganz und gar von den vorausgegangenen Ereignissen bestimmt wird. Sie werden sogar darauf bestehen, dass es kein anderes Modell gibt. Die Wirklichkeit besteht einzig und allein aus einem Universum mit einer »Spielzeugeisenbahn«. Es gibt keinen Baumeister und keinen Ingenieur, der diese Spielzeugeisenbahnen entwirft und baut.

Neben dieser Sichtweise existiert aber noch ein Zweig der modernen Wissenschaft, »Quantenmechanik«. Dieser Zweig erkennt an, dass die Theorie, die wir gerade erläuterten, nicht korrekt ist und dass es im physikalischen Universum sehr wohl ein Element von vollkommener Freiheit gibt, bei dem sich Atome nicht einfach mechanisch verhalten, sondern »wählen«, wie sie sich verhalten. Ich setze das Wort »wählen« in Anführungsstriche, weil unsere Sprache zu begrenzt ist, es ausreichend zu erklären. Das wahre Problem besteht darin, dass die Wissenschaft nichts über die Natur dessen sagen kann, *was* diese Wahl trifft, weshalb sie uns völlig willkürlich erscheint.

Wenn man die Quantentheorie – die fortschrittlichste aller Wissenschaften – richtig versteht, erkennt man, dass die Möglichkeit eines echten freien Willens im Menschen besteht. Die moderne Wissenschaft kann jedoch nicht genau erklären, wie oder an welcher Stelle so ein freier Wille eingesetzt wird.

RAV LAITMAN: Anscheinend können Teilchen jenseits der normalen und zugänglichen Natur irgendwie »frei wählen«, aber welchen Einfluss hat das auf die Menschen? All das bedeutet doch nicht, dass wir uns im täglichen Leben frei entscheiden können. Vielleicht gibt es irgendwo tief in der Materie zusätzliche Kräfte oder Möglichkeiten, die an einer Ordnung festhalten, die wir mit dem gewöhnlichen Determinismus nicht wahrnehmen können?

DR. SATINOVER: Richtig. Das sind feine und komplexe Einsichten. Darüber streiten sich die größten Geister in der Wissenschaft schon seit achtzig Jahren. Es sieht so aus, als könnten einzelne Elektronen trotz ihrer Einschränkungen unter verschiedenen Elektronenbahnen »frei wählen«. Elektronen können nicht viel tun; sie können keine Bücher schreiben, nicht heiraten oder in den Krieg ziehen. Aber trotz ihrer Einschränkungen sieht es so aus, als besäßen sie ein gewisses Maß an Freiheit.

Wenn ich sage, »das Elektron wählt«, ist das sicher eine sehr lockere Formulierung. In Wahrheit wissen wir eigentlich nicht, wer oder was die Wahl trifft. Wir wissen nur, dass es zwei Verhaltensweisen jedes Teilchens im Universum gibt: Entweder bewegt es sich nach festen Gesetzen, oder es bewegt sich unregelmäßig und ist beeinflusst von etwas, das nicht Bestandteil unseres bekannten Universums ist.

Daraus könnte man beispielsweise folgern, dass die Schöpfung unseres Universum ebenfalls zweifach angelegt ist, dass es das Ergebnis vorausgegangener physikalischer Vorgänge ist, aber auch von einer Höheren Macht erschaffen wurde. Die Wissenschaft kann das jedoch nicht beweisen. Sie kann lediglich beweisen, dass physikalische Handlungen unserem Verständnis nach nicht allein von den physikalischen Handlungen bestimmt werden, die ihnen vorausgingen. Wir sehen es vielmehr so, dass »etwas anderes« Einfluss auf die Materie hat, doch kann uns die Wissenschaft nicht erklären, was dieses Etwas ist, und noch weniger, wie man es erforschen, bestätigen oder widerlegen könnte.

Manche argumentieren vielleicht so, dass es den Anschein hätte, die Elektronen besäßen eigene Pseudogehirne, die solche Entscheidungen treffen, doch ich unterstütze diese Theorie nicht. Bis auf Weiteres kann man glauben, was man will.

Wenn ein Quantenobjekt mit einem anderen Quantenobjekt in Verbindung tritt, löst das einen Vorgang aus, bei dem Entscheidungen getroffen werden. Dieser Vorgang kann in Gegenwart eines Beobachters geschehen, der das Teilchen beobachtet, doch ist der Beobachter nicht unbedingt erforderlich.

Das wahre Rätsel liegt nicht in der Frage des äußeren Beobachters, sondern darin, dass eine Art Freiheit innerhalb der Materie weitergegeben wird. Diese Freiheit verweist auf »etwas«, das außerhalb des materiellen Universums liegt, ohne uns etwas über das Wesen dieses »Etwas« zu sagen.

RAV LAITMAN: Ich verstehe nicht, weshalb wir nicht früher auf dieses Rätsel gestoßen sind. Bei der Erforschung des menschlichen Körpers und der menschlichen Psychologie finden wir keine verborgenen Kräfte, die unerklärliche Verhaltensweisen verursachen. Es ist seltsam, dass wir erst Atome in kleinste Teilchen spalten mussten, um irgendwann festzustellen, dass sie nichts weiter enthalten als einen winzigen Energieausbruch, an dem wir erkennen können, dass wir nicht wissen, wohin sie sich im nächsten Augenblick bewegen werden, oder ob wir es mit einer Welle oder einem Teilchen zu tun haben. Wäre es nicht sinnvoller, diese verborgenen Kräfte auf einer viel höheren Ebene zu entdecken, einer Ebene, die dem menschlichen Bewusstsein angehört? Wie kommt es, dass ausgerechnet Physiker, die leblose Atome untersuchen, plötzlich verborgenes Leben in diesen Teilchen entdecken?

DR. SATINOVER: Ich denke, dies ist eine der großen Ironien des zwanzigsten Jahrhunderts. Die Newtonsche Physik hat uns ein lebloses Universum geliefert. Die Sichtweise, dass Materie unbelebt und als bloße Maschine anzusehen ist, entsprang den Forschungen in Physik, Chemie und Biologie. Dadurch gelangten die Physiker schließlich zu der Auffassung, dass Menschen auch nur Maschinen sind.

Im alltäglichen Leben erfahren wir uns, intuitiv und emotional, als freie Geschöpfe, die eigene Entscheidungen treffen. Auch Psychologen gehen davon aus, dass ihre Patienten die freie Wahl haben. Wenn ich meine Patienten für Maschinen hielte, gäbe ich meinen Beruf als Psychologe auf.

Gleichwohl lautet die rationale und entscheidende Prämisse, die vom siebzehnten bis ins zwanzigste Jahrhundert hinein Gültigkeit hatte, eine Prämisse, auf der jegliche Wissenschaft beruht, dass alle Dinge Maschinen sind.

Es stimmt schon, die meisten Menschen halten sich in ihrem täglichen Leben nicht für Maschinen, und daraus erwächst ein Widerspruch zwischen der wissenschaftlichen Sicht und der Art und Weise, wie die Menschen ihr Leben leben. Die moderne Medizin, die moderne Psychologie und all die Lehren, die den menschlichen Geist und das Nervensystem erforschen, lassen einfach keinen Raum für die Annahme, dass die Menschen einen freien Willen haben.

RAV LAITMAN: Was Sie sagen, lässt darauf schließen, dass auch die Physiker mit einem nicht-mechanischen System eigentlich nichts zu tun haben wollten. Die Entdeckungen, die sich aus den Experimenten ergaben, zwangen uns jedoch zu akzeptieren, dass es eine andere Kraft gibt, die die deterministischen Ergebnisse, die wir erwartet hatten, aufhebt.

DR. SATINOVER: Genau das ist passiert. Es wurde erst offensichtlich, als rigorose Experimente in der Quantenmechanik auf subatomarer Ebene durchgeführt wurden. Nach den ersten Ergebnissen waren die Wissenschaftler völlig entgeistert. Einstein zum Beispiel hielt weiter die Sichtweise aufrecht, dass die Welt eine leblose Maschine sei. Er fand, dass die Quantenmechanik nicht vorstellbar sei und nannte sie sogar »verrückt«. Die Möglichkeit, dass es irgendwelche Freiheiten in der Materie geben könnte, veranlasste ihn zu dem weltberühmten Ausspruch »Gott würfelt nicht mit dem Universum«.

Einstein verwendete zwar das Wort »Gott«, meinte es aber zynisch. Er wollte damit sagen, dass es auf dieser materiellen Ebene keine Freiheiten geben kann, wie die Experimente sie gezeigt hatten. Er erkannte, dass es das Ende der Wissenschaft wäre, wenn es auf dieser materiellen Ebene Freiheiten gäbe. Deshalb erklärte er auch, dass Wissenschaft nicht auf derartigen Geisteshaltungen aufbauen kann.

Rav Laitman: Warum sollte es das Ende der Wissenschaft bedeuten? Hat die wissenschaftliche Forschung uns nicht immer dazu angetrieben, Fortschritte zu erzielen und unsere Sichtweise zu ändern? Warum behaupten so viele Wissenschaftler, dass sich die Wissenschaft dem Ende nähert?

Dr. Satinover: Erstens hatte Einstein Unrecht, als er dachte, dies wäre das Ende der Wissenschaft. Er hatte auch Unrecht, als er dachte, die Quantenmechanik irrte sich. Die Forschungen in der Quantenmechanik haben gezeigt, dass wissenschaftliche Erkenntnis ihre Grenzen hat. Die Wissenschaftler der Quantentheorie stießen an die Grenze der Forschung, und dabei beließen sie es dann auch.

Ich glaube, der wichtigste Aspekt hinsichtlich der Fachkenntnis ist der, dass die Quantentheorie überaus deutlich macht, dass die Fähigkeit der Wissenschaft zu wissen ihre Grenzen hat, und dass sie gleichzeitig darauf verweist, dass es auf der anderen Seite dieser Grenzen »etwas anderes« gibt. Mir ist aufgefallen, dass viele Menschen diesen Punkt übersehen und Quantentheorie und Kabbala durcheinanderbringen. Die Quantentheorie behauptet eindeutig, dass die Wissenschaft diese Grenzen *erreichen* und *beweisen* kann, dass sie existieren, aber die Quantentheorie sagt auch, dass die Wissenschaft *nichts* darüber sagen kann, was jenseits dieser Grenze existiert. Das herauszufinden liegt nicht in den Händen der Wissenschaft; an dieser Stelle gibt die Wissenschaft ihre Grenzen auch zu.

Rav Laitman: Unsere Wahrnehmung der Wirklichkeit verdankt sich unserer Erforschung der Wirklichkeit. Sie entsteht in uns nach Maßgabe unserer Sinne und unserer Wahrnehmung. Es ist durchaus möglich, dass, wären wir mit den mentalen und intellektuellen Werkzeugen erschaffen worden, mit deren Hilfe wir analysieren könnten, was wir anders sehen, wir diese Grenze überschreiten könnten. Mit anderen Worten: Das mag die Grenze für unsere gegenwärtigen Fähigkeiten sein, aber vielleicht gibt es diese Begrenzung nur in unserem jetzigen Zustand. Es wäre doch vielleicht möglich, einen Weg zu finden, unsere Eigenschaften zu ändern und diese Grenze zu überschreiten?

Lassen Sie es mich anders ausdrücken: Wäre es nicht denkbar, dass alles, was wir nicht über Quantenteilchen wissen, daher rührt, dass wir in einem System von Zeit, Raum und Bewegung gefangen sind? Würden wir von dieser Einschränkung befreit, könnten wir dann nicht den gesamten Vorgang anders sehen? Würde uns das Unbekannte bekannt werden, wenn wir unsere Eigenschaften verbesserten?

Dr. Satinover: In unserem Gespräch lasse ich meine persönliche Auffassung über die Welt, Spiritualität und die Kabbala absichtlich außen vor. Ich bin in nichts davon ein Experte. Ich versuche hier als Abgesandter der wissenschaftlichen Welt zu fungieren und halte mich in der Frage, was Wissenschaft tun und lassen kann, persönlich zurück.

Es ist durchaus denkbar, dass die Menschen als Geschöpfe mit spirituellem Potenzial geschaffen wurden, welches ihnen erlaubt, diese Grenze zu überschreiten. Als Mensch sehne ich mich danach, genau das zu tun, und ich nehme an, dass alle Menschen danach streben. Vielleicht ist die Kabbala die wissenschaftliche Methode, die das ermöglicht.

Die Naturwissenschaften verlangen jedoch von uns, achtsam zu sein und ihre Grenzen anzuerkennen. Die Wissenschaft kann die Menschheit an die Grenze führen, aber sie kann uns nicht über sie hinaus führen. Anders gesagt: Ein Wissenschaftler kann die Quantentheorie nicht als Methode verwenden, eine Grenze zu überschreiten, auf die die Methode selbst erst hinweist.

RAV LAITMAN: Was das Argument angeht, dass es unendliche Möglichkeiten um uns herum gibt, ist es nicht der beobachtende Wissenschaftler, der unter ihnen auswählt?

DR. SATINOVER: Das wissen wir nicht. Die Quantentheorie zeigt, dass bestimmte Teilchen eine Bahn wählen und andere eine andere, aber wir können nicht sagen, woher diese Wahl kommt. Vom wissenschaftlichen Standpunkt aus lässt sich darüber nichts sagen; es ist ein völliges Rätsel.

Der Trick besteht darin, dieses Rätsel anzuerkennen und nicht vorzugeben, eine Antwort zu haben, wenn wir eigentlich keine haben. Eine solche Anerkennung kann uns zu der Erkenntnis bringen, dass es ein »Jenseits« der Wirklichkeit gibt. Diese Anerkennung sagt uns nicht, was es ist, kann uns aber dazu bringen, dass wir uns Gedanken darüber machen.

Die Familieneinheit

DR. SATINOVER: Welche Sichtweise hat die Kabbala auf die Beziehung zwischen Mann und Frau am Anfang des einundzwanzigsten Jahrhunderts, und wie ist die kabbalistische Prognose in diesem Bereich?

RAV LAITMAN: Von der Kabbala aus gesehen ist es wichtig, dass Mann und Frau zusammen sind, gemeinsam den Weg der Selbstkorrektur gehen und die Übereinstimmung mit der Höheren Kraft erreichen. Dabei werden sie sich gegenseitig auf den materiellen und spirituellen Ebenen ergänzen. Beide, der Mann und die Frau, müssen bestimmte Korrekturen durchführen. Wenn sie ihre persönlichen und gegenseitigen Korrekturen durchführen, werden sie solchermaßen zu der richtigen Verbindung kommen, dass ihre Beziehung der Höheren Kraft gleicht.

Der Unterschied zwischen dem, was im einundzwanzigsten Jahrhundert geschieht, gegenüber dem, was sich im Laufe der Geschichte ereignete, ist, dass wir heutzutage in einer umfassenden Krise stecken. Diese Krise ist in jedem menschlichen Bereich sichtbar, auch persönlich und familiär.

Der Grund dafür ist die Verstärkung des Egos und der Wunsch, im Genuss zu schwelgen. Heute hat das menschliche Ego seinen Höhepunkt erreicht, wir können es nicht länger kontrollieren. Als Ergebnis davon verlieren wir die Fähigkeit, die wir einst besaßen, mit uns und der Welt fertigzuwerden.

Wir wollen nicht mehr zueinander gehören oder zu einer Familie. Wenn das Ego Amok läuft, können die Menschen es nicht mehr ertragen, einander nahe zu sein. Familienbindungen im Allgemeinen und die Beziehung zwischen Ehepartnern im Besonderen sind die ersten, die unter dem Ausbruch des Egos leiden, weil unsere Ehepartner uns am nächsten stehen.

Früher war die Familie vor Schwankungen bewahrt – sie war eine Insel der Stabilität. Wenn es Probleme auf der Welt gab, verließen wir unser Zuhause und zogen in den Kampf, sehnten uns aber danach zurückzukehren. Wenn es Streitigkeiten mit unseren Nachbarn gab, konnten wir bei Bedarf umziehen, aber unsere familiäre Einheit galt immer als sicherer Zufluchtsort. Auch wenn wir nicht wirklich eine Familie wollten, erhielten wir die familiäre Einheit aufrecht, damit für unsere Kinder und unsere alternden Eltern gesorgt war.

Heute ist das Ego jedoch so sehr gewachsen, dass nichts es mehr in Grenzen halten kann. Wir versuchen, unser Ego im Zaum zu halten, und es misslingt uns ständig. Sicher, an manchen Orten ist die Situation nicht ganz so extrem. Aber das wird sich bald ändern, weil das Ego auf der ganzen Welt erwacht.

Die Lösung für dieses Problem besteht darin, damit zu beginnen, unsere Natur zu korrigieren – durch die Korrektur unserer Egos. Wenn wir nichts tun, um unsere Egos zu korrigieren, fallen wir alle dem Drogenmissbrauch oder Selbstmord zum Opfer oder erfahren die Gewalt des globalen Terrorismus. Wir werden bestimmt keine Kinder oder Familien mehr haben wollen, ein Trend, den wir schon beobachten können. Auch ohne ökologische Katastrophen werden wir in Chaos und Selbstzerstörung versinken. Unsere gegenwärtige Situation macht es erforderlich, dass wir uns fragen, *wozu* wir eigentlich leben, und ob es nicht einen Ausweg aus unserer Misere gibt.

An dieser Stelle gelangen wir zur Weisheit der Kabbala. Kabbalisten haben geschrieben, dass in Zeiten wie der unseren die Kabbala auftauchen und uns helfen wird, unsere Natur zu korrigieren. Wir können daher die Kabbala verwenden, um auf eine neue Stufe ewiger und vollkommener Existenz zu gelangen.

Persönliches und kollektives Schicksal

DR. SATINOVER: Wie erklärt die Kabbala das persönliche und das kollektive Schicksal? Ich verstehe, wie wichtig die Einigkeit zwischen den Menschen ist, aber nimmt die Kabbala auch Stellung zu jedem Einzelnen, ungeachtet des Schicksals anderer?

RAV LAITMAN: Die Weisheit der Kabbala fördert ganz ausdrücklich das persönliche Wachstum. Das zeigt sich etwa an der Einstellung der Kabbala zur Erziehung; sie erklärt, dass die richtige Erziehung nur durch persönliche Vorbilder erreichbar ist. Es hat keinen Sinn, den Leuten etwas vorzuschreiben.

Die richtige Erziehung beruht auf der Erschaffung einer korrekten, wirkungsvollen Umgebung, um gute persönliche Vorbilder hervorzubringen. Die Menschen werden nach den Vorbildern handeln, die sie sehen, und diese je nach ihrem persönlichen Entwicklungsgrad umsetzen. Wir müssen jede Person entsprechend seiner oder ihrer persönlichen Stärke behandeln, weil jeder in unserer Welt einzigartig ist.

Wir sind alle Teile einer kollektiven Seele, und jeder von uns besitzt einen einzigartigen Anteil am Ganzen. Wenn auch nur ein Teil der allgemeinen Seele fehlt, ist die Struktur unvollkommen, und wir werden den Zweck der Schöpfung nicht erreichen. Deshalb müssen wir den persönlichen Anteil des einzelnen Menschen in Ehren halten. Wir müssen jedem ermöglichen, sich auf seine eigene passende Weise zu entwickeln und zu erblühen.

Die Kabbala unterscheidet zwischen einem ordentlichen Gesellschaftsleben und der eigenen, individuellen Entwicklung. Um die Gesellschaft zu erhalten, muss sich jeder an die von ihr gesetzten Regeln halten. Doch wenn es um das persönliche Wachstum geht, muss die Einzigartigkeit jedes Menschen unbedingt geschützt werden. Die Kabbala erklärt in allen Details, wie das persönliche Wachstum und die Einhaltung der gesellschaftlichen Regeln ineinandergreifen sollten und beschreibt genau, wie eine richtige Gesellschaft erschaffen werden kann, die all ihren Mitgliedern erlaubt, sich auf ihre einzigartige Weise zu entwickeln.

Die Kabbala lehnt strikt jeglichen kulturellen und erzieherischen Zwang seitens der westlichen Welt den Ländern der Dritten Welt gegenüber ab. Er schadet beiden. Zwang zerstört die Einzigartigkeit dieser Völker, weil er ihnen nicht erlaubt, sich ihrem Tempo und ihren eigenen Regeln und ihrer Kultur nach zu entwickeln. Diese Situation schafft eine echte Fehlentwicklung innerhalb der Menschheit, und die Ergebnisse sind bedauernswert.

Der Rechtschaffene

DR. SATINOVER: Was ist die Natur und die Rolle des *Zadik* (der rechtschaffenen Person)?

RAV LAITMAN: Der Begriff *Zadik* bezieht sich auf jemanden, der sich auf einer Stufe befindet, auf der er oder sie die Handlungen der Höheren Macht *mazdik* (rechtfertigt). Der *Zadik* rechtfertigt alles, was in der Schöpfung geschieht, weil er oder sie gelernt hat, die gesamte Schöpfung wahrzunehmen, nicht nur den Teil, der unseren fünf Sinnen zugänglich ist. Der Rechtschaffene sieht die Gesetze, die das Reich jenseits der Beschränkungen unserer fünf Sinne beherrschen – die Regeln, die unsere Welt beeinflussen und alles in ihr erschaffen, die Entfaltung jedes Geschehens lenken und dem vom Schöpfer erwünschten Zweck zuführen.

Somit ist ein *Zadik* eindeutig ein Kabbalist, einer, der die Höhere Welt entdeckt, die Welt der Kräfte, die Ebene, auf der die Pläne für unsere Welt gemacht werden und von der sie auf uns herabkommen, damit wir sie ausführen.

Die Natur des *Zadiks* entspricht der Stufe, die der einzelne *Zadik* erreicht hat. Die Kabbala erklärt, dass alles, was wir in der Wirklichkeit wahrnehmen, sich an das Prinzip einer »Gleichheit der Form« hält, dem »Prinzip der Übereinstimmung«.

Mit jedem unserer fünf Sinne nehmen wir einen bestimmten Ausschnitt der Wirklichkeit wahr. Unser Gehör ermöglicht uns beispielsweise, eine bestimmte Bandbreite von Frequenzen zu hören, und unsere Augen können ein begrenztes Spektrum an Farben sehen. Hätten wir noch zusätzliche Sinnesorgane, könnten wir die Wirklichkeit anders sehen und vielleicht noch zusätzliche Dimensionen wahrnehmen.

Eigentlich können wir uns nicht einmal vorstellen, wie wir die Wirklichkeit wahrnehmen würden, wenn wir noch andere Sinne hätten. Das zeigt, dass unsere fünf Sinne mit ihrer jeweiligen Bandbreite Grenzen erschaffen, die unsere Wahrnehmung von Wirklichkeit bestimmen. Wir können diese Grenzen nicht überschreiten.

Es gibt jedoch eine Methode, die eine Wahrnehmung über dieses Wirklichkeitsbild hinaus erlaubt, eine Wahrnehmung auch der Kräfte, die unsere Wirklichkeit lenken, die wir »die Höhere Welt« nennen. Ihre Wahrnehmung beruht auf dem gleichen Prinzip, das für die Wahrnehmung unserer Wirklichkeit gilt, nämlich »Gleichheit der Form«. Anders ausgedrückt: Wir müssen uns diesen Kräften anpassen.

Unsere Aufgabe ist es, die Eigenschaften zu kultivieren, die es innerhalb der Höheren Sphäre gibt, die unsere Welt regiert. Allerdings ist es unmöglich, diese Eigenschaften zu kennen, bevor wir sie erlangt haben. Deshalb werden wir dabei von Kabbalisten unterstützt, von solchen, die schon »dort« sind, die uns beibringen, wie wir uns diese Eigenschaften aneignen können. Sie erklären uns, wie man durch spezielle Aktivitäten einen zusätzlichen inneren Sinn entwickeln kann, eine »Seele«. Wenn man diesen Sinn einsetzt, können wir eine zusätzliche Wirklichkeit wahrnehmen, die vorher verborgen war. Deshalb der Beiname der Kabbala – »die Weisheit des Verhüllten«.

Wenn man diese verborgene Wirklichkeit wahrnimmt, kommt man zum Verständnis der Formeln, durch die diese Wirklichkeit uns lenkt, und des Ziels, zu dem sie uns führt, und der Art und Weise, wie diese Formeln ausgeführt werden. Der Kabbalist befindet sich innerhalb dieser Wirklichkeit und ist ein fester Bestandteil davon, ein Teil, der sie rechtfertigt. In diesem Zustand wird der Mensch *Zadik* genannt, und das ist die Natur des *Zadiks*.

Die Rechtfertigung der Handlungen des Schöpfers umfasst 125 Stufen. Auf der letzten Stufe erlangt man die vollkommene Übereinstimmung mit dem Schöpfer. Jeder Mensch muss diese abschließende Stufe erreichen. Der Vorgang des Lebens und Sterbens, der uns wiederholt für diese Welt »recycelt«, verleiht uns die Möglichkeit, uns auf die Stufe vollkommener Rechtschaffenheit zu erheben, eine Stufe, auf der wir den Schöpfer ganz und gar rechtfertigen.

Das menschliche Leid

DR. SATINOVER: Ich glaube, das Thema des menschlichen Leids ist das, was die Menschen am schwersten akzeptieren können. Einerseits motiviert das Leid die Menschen, nach der Spiritualität zu suchen, andererseits ist es sehr schwer, Leid zu akzeptieren. Wie verhält sich die Kabbala dazu?

RAV LAITMAN: Dies ist wirklich eine Frage, die jeden bewegt. Wir sprechen von der wohlwollenden Höheren Kraft, doch wenn sie »höher« ist, dann bedeutet das, dass sie besser ist als wir. Dennoch ist unsere Welt mit Qualen und Pein gefüllt. Kommen Qualen und Pein auch von dieser Kraft? Gibt es mehr als eine Kraft, und wenn ja, stehen diese Kräfte miteinander im Krieg?

DR. SATINOVER: Ich beziehe mich nicht nur auf die philosophische Frage der Natur des Leids, sondern auch auf den pragmatischen Aspekt.

RAV LAITMAN: Die Wirklichkeit besteht aus unserem Wunsch zu genießen und der Freude, die diesen Wunsch antreibt. Es gibt nur zwei Komponenten auf allen Wirklichkeitsebenen – den Genuss und die Freude, den das Empfangen des Genusses bereitet. In kabbalistischen Begriffen nennen wir sie »das Licht und das *Kli*« (Gefäß).

Wenn es keinen Genuss gibt, bringt das den Wunsch nach dem Genuss hervor. Aber manchmal ist die Abwesenheit des Genusses so stark, dass es zu einem Gefühl von Leid wird. Weil sich alles auf ein bestimmtes Maß und die Eigenschaft des Wunsches nach Genuss zurückführen lässt, leidet auch alles durch seine Abwesenheit – die Mineralien, Pflanzen, Tiere und Menschen.

Eigentlich ist Leid ein notwendiges Gefühl, das ein Geschöpf dazu bringt, seinen gegenwärtigen Zustand zu verlassen und sich in den nächsten zu begeben. Ohne Leid gibt es keine Bewegung. Bewegung bedeutet, dass mein gegenwärtiger Zustand unbefriedigend ist, und so beschließe ich, dass es mir anders besser gehen wird. Leid ermöglicht uns, die erforderliche Anstrengung aufzubringen, um uns in eine Situation zu begeben, die uns besser erscheint. Daher ist Fortschritt ohne Leid nicht möglich.

Die Höhere Kraft kennt keinen anderen Weg, als uns durch Leid in bessere Zustände zu versetzen. Wenn sie uns als Egoisten mit dem Wunsch geschaffen hat, im Genuss zu schwelgen, besteht für sie die einzige Möglichkeit, uns von einem Zustand in den anderen zu versetzen, durch das Empfinden von Leid.

Wir müssen jedoch noch erklären, weshalb es heutzutage so viel mehr Leid gibt als früher. Der Zweck der Schöpfung für die Menschheit ist, die höchste Stufe der Wirklichkeit einzunehmen.

Der einzige Weg, dieses Ziel zu erreichen, ist der immense Drang, dorthin zu gelangen, oder anders ausgedrückt – auf dem Weg größten Leids. Das muss nicht unbedingt körperliches Leid bedeuten. Wir haben heute scheinbar alles, und doch sagt uns unser Gefühl, dass etwas fehlt, und dieses Gefühl der Abwesenheit bildet die höchste Stufe an Leid.

Um voranzukommen, um die Grenzen dieser Welt zu überschreiten und mit der Suche nach etwas Höherem beginnen zu können, müssen wir leiden. Wir müssen das Leid auf der tiefsten Ebene empfinden, damit wir entsprechend den höchsten Zustand erreichen können. Dieser erhabene Seinszustand, der im Gegensatz zu dieser Welt steht, ist die spirituelle Welt; deshalb darf das Leiden nicht nur körperlich, es muss auch spirituell sein.

Beim spirituellen Leid leidet man nicht unter der Abwesenheit weltlicher Erfüllung. Die weltliche Erfüllung mag gegeben sein, aber sie liefert nicht das Gefühl von Existenz, das Gefühl, am Leben zu sein. Diejenigen, die am meisten bedauern, nicht das Gefühl zu haben, am Leben zu sein, werden schließlich die Kraft aufbringen, um etwas zu bitten, das außerhalb dieses Lebens liegt.

Aus diesem Grund werden wir in der näheren Zukunft keine erfüllte Menschheit erleben. Im Gegenteil, das Leid wird zunehmen und eine spirituellere Form annehmen. Das Gefühl der Abwesenheit von spiritueller Erfüllung wird jeglichen körperlichen Überfluss überschatten. Es wird nichts Erfüllendes oder Erfreuliches mehr für uns geben. Depressionen werden sich auf der ganzen Welt verbreiten, und das Gefühl von Not und Elend wird verhindern, dass wir unser Leben in Frieden führen.

Das Ergebnis von Not und Elend wird ein Anwachsen von Konflikten und Terrorismus sein, der immer häufigere Ausbruch verschiedener psychologischer und psychiatrischer Probleme. Das wird besonders dort geschehen, wo im Hintergrund materieller Überfluss herrscht, was zeigt, dass es nicht der materielle Lebensunterhalt ist, der uns fehlt, sondern einfach das *Gefühl*, lebendig zu sein. So erklärt die Kabbala den uns bevorstehenden Prozess.

Damit wir diese Herausforderung meistern können, sollten wir unter Verwendung der Kabbala den Ursprung allen Leids herausfinden. Das wird uns das Leid versüßen, denn dann sehen wir, dass es einen Grund dafür gibt. Es wird uns ermöglichen, mit der Korrektur zu beginnen, *bevor* wir in Not und Elend verfallen. Darum arbeiten wir so sehr an der Vorbeugung und nicht so sehr an dem Heilmittel, und Vorbeugung bedeutet, dass die Menschheit sich der Weisheit der Kabbala bewusst werden muss, bevor sie in tiefe Depression verfällt.

Vielleicht ist es leichter, mit dem Konzept der Kabbala und dem Zweck des Leids fertig zu werden, wenn wir die kabbalistische Sichtweise auf den Tod im Allgemeinen verstehen. Die Kabbala sagt über den Tod: Wir alle sind individuelle Bestandteile eines spirituellen *Klis*, genannt *Adam ha Rishon* (der erste Mensch). Die Seele von *Adam ha Rishon* zersplitterte in Milliarden von Seelen, die auf diese Welt hinunterkamen. Diese Welt beherbergt unzählige Körper, jeder mit seiner eigenen Seele. Das Ziel eines jeden Menschen ist, zur gleichen Wurzel in *Adam ha Rishon* zurückzukehren, aus der er kam.

Wenn wir in diese Welt eintreten, sind unsere Seelen nur »ein Punkt«. Wenn wir kein spirituelles *Kli* aus diesem Punkt machen, solange wir in dieser Welt leben, kehren unsere Seelen zu ihren Wurzeln in *Adam ha Rishon* zurück wie Samenkörner, die sich nicht entwickelten, als unbewusste, leblose Punkte. Mit anderen Worten: Wir spüren unsere Existenz erst dann, wenn unsere Seelen sich in dieser Welt in einen neuen Körper kleiden.

Wenn wir jedoch diesen Punkt durch altruistische Absichten kultivieren, bis er ein spirituelles *Kli* wird, bleibt dieses

Kli nach dem Ableben unseres physischen Körpers erhalten, denn dann haben wir begonnen, die Höhere Kraft während unseres Lebens in dieser Welt zu fühlen. Diese Verbindung bleibt, weil sie nicht Bestandteil unseres biologischen Körpers ist.

Das spirituelle *Kli* nimmt wahr, was sich außerhalb von uns befindet, ungeachtet unserer natürlichen Sinneswahrnehmungen. Sind wir erst einmal außerhalb unseres Selbst, haben körperliches Leben und der Tod keinen Einfluss mehr darauf, *wie* die Seele wahrnimmt. Deshalb empfinden wir Leben und Tod in dieser Welt nicht so intensiv, weil die spirituellen Empfindungen unversehrt bleiben. Genauer gesagt: Wir müssen diesen biologischen Wechsel zwischen Leben und Tod irgendwann überwinden, in einem Maße, dass er uns nicht mehr beeinträchtigt.

Quantentheorie

Hier folgt ein Vortrag von Dr. Jeffrey Satinover, den er während eines internationalen Kabbala-Kongresses im April 2005 in Israel hielt.

Dieser Vortrag konzentriert sich auf ein Gebiet, das für »fortgeschrittene Wissenschaft« gehalten wird, im Vergleich mit der Kabbala aber eigentlich ziemlich einfach ist. Stellen Sie sich jemanden vor, der nicht weiß, wie eine Nuss aussieht und plötzlich eine Nussschale findet. Er verbringt viel Zeit mit dem Untersuchen der Schale und denkt jahrelang, dass es ein vollkommen lebloses Objekt ist. Nach langen Jahren intensiver Forschung untersucht er die komplexen Symbole auf der Innenseite und kommt zu dem Schluss, dass es sich um die Schale von etwas Lebendigem handeln muss, sie wahrscheinlich einmal einen lebenden, sich entwickelnden Organismus umschloss, der nicht die Schale selbst ist.

So wie dieser Mensch hat die moderne Wissenschaft jahrhundertelang erfolgreich die physische Welt erforscht und angenommen, dass diese Welt die gesamte Wirklichkeit darstellt. Die Prämisse lautete, dass die physische Welt etwas Unbelebtes ist und es außer ihr nichts gäbe. Die Wissenschaft folgerte vor kurzem, dass wir die rein physische Welt nur genau zu untersuchen brauchten, um subtile Beweise dafür zu finden, dass die physische Welt lediglich eine Schale ist, die ein lebendiges Wesen umschließt.

Lassen Sie mich versuchen zu erklären, weshalb besonders die moderne Quantentheorie eine Art »Grenzwissenschaft« ist. Es gibt eine umfangreiche Debatte über die Quantentheorie, und deshalb werde ich nur über das sprechen, was ich für zutreffend halte. Außerdem empfehle ich Ihnen, dieses Thema selbst zu untersuchen, um festzustellen, was andere Forscher herausgefunden haben, und dann Ihre eigenen Schlüsse zu ziehen.

Ich möchte betonen, dass Quantenmechanik und die moderne Wissenschaft nichts über Kabbala oder Spiritualität aussagen. Sie behaupten aber ebenfalls, dass die physische Welt nicht alles ist. Sie haben bewiesen, dass es etwas jenseits davon gibt, doch können sie nichts über dessen Natur aussagen. Ich glaube, dass es ungeheuer wichtig ist, diesen Punkt genau zu bestimmen.

All unser Wissen, verbunden mit der immensen Kraft der Quantentheorie und ihren Einflüssen in der körperlichen Welt, führt uns zu zwei Schlussfolgerungen:

1. Es muss etwas jenseits der physischen Welt geben.
2. Wir wissen nichts über dieses »Etwas« und können es durch die Wissenschaft nicht erreichen.

Wir wünschen uns oft, dass die Wissenschaft uns als Werkzeug zur Erforschung der Spiritualität dienen möge. Doch die besten Wissenschaftler haben bereits festgestellt, dass dies unmöglich ist. Die Wissenschaft kann als intellektuelles Werkzeug dienen, die uns zu dem Schluss führt, dass es noch etwas anderes gibt. In Begriffen der Kabbala kann sie ein Gefäß sein, das uns dahin bringt, von dem Punkt im Herzen zu erfahren. Die komplizierteste Mathematik in der Quantenmechanik kann ein Werkzeug sein, das es uns ermöglicht, die Existenz eines Punktes im Herzen anzuerkennen. Aber die Wissenschaft kann nicht über diesen Punkt hinausgehen.

* * *

Ich möchte Ihnen eine kurze und leichte Einführung in die Quantentheorie geben. Dabei werde ich keine komplizierte Mathematik verwenden und Ihnen nur Begriffe präsentieren, die Sie wahrscheinlich schon einmal gehört haben. Haben diese Begriffe für Sie bisher keinen Sinn ergeben, gratuliere ich Ihnen, denn sie sollen auch keinen Sinn ergeben.

Die alten Kabbalisten sagten, dass es unmöglich sei, sich die wahre Natur der Wirklichkeit vorzustellen. Die zeitgenössische Quantenmechanik kam zu einem ganz ähnlichen Schluss. Es ist unmöglich, irgendwelche Begriffe oder Bilder zu verwenden, um damit die Natur der physischen Wirklichkeit richtig zu verstehen. So dürften viele von Ihnen die berühmte Aussage kennen, dass, wenn man die Materie richtig verstehen will, man verstehen muss, dass sie gleichzeitig eine Welle und ein Teilchen ist. Diese Formulierung ist gerade ziemlich angesagt, und vielleicht können Sie sich etwas darunter vorstellen, oder Sie fertigen sich eine kleine mentale Gleichung an.

In Wirklichkeit handelt es sich um nichts anderes als eine Reihe sinnloser Symbole. Es gelingt einem nicht, sie logisch klingen zu lassen.

Ich sagte eingangs, dass uns die Quantentheorie erlaubt, die Grenzen unserer zeitgenössischen Wissenschaft zu begreifen, und sie erklärt, dass es »etwas« jenseits der physischen Welt gibt. Um das zu erläutern, werde ich später noch ein erstaunliches Phänomen beschreiben, das gerade erforscht wird und »Quantenberechnung« genannt wird.

Außerdem werde ich von einem geistreichen Experiment berichten, das konzeptionell bereits in den Sechzigerjahren des zwanzigsten Jahrhunderts von Richard Feynman (1918–1988) beschrieben wurde, einem der größten Wissenschaftler seiner Zeit und Nobelpreisträger in Physik. Diese Schilderung ist bis heute die genaueste Beschreibung des Rätsels, das die

Quantenmechanik umgibt. Später wurde dieses Experiment mit verschiedenen Arten von Teilchen ausgeführt. Ich werde meine Erklärung dafür anbieten, auf welche Weise diese Wissenschaft die Grenzen der Wissenschaft demonstriert und weshalb sie unmittelbar auf die Existenz dieses »Etwas« jenseits der einsehbaren materiellen Welt hinweist.

Über Generationen hinweg stimmte die grundlegende Sichtweise der Wissenschaft mit der von Einstein überein. Bei vielen Wissenschaftlern herrscht immer noch Einsteins Auffassung vor, die davon ausgeht, dass es jenseits der physischen Welt nichts gibt. Weil das Gehirn ausschließlich aus physischen Teilchen zusammengesetzt ist, wird jedes einzelne Geschehen, das heißt jede Wechselwirkung eines Teilchens mit einem anderen, völlig von der Lage der Teilchen und ihrer Bewegungen im vorhergehenden Moment bestimmt. Die gleiche Sichtweise gilt für jedes Ereignis in der physischen Welt, einschließlich derer in unseren Körpern, unserem Verstand, unseren Gedanken und unseren Beziehungen.

Mit anderen Worten: Das gesamte physische Universum ist ein lebloser Mechanismus, der sich unweigerlich und unausweichlich entwickelt. Jede Wahrnehmung, die wir für unsere halten, die Wahrnehmung von uns selbst als einem bewussten, fühlenden menschlichen Wesen mit eigenen Absichten (alles, was wir hier und für den Rest unseres Lebens tun), ist nur Illusion. Es gibt keine Liebe, keinen Hass, keine Leidenschaft und keine Befriedigung. Wir sind leblose Teilchen in komplexen Anordnungen, die sich in der Zeit entfalten.

Unser gesamter Fortschritt in der Medizin beruht gänzlich auf dieser Sichtweise und hatte aufgrund dessen Erfolg. Viele von uns verdanken dieser Sichtweise ihr Leben. Sie ist sehr zwingend und kann nicht einfach beiseitegeschoben werden.

Und doch stellt dieses Prinzip nicht nur unsere Wahrnehmung von uns selbst in Frage, sondern auch unser Bedürfnis, dem Leben Sinn und Bedeutung zu verleihen. So sehr es uns auch aufbringen mag, ein großer Teil unserer Welt funktioniert genau auf diese mechanistische Weise.

Viele zeitgenössische Philosophen haben erkannt, dass diese Sichtweise von großem Vorteil ist, dass sie uns aber auch beträchtlichen Schaden zufügt, weil durch sie der Glaube genährt wird, das Leben sei im Grunde bedeutungslos.

Die Nazis beispielsweise haben diese Sichtweise mühelos auf zahlreiche Bereiche übertragen und wurden höchst effiziente Mörder und Wissenschaftler. Oft ist die Einstellung der modernen Medizin den Menschen gegenüber kalt und grausam, hauptsächlich wegen der Wirksamkeit dieser Sichtweise, dass das Leben bedeutungslos sei.

Die Computerwissenschaft ist so etwas wie eine äußerste Quintessenz der mechanistischen Perspektive auf die Mathematik und Logik mechanischer Wechselwirkungen. Als wissenschaftliche Grundlage der modernen Computerwissenschaft dient die Vorstellung, dass eine physische Einheit in mehreren Zuständen gleichzeitig existieren kann. Der Computer besteht aus Komponenten, die auf »Bits« beruhen, von denen er Unmengen besitzt. Ein »Bit« ist eine physikalische Einheit, die sich in einem von zwei Zuständen ausdrücken kann.

Die moderne Quantenmechanik erlaubt ein Phänomen mit weitreichenden Folgen. Sie behauptet, dass es physikalische Einheiten geben kann, die in zwei Zuständen gleichzeitig existieren. Sie können mir das ruhig glauben – das gibt es wirklich. Es bedeutet, dass sich ein normaler Computer in n Zuständen befinden kann und ein Quantencomputer gleichzeitig in 2n Zuständen.

In den Labors der Yale University haben wir einen Appa-

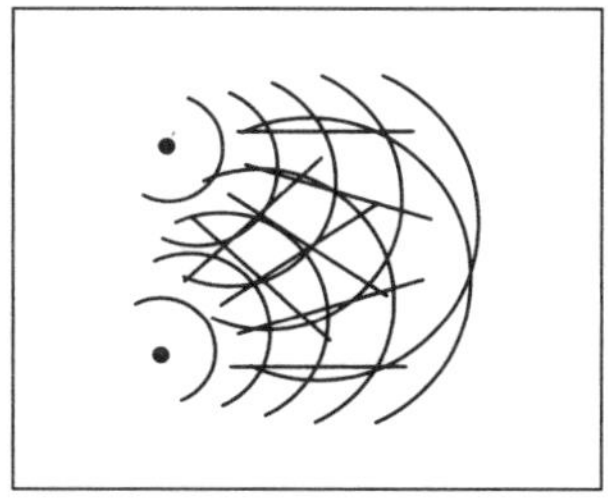

Abbildung 8

rat gebaut, der vierhundert solcher Komponenten enthält. Das scheint eine relativ kleine Anzahl zu sein, aber so ein Apparat bringt einen Gedächtnisspeicher von 2^{400} Bits hervor. Das ist eine dermaßen große Zahl, dass wir sie nicht mehr erfassen können. Deshalb sprechen wir auch davon, Computer mit einer so hohen Leistungsfähigkeit zu bauen, dass sie im wahrsten Sinne des Wortes Wunder vollbringen können.

Wie kam es zu der Annahme, dass zwei verschiedene Zustände gleichzeitig existieren könnten? Hier sollten wir ein Experiment nicht unerwähnt lassen, das Richard Feynman vor fünfzig Jahren durchführte. Stellen Sie sich einen mit Wasser gefüllten Tank vor, der ein sich auf und ab bewegendes Gerät enthält. Diese Bewegung erzeugt Wellen, die zwei verschiedene Ausgangspunkte haben, was die Wellen veranlasst, sich zu überschneiden. Schließlich ergibt das Überschneiden der Wellen ein Muster, das »Interferenzmuster« genannt wird (Abbildung 8). Dieses Muster ist eine Ansammlung der Überschneidungen der Wellen. Es ist ein wohl bekanntes Phänomen, und wir können leicht ausrechnen, wo diese Überschneidungspunkte liegen werden.

Stellen wir uns nun ein ähnliches Experiment vor, aber mit Teilchen anstelle von Wellen. Angenommen, eine Waffe schießt einzelne kugelähnliche Teilchen auf einen Schirm ab. Wenn wir nun eine Abschirmung zwischen der Teilchenwaffe, die eine kleine Öffnung in der Mitte besitzt, und dem Schirm aufstellen, und dann mit Teilchen auf den Schirm schießen, wird nur ein dünner Teilchenstrahl durch die Öffnung hindurch den Schirm erreichen. Folglich werden die

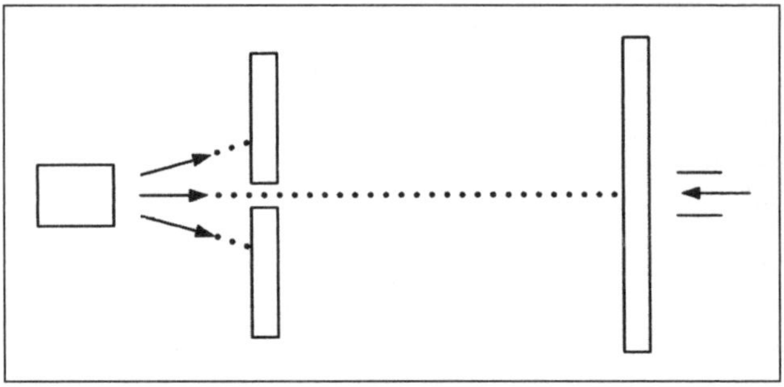

Abbildung 9

Teilchen immer an einem bestimmten vorhersehbaren Punkt erscheinen (Abbildung 9).

Wenn wir das Experiment ein wenig ändern und zwei Öffnungen anstelle von einer anbringen, können wir davon ausgehen, dass die Teilchen zwei bestimmte Punkte auf dem Schirm erreichen, so wie wir einen bestimmten Punkt erreichten, als es nur eine Öffnung gab. Bauen wir das Experiment jedoch korrekt auf, in einem bestimmten Verhältnis zwischen der Größe der Teilchen zur Größe der Öffnungen, fällt das Resultat ganz anders aus: Wir stellen dann fest, dass die Teilchen überall auf dem Schirm erscheinen, nicht nur an den beiden erwarteten Stellen.

Als Ergebnis erscheinen die Teilchen in gleichmäßigen Abständen und unbegrenzt in beiden Richtungen auf dem ganzen Schirm. Die Menge der Teilchen an jedem Punkt unterscheidet sich, ist reichhaltiger in der Mitte und dünnt sich langsam zu den Rändern hin aus. Das Verhältnis zwischen der Anzahl der Teilchen, die an jedem Punkt erscheinen, würde ein Wellenmuster herbeiführen (Abbildung 10). Folglich könnte man sagen, dass die Quantenteilchen gleichzeitig Wellen und Teilchen sind.

Das wirft die Frage auf: »Was ist eine Welle?« Um eine

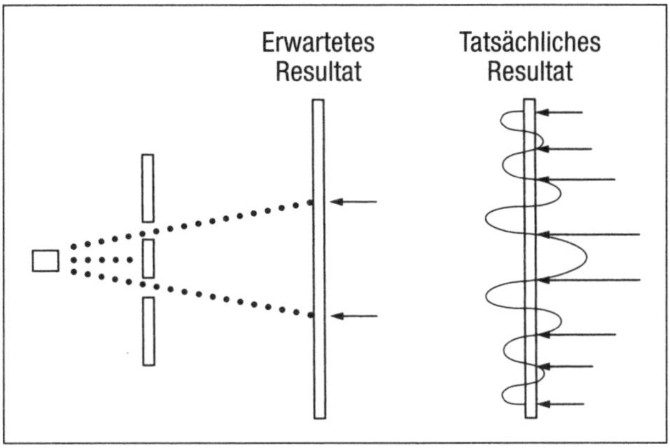

Abbildung 10

einfache Erklärung geben zu können, werde ich mit begrenzter Genauigkeit erklären und die Ungenauigkeit dann korrigieren. Eine Welle ist die Verteilung der Wahrscheinlichkeit, ein Teilchen an einem gewissen Punkt irgendwo auf dem Schirm anzutreffen. Eigentlich schickt die Teilchenwaffe eine »sich bewegende Wahrscheinlichkeitswelle« aus, eine Wahrscheinlichkeit dafür, dass ein bestimmtes Teilchen an einem bestimmten Ort sein wird.

Und jetzt möchte ich mich korrigieren: Wenn wir die Anzahl der Menge an Teilchen messen, die an jedem Punkt auf dem Schirm erscheint, erzielen wir ein mathematisches Ergebnis, das mit einer sich bewegenden Wahrscheinlichkeitswelle nicht ganz übereinstimmt. Vielmehr handelt es sich um die Quadratwurzel dieser Wahrscheinlichkeit.

Einige der Quadratwurzeln sind negativ. Die Wahrscheinlichkeit, dass in der wirklichen Welt etwas geschehen wird, kann irgendwo zwischen 0 und 1 liegen, aber sie kann nicht negativ sein. Mit anderen Worten: Dieses »Etwas«, das sich im Raum ausbreitet, existiert in der physischen Welt überhaupt nicht, zeigt aber dennoch eine Auswirkung.

Auch wenn wir nur ein Teilchen pro Woche abschießen würden, wäre die Verteilung der Wahrscheinlichkeit mit dem Interferenzmuster der beiden oben erwähnten Wellen identisch. Selbst wenn wir nur ein einziges Teilchen abfeuern, den Apparat auseinandernehmen, ein Jahr später wieder zusammenbauen und abermals ein Teilchen abfeuern würden, wäre unser Ergebnis immer noch genau gleich (Abbildung 11).

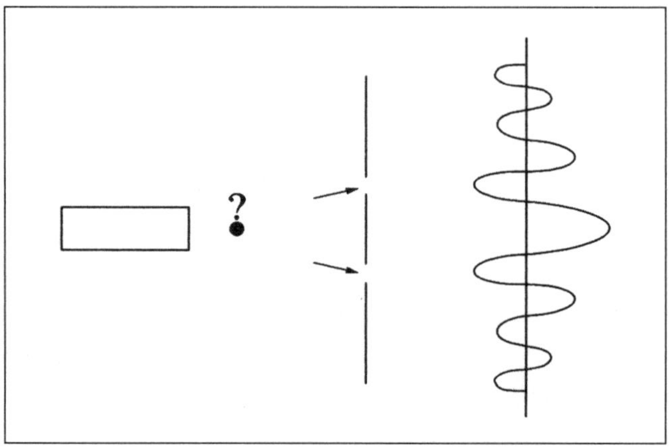

Abbildung 11

Dieses Wahrscheinlichkeitsmuster entsteht mit absoluter mechanischer Präzision. Das Erstaunliche daran ist, dass es über Zeit und Raum hinauszureichen scheint. Die Struktur dieses Phänomens ist als perfekter Mechanismus vorher festgelegt, seine Mathematik mit hundertprozentiger Genauigkeit bekannt, und heute hilft uns dieses Phänomen, erstaunlich genaue Rechner zu bauen.

Selbst wenn wir nur ein einziges Teilchen abfeuern würden, könnten wir mit äußerster mathematischer Genauigkeit die Wahrscheinlichkeit ermitteln, mit der dieses Teilchen einen bestimmten Punkt auf dem Schirm trifft. Aber die Quantenmechanik sagt, und das ist mein Hauptargument, dass *nichts* im physischen Universum *genau* bestimmen kann, wo dieses Teilchen auftreffen wird.

Mit anderen Worten: Wenn wir uns Millionen von Teilchen anschauen, wird die Materie mit absoluter mathematischer Genauigkeit ermittelt. Wo jedoch der genaue Ort ist, an dem jedes Teilchen auftreffen wird, kann nichts und niemand im physischen Universum genau bestimmen.

Aus diesem Grund gelangten einige der größten Physiker zu der Feststellung, dass es ein deterministisches Element im Universum gibt, das genauso funktioniert, wie wir dachten. Es gibt jedoch noch ein anderes unbekanntes, wirksames Element, das fein in die Textur des Universums eingewoben ist und sich nicht in die mechanische Entfaltung einmischt. Deshalb erscheint jemandem, der nicht scharf genug beobachtet, alles mechanisch.

Wenn wir jedoch sehr aufmerksam beobachten, werden wir feststellen, dass jegliche Entwicklung von etwas im Universum beeinflusst ist, das *nicht* Teil des Universums ist. Mehr noch, da die Theorie selbst nach einem Element verlangt, das außerhalb des Universums liegt, werden wir mit einer Grenze konfrontiert.

Deshalb behaupten einige Physiker, dass Quantenphysik eine echte Grenzwissenschaft sei, eine Wissenschaft, die auf die Grenze hinweist, die Menschen erreichen können, wenn sie das physische Universum erforschen. Anders gesagt: Diese Physiker behaupten, es gäbe etwas jenseits der Grenze, das die Wissenschaft nie erforschen kann.

Die Glaubwürdigkeit der Quantentheorie

Man kann jede Theorie widerlegen. Auch die Quantentheorie ist nur eine Theorie und könnte sich als falsch erweisen. Mehr noch: Schon heute gibt es Wissenschaftler, die sie für einen Irrtum halten und nach Alternativen suchen.

In der Welt der Wissenschaft ist es üblich, dass eine Theorie untergeht und eine andere an ihre Stelle tritt. Hier muss man jedoch eine feine Unterscheidung treffen. Ich möchte es Ihnen erklären, indem ich die Newtonsche Theorie mit Einsteins Relativtheorie vergleiche. Stellen wir uns für den Anfang vor, es gäbe einen Stock, der sich im Raum bewegt. Nach Einstein schrumpft er, wenn wir ihn sehr schnell bewegen. Nach Newton bleibt der Stock hingegen so, wie er ist, egal wie schnell er sich bewegt. Folglich haben wir zwei konkurrierende Theorien.

Einige werden sagen, dass Newtons Theorie völlig falsch und Einsteins richtig ist. Wenn wir die Frage oberflächlich betrachten, sieht das wie eine wahre Behauptung aus. Tatsächlich ist sie aber falsch.

Richtig wäre es zu sagen, dass von den beiden Theorien Newtons Theorie ein Grenzfall von Einsteins Theorie ist. Das bedeutet, dass sich ein Stock unter den meisten bekannten Bedingungen nicht annähernd so schnell bewegen kann, dass wir ihn wirklich schrumpfen sehen. Deshalb ist Newtons Erklärung in den meisten Fällen wahr.

Doch auch Einsteins Wahrnehmung ist im Allgemeinen

korrekt. Sie ist nicht nur in Bezug auf Geschwindigkeiten wahr, die uns vertraut sind, sie wäre auch dann wahr, wenn wir die Geschwindigkeit so weit erhöhen würden, dass wir den Stock tatsächlich schrumpfen sehen könnten.

Wenn die Wissenschaft eine neue Theorie aufstellen würde, die besagt, dass die heutige Beschreibung der Wirklichkeit durch die Quantenmechanik ein Grenzfall ist, bliebe trotzdem alles wahr, was wir über die Quantentheorie gesagt haben. Wenn Sie behaupten würden, sie wäre nicht zutreffend, müssten Sie schon beweisen, dass sie absolut und grundsätzlich falsch ist. Eine solche Möglichkeit besteht theoretisch immer, aber die Quantenmechanik hat sich bisher als erfolgreichste wissenschaftliche Theorie in der Geschichte der Wissenschaft überhaupt erwiesen und mehr rigorose Tests bestanden als irgendeine andere. Deshalb ist es sehr unwahrscheinlich, dass sie grundsätzlich widerlegt werden wird.

* * *

Ursprünglich beruhte Wissenschaft auf einer religiösen Weltsicht, bei der man die Welt als lebendige Einheit wahrnahm, in der verschiedene spirituelle Kräfte wirkten, wie Geister und Dämonen. Später trat dann die moderne mechanische Wissenschaft auf den Plan, die behauptete, dass die frühere Theorie ein völliger Trugschluss sei und die Welt sich am besten verstehen ließe, wenn man sich der mechanischen Grundlagen der Physik und Chemie bediente.

Die mechanische Wissenschaft bestimmte, dass es keine Geister oder Dämonen gibt, die in der Materie wohnen und sie lenken. Stattdessen postulierte sie, dass Materie von Ursache und Wirkung gesteuert wird. Chemische Reaktionen geschehen nicht auf Grund alchemistischer Trugbilder, sondern nach quantitativ bestimmbaren chemischen Reaktionen, die mechanisch von der Mathematik gesteuert werden können.

Diese mechanische Sichtweise ermöglichte unseren großen Fortschritt hinsichtlich des Verständnisses von Materie und ihres *modus operandi*. Sie führte auch zu zahllosen technischen Innovationen, die uns viele Jahre lang von Vorteil waren. Wie schon erwähnt, beruht die moderne Medizin im Wesentlichen auf dieser mechanischen Weltsicht.

Bis in die Dreißigerjahre des vorigen Jahrhunderts herrschte die Überzeugung vor, dass die Biologie sich von allen anderen Wissenschaften unterschied. Man glaubte, dass ein lebender Organismus zwar aus Chemikalien bestand, aber trotzdem von einem Lebewesen gelenkt wurde, das nicht bloß aus Materie bestand.

Die Evolution der zeitgenössischen Biologie konnte jedoch erst stattfinden, nachdem beschlossen worden war, die Vorstellung vom Lebewesen abzulegen. Professoren, die darauf bestanden, die alte Sichtweise beizubehalten, wurden von den Universitäten entlassen. Auf diese Weise setzten die moderne Gentechnik, die Molekularbiologie und die Pharmazie ihren Siegeszug durch die leblose mechanische Sichtweise fort, indem sie lebendige Biosysteme auf nichts weiter als komplexe Maschinen reduzierten.

Es gibt hier eine interessante Verbindung zwischen der Physik und anderen Wissenschaften. Alle Wissenschaften – die Chemie, Biologie, Zoologie, Anthropologie, Soziologie und jede andere Wissenschaft – entwarfen ihre Modelle gemäß der mechanistischen Auffassung der angesehensten Wissenschaft – der Physik. Im Grunde setzt sich dieser Vorgang heute noch fort.

An vielen Universitäten auf der ganzen Welt müssen sich verschiedene Wissenschaften noch an die Modelle der Physik des neunzehnten Jahrhunderts angleichen. Das Problem ist nur, dass die Physik diese Modelle bereits hinter sich gelassen hat. Sogar die Molekularbiologie, die die kleinsten Objekte studiert, muss sich erst noch auf den Weg begeben, den die Quantenrevolution bereitet hat.

Vor rund einem Jahr gab ich in der Biochemischen Abteilung der Universität von Toulouse einen Kursus. Der Leiter der Abteilung war sich nicht bewusst, dass man, um den evolutionären Vorgang von Eiweiß zu verstehen, Quanteneffekte berücksichtigen muss, und dass man sie deshalb nicht mit Begriffen der klassischen Mechanik verstehen kann. Dies ist nur ein Beispiel dafür, dass sogar »fundamentale« Wissenschaften wie die Biochemie die Auswirkungen der Quantenmechanik noch nicht integriert haben.

Selbst auf ihrem eigenen Gebiet, in der Physik, haben sich die meisten Physiker noch nicht mit den Auswirkungen der Entdeckung beschäftigt, dass sich Geschehnisse im physischen Universum entfalten, ohne dass sie durch frühere Ereignisse im physischen Universum vollständig bestimmt wurden. Diese Sichtweise ist für die allgemein vorherrschende wissenschaftliche Wahrnehmung auf der ganzen Welt immer noch schockierend.

Wir befinden uns mitten in einer langsam fortschreitenden Revolution unserer Denkvorstellungen. Mehr und mehr Physiker, Biophysiker und Biomolekularforscher beginnen die Bedeutung der Quantenmechanik zu erkennen. Nur eine Handvoll unter ihnen hat jedoch begriffen, dass die Evolution Quanteneffekte im Designvorgang von Organismen einbezogen hat. Als diese Wissenschaftler begannen, sich der revolutionär neuen Vorstellungswelt zu öffnen, verstanden einige von ihnen die enorm weitreichenden Auswirkungen – dass die mechanistische Sichtweise überholt und etwas anderes an ihre Stelle getreten war.

Gestatten Sie mir noch ein persönliches Schlusswort. Schon als junger Mann spürte ich, dass die Rätsel der physischen Welt ein tieferes Rätsel verbargen. Noch bevor ich wusste, worum es sich bei der Quantenphysik eigentlich handelte, vermutete ich schon, dass mich die intensive Beschäftigung damit in die spirituelle Welt führen würde. Darüber hinaus hatte ich mich immer intuitiv zur Kabbala hingezogen gefühlt, und wann immer ich ihr in ihrer authentischen Form begegnete, spürte ich, dass sie eine mir bereits innewohnende Wahrheit darstellte.

Die Essenz der Weisheit der Kabbala

Das Streben nach Gleichgewicht

Als Kinder haben viele von uns geglaubt, dass die Welt mit allen Arten von Kräften angefüllt ist, wie die Geister in den Märchen. Als wir erwachsen wurden, haben wir diesen Glauben langsam hinter uns gelassen, aber hin und wieder glauben wir immer noch, dass diese Kräfte wirklich existieren.

Die Wahrheit ist, dass wir in jedem einzelnen Moment nach ihnen suchen. Wir wollen wissen, in was für einer Welt wir leben, denn wenn wir es nicht wissen, werden wir nie das Gefühl der Ungewissheit loswerden und in Frieden und voller Selbstvertrauen leben können. Wir sind neugierig, denn wir wollen die Welt, in der wir leben, verstehen und unseren Seinszustand verbessern. Diese Neugierde ruft Fragen hervor wie »Wer bin ich?«, »Wo bin ich?« und »Was wird aus mir?«. Solche Fragen veranlassen uns, die Wirklichkeit, in der wir leben, erkennen zu wollen.

Die Wirklichkeit gliedert sich in zwei Teile: den Menschen und seine Umgebung. Manche behaupten, wir bräuchten nur uns selbst zu studieren und zu verändern, dann würden wir uns ruhiger fühlen und die Welt positiver betrachten. Andere hingegen sagen, dass wir so bleiben sollten, wie wir sind, das Beste aus dem machen sollten, was die Welt uns zu Füßen legt, und sie ansonsten unseren Bedürfnissen angleichen sollten. Wie dem auch sei, es sieht nicht so aus, als ob unser Leben sehr gut laufen würde.

Der beste Zustand, in dem wir mit der Welt optimal klarkommen, ist der des Gleichgewichts. Wenn jeder mich verstehen und genau das wollen würde, was ich auch will, wäre das ein Zustand des Gleichgewichts. Es gibt keinen perfekteren Zustand als das Gefühl, mit der Welt eins zu sein. Man kann es nur mit dem Dasein des Fötus im Mutterleib vergleichen: Alles existiert nur um meiner Versorgung willen; es besteht keine Notwendigkeit, einen Schutzwall aufzubauen.

Die Wissenschaft nennt diesen Zustand »Homöostase«. Das griechische Wort *homo* bedeutet *gleich* oder *ähnlich*, und *stasis* ist das griechische Wort für Zustand. Dies ist der Seinszustand, den jedes Objekt eigentlich einnehmen möchte.

Die Gesetze der Physik, Chemie und Biologie erklären, dass der einzige Grund für die Materie, sich zu bewegen, sei sie unbelebt, pflanzlich, belebt oder sprechend, das Verlangen ist, mit ihrer Umgebung im Gleichgewicht zu sein. Um mit unserer Umgebung im Gleichgewicht zu sein, ist es für uns menschliche Wesen wichtig, die Natur unserer Umwelt zu kennen und zu wissen, wie wir uns ihr angleichen können.

Erst dann werden wir wissen, wie wir in einen Zustand gelangen können, in dem jeder das will, was wir wollen, die gleichen Gedanken hat und keinen Groll gegen andere hegt. Alles würde sich in Frieden und aus Liebe entfalten. Für dieses Ziel existiert die Kabbala; deshalb lehrt sie uns, wie man Frieden unter der Menschheit und zwischen dem Menschen und der Natur erreichen kann.

Unsere gesamten Forschungen über die Welt und uns selbst werden von der Wissenschaft durchgeführt. Leider hat uns der Fortschritt in Wissenschaft und Technik nicht gerade glücklicher gemacht. Trotz all unserer Bemühungen, in einen Zustand von Ruhe, Ganzheit und Glückseligkeit einzutreten, wird unsere Wirklichkeit jeden Tag harscher und bedrohlicher.

Wenn wir jedoch alle nach dem Besten streben, weshalb gibt es dann Probleme? Probleme gibt es, weil wir die allgemeine Wirklichkeit nicht kennen, nicht wissen, wie sie sich verhält, wie sie aufgebaut ist und wie sie auf uns wirkt. Wir wissen nicht, inwieweit wir uns angleichen müssen.

Es scheint, je tiefer wir in die Materie eindringen und je mehr wir versuchen, unsere eigene Natur und die der Außenwelt zu verstehen, dass es uns desto weniger gelingt zu erkennen, was die Natur von uns erwartet, warum es sie gibt und welchen Zweck jedes Element in der Natur eigentlich hat.

Einige Forscher erkunden die Außenseite der Materie, andere reichen tief in ihre Struktur hinein, bis hinunter auf die molekulare Ebene und die Beziehung zwischen Atomen und subatomaren Teilchen. Die fortgeschrittensten Forscher behaupten, dass die Materie an einem bestimmten Punkt schwer fassbar wird. Von da an verstehen sie nicht mehr, was geschieht. Der Grund für ihr mangelndes Verständnis ist jedoch nicht das Fehlen hoch entwickelter Werkzeuge, sondern das Unvermögen der Menschen, die Wirklichkeit vollständig wahrzunehmen.

Während wir uns ausschließlich auf unsere fünf Sinne verlassen, glauben wir, dass wir mit der Wirklichkeit machen können, was wir wollen. Treten wir aber erst in die spirituelle Welt ein, stellen wir fest, dass es in Wahrheit die Wirklichkeit ist, die mit uns macht, was sie will. Ab einer bestimmten spirituellen Stufe, und darüber hinaus, wird uns klar, dass wir es sind, die unsere Wirklichkeit erschaffen. Mit anderen Worten: Wir erkennen, dass die Wirklichkeit eine Art Projektion unserer selbst ist.

Diese letzte Stufe ist es, die zeitgenössische Forscher beschreiben. Sie vertreten die Auffassung, dass es eine bestimmte Grenze gibt, über die hinaus wir nichts mehr wahrnehmen können. An diesem Punkt zwischen der wahrnehmbaren, physischen Welt und dem, was jenseits unserer Wahrnehmung liegt, begegnen sich Wissenschaft und Kabbala.

Die Kabbala erklärt, dass es eine Forschungsmethode gibt, die es uns ermöglicht, in die »Ebenen der Ursachen« einzudringen. Setzt man sie ein, versteht man mit Sicherheit, warum die Welt existiert, was sie von uns will und wie wir mit ihr im Gleichgewicht leben können, einem Gleichgewicht, das wir als Frieden und Ruhe erleben werden. Diejenigen, die diesen Bereich bereits untersucht haben, werden »Kabbalisten« genannt, und ihre Schriften erzählen von den Ergebnissen ihrer Forschungen.

Die Kabbalisten sagen, dass jenseits der sichtbaren Materie der Wille und die Fürsorge der Natur liegen, die die gesamte Wirklichkeit umgeben. Dieser Wille und diese Fürsorge begrenzen die Wirklichkeit, wachen über sie und lenken sie zu ihrem Vorteil. Mehr noch: Wille und Fürsorge legen die allgemeinen Wirklichkeitsgesetze fest. Anders ausgedrückt: Das allgemeine Wirklichkeitsgesetz ist absolutes Geben, und jede Materie in der Wirklichkeit muss sich daran angleichen.

Die Weisheit der Kabbala hilft uns, die wahre Einstellung der Natur uns gegenüber wahrzunehmen und zu spüren. So können wir der Natur mit der gleichen Einstellung begegnen und uns ihr angleichen.

Die Ebenen, auf denen sich die wahre Wirklichkeit enthüllt, werden »Welten« genannt. Wie ein Wissenschaftler mit dem Mikroskop in die Struktur der Materie eindringt oder mit dem Teleskop forschend tief ins Weltall, so durchdringen die Kabbalisten mit der Weisheit der Kabbala den Gedanken, der die Wirklichkeit umgibt.

Unser Vorankommen bei der Erforschung der Wirklichkeit ist ein echtes Abenteuer. Wir können beginnen, unsere Vergangenheit und Zukunft zu spüren, und stellen fest, dass es Zeit eigentlich nicht gibt, dass wirklich alles bereits existiert. Ein Kabbalist kann sich in der Zeit, so wie wir sie jetzt wahrnehmen, bewegen und über den gegenwärtigen Zustand hinaus vorwärts- und zurückgehen.

Menschen, die solche »Zeitsprünge« ausführen können, werden »Propheten« genannt. Sie sehen die Zukunft nicht voraus und stellen sie sich auch nicht vor, sondern begeben sich einfach mehrere Grade vorwärts auf eine bestimmte Stufe der Wirklichkeit, die der Rest der Menschheit eines Tages erreichen wird. Sie sprechen zu uns von »dort« und sagen uns, was sie in ihrer »gegenwärtigen Zeit« spüren. Sie könnten genauso gut große Historiker sein, zu den Zuständen zurückkehren, die die Menschheit bereits erlebte, sie neu erleben und uns von ihnen erzählen.

Wir finden oft kabbalistische Schriften, die Geschehnisse vor ihrer Zeit beschreiben, wie Abraham, der von einem Ort zum anderen wanderte, Menschen begegnete und sie lehrte, was er sagte und was er tat. Um all dies zu wissen, muss der kabbalistische Forscher in der Zeit zurückgehen und den gleichen Zustand wie Abraham einnehmen, eine bestimmte Stufe, und uns von dieser Wirklichkeit erzählen, indem er ganz in ihr aufgeht. Ein Kabbalist kann Eindrücke aus dieser Zeit aufnehmen und sie uns übermitteln.

Baal HaSulam beschreibt es auf folgende Art und Weise: *»Diejenigen aber, die die Stufe erreichten, auf der Abraham oder ein anderer stand, sie sehen und wissen, was Abraham sah und wusste. Deshalb wissen sie, was Abraham sagen würde, und kennen auch all die Redewendungen unserer Weisen, als sie die Verse der Thora interpretierten. All dies* *war so, weil auch sie diese Stufe erreicht hatten, und jede Stufe in der Spiritualität ist eine Wirklichkeit. Jeder sieht die Wirklichkeit, wie all jene, die nach London kommen, um sich die Stadt anzusehen, erfahren, was es in der Stadt gibt und was in ihr gesagt wird.«*

– Baal HaSulam, *Shamati*, Artikel 98,
Spiritualität ist das, was nie verloren geht

Zusätzlich zu der Fähigkeit, sich in der Zeit zu bewegen, entdecken Kabbalisten noch andere Kräfte in der Wirklichkeit. Es ist kein Zufall, dass Legenden über Geister, Dämonen und Engel sprechen. Obwohl sie in Wahrheit eine ganz andere Bedeutung haben als jene, die ihnen heute zugeschrieben wird, gibt es solche Kräfte. Ein Kabbalist, der die Tiefe der Natur erforscht, beginnt die lenkenden Kräfte zu sehen, verbindet sich mit ihnen und nutzt sie zum Vorteil der gesamten Menschheit und seiner selbst.

Um zum Studium der Wirklichkeit zu gelangen, bedarf es gewisser Anstrengungen, aber es bestimmt dann das gesamte innere Leben und sorgt für komplette Erfüllung. Ein Mensch, der die Wirklichkeit untersucht, entdeckt die Ursache unserer Existenz, weiß, wonach wir alle streben müssen, und begreift die Gründe für unsere vielfältigen Probleme.

Aus diesem Grund ist die Kabbala nicht bloß theoretische und wissenschaftliche Forschung. Vielmehr ist sie eine praktische Methode, die uns in jedem Moment unseres Lebens helfen soll. Durch die Kabbala erkennt man die Zukunft, die Vergangenheit und seine Eigenschaften seit der ersten Inkarnation vor vielen Lebensspannen und den Weg, den man noch gehen muss.

Sieht man Anfang und Ende, versteht man, was zu tun ist und wie man es am besten tut. Kabbalisten können jederzeit die auf sie einwirkenden Kräfte erkennen, ob beispielsweise jemand einen bestimmten Menschen heiraten sollte oder warum die Kinder so sind, wie sie sind. All diese Details sind vorherbestimmt. Heute erkennt sogar die Wissenschaft an, dass diese Informationen in den Genen verankert sind.

Es gibt eine berühmte Geschichte über Zwillinge, die in jungen Jahren getrennt wurden und den Kontakt zueinander verloren. Dreißig Jahre später fanden sie sich wieder und stellten fest, dass sie beide den gleichen Beruf hatten, ihre Frauen den gleichen Namen hatten, ihre Kinder die gleichen Namen hatten und sogar die Häuser, in denen sie lebten, die gleiche Hausnummer hatten. Die Dinge entwickeln sich auf diese Weise, weil unsere interne Information alles bestimmt, was uns auf jeder Stufe, die wir in unserem Leben erfahren, widerfährt.

Die Kabbala nennt diese innere Bestimmung, die unseren Lebenslauf lenkt, *Reschimot*. Die *Reschimot* gibt es in jedem Menschen, und jeder Zustand, den man erlebt, soll einem etwas beibringen, das einem zur Erlangung des ultimativen Ziels verhilft.

Würden wir die Kräfte kennen, die auf uns und unseren inneren Aufbau einwirken, könnten wir uns auf jeden zukünftigen Zustand vorbereiten. Wenn wir wüssten, wie man mit dem allgemeinen Gesetz der Wirklichkeit im Gleichgewicht bleibt, würde die Wirklichkeit uns vollkommen entgegengesetzt zu ihrem gegenwärtigen Aussehen erscheinen.

Die Weisheit der Kabbala ist nicht dazu da, uns nur auf wissenschaftliche Weise über die Wirklichkeit zu belehren, damit wir über die »Bewohner« der Höheren Welten philosophieren können. Vielmehr lehrt sie uns, wie wir unser Geschick in jedem einzelnen Moment in der Hand haben können. Alle Kräfte und Geschehnisse, die uns bedrücken, sind dazu gedacht, uns dabei behilflich zu sein, Lenker unserer Wirklichkeit zu werden. »Lenker der Wirklichkeit«

bedeutet, dass wir in jedem Augenblick unserer Existenz mit der Wirklichkeit im Gleichgewicht sind. Deshalb besteht unsere Aufgabe darin, herauszufinden, was es bedeutet, »in einem ausgeglichenen Zustand zu sein«.

Kontrolle über die materielle Welt

Kabbalistische Forscher der Wirklichkeit haben herausgefunden, dass die Wirklichkeit aus unserer und höheren Welten besteht. Die niedrigste dieser Welten ist unsere materielle Welt, die restlichen sind samt und sonders spirituelle Welten. In den spirituellen Welten gibt es so etwas wie physische Materie nicht, wie sie in unserer materiellen Welt existiert. Die Substanz der spirituellen Welten enthält lediglich Wünsche, Kräfte und Gedanken.

Wir glauben, dass wir die Materie unserer Welt kontrollieren können, doch wenn wir auf eine höhere Ebene aufsteigen, erkennen wir sofort, dass Materie nur eine Folge ist. Materie wird von den Höheren Kräften, den Höheren Welten, erschaffen, und weil wir uns noch nicht in diesen Welten befinden, ist es uns nicht möglich, sie zu kontrollieren.

Wenn wir auch nur das Geringste verändern wollen, müssen wir zu der Stufe aufsteigen, die höher als unsere ist, auf der Vorbreitungen getroffen wurden, bevor sie in uns eingepflanzt werden. Nur auf dieser Stufe werden wir ein gewisses Maß an Verständnis und die Fähigkeit erlangen, überhaupt etwas zu verändern. Das Leben beweist uns immer wieder, dass wir nichts in der Hand haben, und meistens befinden wir uns schon in den goldenen Jahren, bevor wir bemerken, dass das Leben einfach an uns vorbeigegangen ist.

Trotz des technischen Fortschritts ist die Menschheit hinsichtlich ihrer weiteren Entwicklung vollkommen verwirrt. Wir befinden uns in einem schrecklichen Zustand, weil wir so weit wie überhaupt nur möglich vom Gleichgewicht entfernt sind, und solange wir nicht das Wissen und die Stärke erlangen, auf einer höheren Stufe als der Materie etwas zu verändern, werden wir keinen Moment Ruhe haben. Erst wenn wir zu den Ebenen und Kräften aufsteigen, die unsere Welt regieren, werden wir das so sehnlich erwünschte Gleichgewicht finden.

Unsere Augen öffnen

Die gesamte Wirklichkeit ist ein einziger, unveränderlicher Gedanke des Gebens und Schenkens. Die Kabbalisten nennen diesen Gedanken den »Schöpfungsgedanken«. Sie sagen, dass sein Wesen der Wille des Schöpfers ist, Seinen Geschöpfen Gutes zu tun. Wenn wir uns nicht in gleicher Weise diesem umfassenden Gedanken der Wirklichkeit zuwenden, befinden wir uns mit ihm nicht im Gleichgewicht, was wir dann als Leid erfahren.

Selbstverständlich spüren wir das nicht unwillkürlich. Und selbst wenn wir es spüren, ist es für uns schwer zu verstehen. Wenn wir jedoch sehen würden, dass die Wirklichkeit so funktioniert, würden wir den Umgang mit uns und der Welt ändern.

Deshalb sollte es unser einziges Ziel sein, unsere Augen zu öffnen und zu sehen, dass genau dies der Fall ist. Die Weisheit der Kabbala hilft uns, das zu sehen; wenn wir es sehen, ändern wir uns höchstwahrscheinlich.

Wüsste ich, dass etwas meine Situation verbessert, würde ich ihm auf jede erdenkliche Weise nachgehen. Und wenn ich etwas geben müsste, um eine Verbesserung zu bewirken, würde ich es geben, solange es meinen Seinszustand verbessert. Deshalb besteht die Hauptschwierigkeit darin, unsere Augen zu öffnen und das zu sehen, was uns jetzt noch verborgen ist.

Unsere gesamte Entwicklungsgeschichte ist im Schöpfungsgedanken vorherbestimmt, doch auf welche Weise und wie schnell wir diese Entwicklung durchlaufen, hängt allein von uns ab. Wir könnten den ganzen Weg sogar heute schon gehen und dem Schöpfungsgedanken gleich werden.

Die Struktur der Wirklichkeit

Solange es die Menschheit gibt, hat sie ihre fünf Sinne darauf verwendet, die Wirklichkeit, in der wir leben, zu untersuchen und die Ergebnisse zusammenzutragen, um daraus Wissenschaften zu formulieren. Der Zweck der Wissenschaft und der Anhäufung von Wissen besteht darin, unser Leben zu verbessern und uns dabei zu helfen, die Welt, in der wir leben, wirkungsvoller zu nutzen.

Im Gegensatz zu allen anderen Wissenschaften untersucht die Kabbala einen Bereich, der sich dem Durchschnittsmenschen entzieht. Um diesen Bereich zu untersuchen, muss man einen anderen Sinn sein Eigen nennen, einen Sinn, der die »Höhere Welt« wahrnimmt. Mit dieser zusätzlichen Sinneswahrnehmung kann man Informationen aus der Höheren Welt sammeln und damit experimentieren. Wie jeder normale Wissenschaftler kann ein Kabbalist Reaktionen auf Aktionen festhalten. Kabbalisten untersuchen die Höheren Welten und bewahren als solche ihre Befunde jahrtausendelang auf. Die Sammlung dieser Notizen bildet die Weisheit der Kabbala.

Die Weisheit der Kabbala beschreibt die Aktionen, die ihren Ursprung im Schöpfer haben und sich durch all die Höheren Welten bis in unsere ausweiten. Sie beschreibt außerdem, wie sich diese in die körperliche Wirklichkeit ausdehnen, die wir alle mit unseren fünf normalen Sinnen wahrnehmen können.

Unsere Welt ist eine Auswirkung der Höheren Welt. Somit enthält die Weisheit der Kabbala Wissen über die Höheren Welten und unsere Welt. Die Höheren Welten gehören zu einem gehobeneren Existenzniveau, in der es weder Zeit, Raum noch Bewegung gibt, sondern nur abstrakte Kräfte. Folglich beinhaltet die Kabbala die Existenz aller Zeiten, wie sie in unserer Welt ausgedrückt sind.

Die Kabbala ist ein Mittel, das uns hilft, alle Seinszustände zu erforschen. Die Abfolge dieser Zustände umfasst unseren Zustand, bevor unsere Seelen sich in physische Körper kleiden, all unsere Phasen, während wir in dieser Welt existieren, und unsere Situation, wenn die Seele den Körper verlässt und zu ihrem Ursprung in der Höheren Welt zurückkehrt.

Die Kabbala handelt von allem, was sich vom Schöpfer bis zu der Wirklichkeit ausdehnt, die von Ihm erschaffen wurde und die Er zu Seinem erwünschten Ziel führt. Die Kabbala befasst sich nicht mit dem Schöpfer selbst.

Angesichts der Krise, der sich die Menschheit gegenübersieht, und dem wachsenden Gefühl der Hilflosigkeit und Leere ist es inzwischen für die Weisheit der Kabbala an der Zeit zu erscheinen. Die Kabbala erklärt, dass die Wirklichkeit den Zweck verfolgt, die Menschheit auf die gleiche Ebene wie den Schöpfer zu bringen. Das Absinken der Menschheit hat den Zweck, uns zu ermöglichen, von allein zur höchsten Ebene aufzusteigen – der Ebene des Schöpfers.

Während wir noch in dieser Welt leben und zum Schöpfer aufsteigen, halten wir an beiden Enden der Wirklichkeit fest, denn wir befinden uns körperlich in dieser Welt und sind mit unseren Seelen auf der Ebene des Schöpfers. Das ist der Zweck unseres Daseins, vorherbestimmt vom Schöpfer, Der uns alle auf Sich zuführt.

Am Ende all unserer körperlichen Wiedergeburten in dieser Welt werden unsere Seelen die Ebene des Schöpfers erreichen. Dieser Vorgang gleicht jedem anderen allmählichen Verlauf in der Wirklichkeit. Aus der Sicht des Schöpfers sind Anfang und Ende des Vorgangs gleich. Aber während der Schöpfer keine Vorstellung von Zeit hat, erstreckt sich der Vorgang für uns über Jahrtausende, eine Zeitspanne, die für uns lange genug ist, um die erforderlichen Erkenntnisse und Eigenschaften herauszubilden. Diese werden uns dabei helfen, nach und nach immer schöpfergleicher und so schließlich zu gleichwertigen Partnern des Schöpfers zu werden.

Der Vorgang ist im Wesentlichen eine allmähliche Entwicklung. Der Entwicklungsprozess der Menschheit gleicht dem Reifen einer Frucht: trocken und sauer im unreifen Zustand und zuletzt süß und saftig. Würden wir nicht wissen, wie Früchte reifen, hätten wir irrtümlich angenommen, dass die saure Frucht zu einer noch saureren Frucht heranreift. Da wir aber den guten Ausgang des Vorgangs von vornherein kennen, können wir den gesamten Vorgang beurteilen. Folglich können nur jene, die das Ende des Vorganges sehen, ihn beurteilen. Könnten wir auch unseren zukünftigen Zustand sehen, könnten wir die Handlungen des Schöpfers verstehen und beurteilen.

Auf der Stufenleiter

»Die Stufenleiter zu den Höheren Welten erklimmen« ist ein allgemeiner Begriff für die vielen neuen Einsichten, die auf dem spirituellen Weg gesammelt wurden, die unablässige innere Verbesserung und die neuen Eigenschaften, die man zu jeder Zeit in sich aufnimmt.

Wie schon erwähnt, besteht das Geschöpf aus dem Willen, Genuss zu erfahren. Dieser Wille unterteilt sich in fünf elementare Bereiche, die »fünf Grade von *Aviut* (Dicke)« genannt werden. Sie werden von *Aviut* null (Wurzel) bis zu *Aviut* vier eingestuft. Deshalb dient der Begriff *Aviut* zur Messung der Intensität des Wunsches.

Jeder dieser Hauptgrade von *Aviut* wird dann noch einmal in fünf Unterstufen eingeteilt, und jede dieser Stufen in weitere fünf Abteilungen. So ist der Wille zu empfangen in 125 Grade unterteilt, und es wird von uns verlangt, sie alle zu korrigieren.

Korrektur des Wunsches bedeutet, dass wir ihn dazu benutzen sollen, anderen Genuss zu bereiten. Ein solcher Gebrauch wird »geben« oder »schenken« genannt. Geben ist eine Eigenschaft des Schöpfers, und die Fülle, die von Ihm zu Seinen Geschöpfen ausstrahlt, ist ein Ausdruck Seines Wunsches, ihnen etwas zu geben.

Deshalb wird der Wunsch, das menschliche Ego vom Wunsch der Eigenbefriedigung zum Geben zu korrigieren, als stufenweiser Aufstieg betrachtet. Mit jeder Stufe erreicht man mehr den Wunsch zu geben und fühlt sich somit mehr wie der Schöpfer. Mit jeder Stufe kommt man der Eigenschaft des Schöpfers und dem Zweck des Lebens näher. Der Vorgang geht so lange weiter, bis man vollständig die Eigenschaft des Schöpfers erlangt hat und Ihm gleich geworden ist.

Um den Geschöpfen die Möglichkeit zu geben, sich zu korrigieren, erschuf der Schöpfer die Welt und ihre Stufen, *bevor* Er den Menschen erschuf. Erst danach wurde die Menschheit erschaffen und in diese Welt hinuntergelassen. Von hier aus müssen wir Menschen wieder zu unseren Wurzeln hinaufklettern. Folglich handelt die Kabbala von zwei Abläufen: »von oben nach unten«, dem Abstieg der Welten über die jeweiligen Stufen, und von »unten nach oben«, dem Aufstieg der Seelen auf denselben Stufen.

Die Welten, die dem Schöpfer entstammen, sind *Ejn Sof*, *Adam Kadmon*, *Azilut*, *Beria*, *Jezira*, *Assiya* und schließlich unsere Welt (Abbildung 12). Die Kabbala beschreibt die Erschaffung der Welten und wie eine Seele vom Schöpfer durch alle Welten hindurch zu der unseren herabsteigt. Zwischen den Höheren Welten und unserer Welt befindet sich »die Barriere«, die die materielle Welt von der spirituellen trennt.

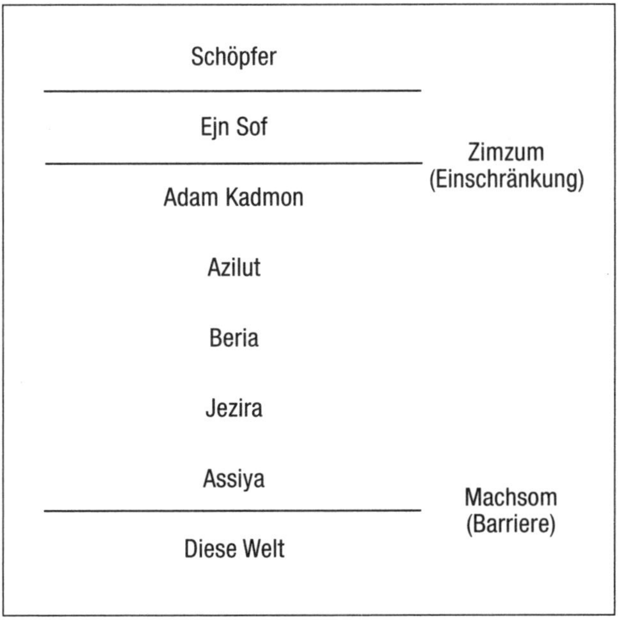

Abbildung 12

Unterhalb der Barriere befinden sich der Körper und die Seele auf der Ebene dieser Welt, und wir beginnen den Korrekturvorgang auf dieser Stufe. Von dieser Welt aus steigt die Seele auf, indem sie Wissen über die spirituelle Wirklichkeit sammelt; sie durchquert die Welten *Assiya*, *Beria*,

Jezira, *Azilut*, *Adam Kadmon* und kehrt schließlich in die Welt von *Ejn Sof* zurück. Dort wird die Seele im Zustand von *Gmar Tikkun* (das Ende der Korrektur) vollkommen mit dem Schöpfer wiedervereint.

Die Weisheit der Kabbala umfasst die gesamte Wirklichkeit unterhalb des Schöpfers: die Welten, alles, was sich in ihnen befindet, der Abstieg der Seele in diese Welt und ihre Rückkehr nach oben. Anders ausgedrückt: Die Weisheit der Kabbala enthält sämtliche menschlichen Zustände und Situationen.

Alle Welten, unsere eingeschlossen, befinden sich untereinander. Somit bestehen alle Welten aus denselben Elementen. Das Licht geht vom Schöpfer aus und durchdringt alle Welten bis hinunter zu dieser Welt. Deshalb ist jedes Element, das in *Ejn Sof* vorhanden ist, auch in all den anderen Welten vorhanden. Kabbalisten bezeichnen diese Beziehung als »Wurzel und Zweig«:

Deshalb findest du in einer unteren Welt nicht ein Stück Wirklichkeit oder ein Wirklichkeitsgeschehen, das nicht ein Gegenstück in der Welt darüber hat, so identisch wie zwei Tropfen in einem Teich, und sie werden »Wurzel und Zweig« genannt. Das bedeutet, dass der Gegenstand, der in der unteren Welt gefunden wird, als Zweig eines Musters angesehen wird, das in der Höheren Welt gefunden wird und die Wurzel des niederen Objektes ist, weil dort das Objekt in der niederen Welt gemacht und geprägt wurde.

– Baal HaSulam,
Die Essenz der Weisheit der Kabbala

Wir sehen also, dass es jedes Element und Detail in dieser Welt mit all seinen Verbindungen auch in den Höheren Welten gibt, von *Assiya* bis zu *Ejn Sof*. Das Universum, der

Planet Erde, die leblose, pflanzliche, belebte und sprechende Materie lassen sich alle auch in den Welten oberhalb dieser Welt finden. Es gibt nur einen Unterschied zwischen den Elementen dieser Welt und den Elementen der Höheren Welt: In den Höheren Welten sind die Elemente Kräfte, und in unserer Welt sind sie Materie.

Wenn man die Höheren Welten erreicht, ermöglicht das einem, die Kräfte zu sehen, die auf jedes Element in dieser Welt einwirken. Wenn wir die Höhere Welt erreichen, lernen wir die Verhaltensweisen eines jeden Elements der Wirklichkeit dieser Welt kennen, den Grund für sein Verhalten und seine Eigenschaften. Die Weisheit der Kabbala erleichtert unseren Aufstieg in die Höhere Welt und erlaubt uns, das Verhalten eines jeden Objekts in dieser Welt von oben aus zu sehen.

Das Überwinden der Barriere geht allmählich vor sich. Studiert man die Kabbala mit dem Ziel, sich dem Schöpfer anzunähern – der Eigenschaft des Gebens –, erhöht das unsere Wahrnehmungsschärfe. Immer feinere Einsichten, die der Wirklichkeit angehören, in der wir leben, kommen zum Vorschein. Man fängt an, die Tätigkeiten »hinter der Bühne« der Materie zu spüren, die Kräfte, die die sichtbare, wahrnehmbare Materie lenken.

Ein Kabbalist spürt weiter dieselbe Wirklichkeit wie zuvor mit seinen gewöhnlichen fünf Sinnen, aber gleichzeitig nimmt er die Kräfte jenseits der Wahrnehmungsgrenzen der fünf Sinne mit Hilfe des sechsten Sinnes wahr. Die verborgene Wirklichkeit wird immer klarer und die Existenz einer anderen Wirklichkeit jenseits des Bildes dieser Welt offensichtlich.

Die Enthüllung der spirituellen Wirklichkeit gliedert sich in drei Phasen namens *Ibur* (embryonaler Reifeprozess), *Katnut* (Kindheit) und *Gadlut* (Erwachsensein). In der ersten Phase, dem *Ibur*, können wir unseren Zustand sehen, ihn jedoch nicht verstehen. In der zweiten Phase, dem *Katnut*, verstehen wir, dass etwas geschieht, doch wir können immer noch nicht unabhängig an spirituellen Handlungen teilnehmen. In der dritten Phase, dem *Gadlut*, erhalten wir die Kraft und Weisheit, an spirituellen Handlungen teilzunehmen und die spirituelle Wirklichkeit zu beeinflussen.

In der dritten Phase fangen wir an, den Fluss der Kräfte zu bestimmen, der aus der Höheren Welt zu uns dringt und wieder zurückströmt. Als Einzelne werden wir dann aktive Teilnehmer, Kanäle, durch die der Fluss von oben nach unten und von unten nach oben strömt. In der Phase von *Gadlut* erkennen wir unsere Rolle und fungieren als Verbindung zwischen den Welten. So sieht dann unser korrigierter Zustand aus, den jeder Mensch erreichen muss.

Jeder Mensch kann es schaffen, jeden Gegenstand und jedes Element einer jeden Welt zu spüren. Wir brauchen dazu lediglich einen speziellen, feinen Sinn, die Fähigkeit zur Wahrnehmung und Empfindung. Schon in dieser Welt nehmen wir beträchtliche Unterschiede zwischen den Empfindungen eines Kleinkindes, eines Teenagers, eines Erwachsenen und eines Wissenschaftlers wahr. Das Studium der Kabbala bildet ständig neue Erkenntnisse und Feststellungen in uns heran, die uns schließlich zur Wahrnehmung der Höheren Welten führen.

Durch all dies können wir verstehen, warum die Kabbala sämtliche Lehren und Wissenschaften dieser Welt in sich trägt. Ohne die richtigen Erklärungen wären wir verloren und würden die Kabbala für eine mystische Lehre halten, die von Zauberei und Wundern kündet.

Es gibt welche, die sie mit dem Judaismus in Verbindung bringen, dabei hat die Weisheit der Kabbala wahrlich nichts mit Religion oder anderen von Menschenhand geschaffenen Vorstellungen zu tun. Die Kabbala verfolgt nur einen Zweck: die Menschheit durch schrittweise Korrektur in Übereinstimmung mit dem Schöpfer zu bringen.

Die Kabbala ist eben deshalb so eine erfolgreiche Methode für die Korrektur des menschlichen Egoismus, weil sie von denen geschrieben wurde, die schon korrigiert sind. Der Wunsch, sich den Zuständen zu nähern, wie sie in den Büchern der Kabbala beschrieben wurden, führt dazu, dass diese Zustände auf den gegenwärtigen »eine korrigierende Kraft« ausüben. Diese Kraft wird »Umgebendes Licht« genannt. Sie verändert unsere Eigenschaften und ermöglicht es dem Einzelnen, seinen korrigierten Zustand wahrzunehmen, indem er allmählich altruistische Eigenschaften in sich ausbildet.

Das Studium der Kabbala konzentriert sich auf die Welt *Azilut*. Die Welt *Azilut*, genannt »Die Welt der Korrektur«, liegt oberhalb des *Parssa*. Das ist eine Methode, die eigens dafür entstand, jemanden zu korrigieren, wann immer er den Wunsch danach hat. Das Licht, das in der Welt *Azilut* die korrigierte Seele eines Menschen erfüllt, scheint auf seinen derzeitigen Zustand als Umgebendes Licht, eine Kraft, die den menschlichen Egoismus zum Altruismus korrigiert. Das Umgebende Licht erhebt die Seelen durch alle Welten, bis es zu seiner Wurzel zurückkehrt. Somit ist *Ejn Sof* das ultimative Ziel, unsere Welt der Ausgangspunkt, und die Verbesserung der menschlichen Eigenschaften wird »Aufstieg zu den Stufen der Welten« genannt.

Die Kabbala ist etwas für jene, die nach dem Sinn des Lebens fragen, jene, die mit weltlichen Freuden wie Sex, Reichtum, Ehre und Wissen nicht mehr zufrieden sind. Wenn die gesamte Menschheit zu der Frage nach dem Sinn des Lebens erwacht, erscheint die Weisheit der Kabbala. Die Kabbalisten deuteten auf das Jahr 1995 als den Beginn dieser Zeit, und deshalb besteht die Notwendigkeit, sie zu verbreiten.

Vier Sprachen der Weisheit

Kabbalisten erforschen, wie schon erwähnt, die Höhere Welt, die Welt jenseits der Wahrnehmungen von Durchschnittsmenschen. Deshalb beziehen sich die Schilderungen der Leistungen von Kabbalisten auf die Höhere Welt, aber weil wir uns der Existenz einer spirituellen Welt außer der unsrigen nicht bewusst sind, schreiben wir ihre Worte unserer Welt zu, ein Phänomen, das »Materialisierung« genannt wird.

Als die Thora (die fünf Bücher Mose) geschrieben wurde, befanden sich die Menschen in Israel auf spirituellem Niveau. Doch nach zweitausend Jahren der Losgelöstheit von Spiritualität, seit der Zerstörung des Zweiten Tempels, scheinen die Geschichten der Thora sich auf historische Begebenheiten oder moralisches Verhalten zu beziehen.

Das ist aber nicht der Fall. Jedes Element in der Welt ist durch eine Beziehung von »Wurzel und Zweig« mit dem gleichen Element in allen anderen Welten verbunden. Beruhend auf diesem Prinzip, haben die Kabbalisten eine Sprache entwickelt, die auf der Parallelität zwischen den Höheren Welten und unserer Welt gründet. In ihr werden Vorgänge, die sich in der spirituellen Welt entfalten, mit den Namen der Zweige aus unserer Welt bezeichnet.

Die Kabbalisten verwenden vier verschiedene Sprachen, um uns verständlich zu machen, wie wir die Stufe des Schöpfers erreichen und die korrigierende Kraft anziehen können, die unsere Natur von Egoismus in Altruismus umwandelt. Diese Sprachen sind die Sprache der Bibel, die Sprache der

Gesetze, die Sprache der Legenden und der Sprache der Kabbala.

In seinem Essay *Die Weisheit der Kabbala und ihre Essenz* schreibt Baal HaSulam, dass es vier Sprachen in der Weisheit der Wahrheit gibt und dass sich die Essenz der Weisheit der Kabbala nicht von der Essenz der Bibel unterscheidet. Die Gesetze, die Legenden und die Sprache der Kabbala liegen uns jedoch mehr und sind besser einzusetzen.

Der Unterschied zwischen den Sprachen liegt in ihrer Genauigkeit. Die Sprache der Kabbala ist präziser, wenn es darum geht, die Verbindung zwischen der Wurzel in der Höheren Welt und dem Zweig in der unteren Welt zu beschreiben. Je präziser man sich mit der oberen Wurzel verbindet, desto größer ist die Kraft der Korrektur, die man empfängt.

Die Sprache der Kabbala verwendet Begriffe, die es in unserer Welt nicht gibt, wie »Welten« und »*Sfirot*«, Diagramme und Formeln. Diese Sprache erleichtert es uns, Verwirrung und Materialisation zu vermeiden, und ermöglicht uns eine klare und geordnete Herangehensweise an das Studium. Die Sprache der Kabbala unterscheidet sich wesentlich von anderen Sprachen aufgrund ihrer klaren, eindeutigen Art und Weise, wie sie den Zweck der Schöpfung beschreibt – die Angleichung des Geschöpfes an den Schöpfer, das heißt die Umkehrung von Egoismus in Altruismus.

Das Haupttextbuch der Kabbala ist gegenwärtig Baal HaSulams sechs Bände umfassender *Talmud Eser Sfirot* (Das Studium der Zehn Sfirot), der auf den Schriften des Ari beruht. Auf etwas mehr als zweitausend Seiten erklärt der *Talmud Eser Sfirot* die Struktur der Höheren Welten, begleitet von Diagrammen, Glossaren und Tafeln mit Fragen und Antworten zum Studium des Materials. In der Einführung zu diesem Buch führt Baal HaSulam die Gründe auf, weshalb er die Sprache der Kabbala den anderen Sprachen in unserer Generation vorzieht.

Heutzutage hat die Menschheit die letzte Phase in der Evolution des Willens zu empfangen erreicht. Deshalb glich Baal HaSulam die Methode des Ari der Struktur der Seelen unserer Generation an, damit sie für jeden zugänglich wird.

Wie ich mich selbst verändern kann

Viele Menschen verbinden die Weisheit der Kabbala irrtümlicherweise mit der jüdischen Religion. In Wahrheit sind Kabbala und Religion grundverschieden. Der Zweck der Religion ist es, die Menschen zu beruhigen; sie nährt die Hoffnung, dass, wenn ich bete, der Schöpfer seine Haltung mir gegenüber ändern wird.

Die Kabbala nimmt einen ganz anderen Weg: Die Wurzel des Wortes »Gebet« (Hebräisch: Tefila) bedeutet »verurteilen« oder »beurteilen« (Hebräisch: Palal). Anders ausgedrückt: Man fällt ein Urteil über sich, untersucht den Unterschied in der Qualität zwischen sich und dem Schöpfer und bittet um Stärke, um seine Eigenschaften zu korrigieren.

Die Weisheit der Kabbala erklärt, dass der Schöpfer unveränderlich ist. Seine Einstellung Seinen Geschöpfen gegenüber ist kategorisch: Er ist gut und tut Gutes, den Guten und den Bösen.

Jeder spürt den beständigen Druck der Höheren Kraft, je nach Ihrer Entfernung. Wenn man weit von der Höheren Kraft entfernt ist, ist der Druck stark, und wenn man sich der Höheren Kraft nähert, ebbt der Druck ab.

Obwohl die Höhere Kraft sich verschiedener Methoden bedient, um uns näher an Sich heranzuziehen, ist Ihr Zweck immer derselbe – jedes menschliche Wesen zur Vollkommenheit zu führen. Wenn wir eine Veränderung zum Besseren wollen, müssen wir uns selbst ändern. Wir müssen uns auf eine höhere Ebene erheben, und bei jedem Aufstieg werden wir uns dem Schöpfer näher fühlen und unsere Seelen werden erfüllt und befriedigt werden. Es gibt keinen anderen Weg, Veränderung in unser Leben zu bringen.

Die gesamte Historie über hat die Menschheit um die Veränderung gebeten, die von der Höheren Kraft kommen sollte, doch es kam keine Veränderung. Die Höhere Kraft wartet darauf, dass die Veränderung von uns ausgeht. Solange wir uns nicht durch die Weisheit der Kabbala entwickeln, bleiben unsere Wege von Hindernissen erfüllt. Schläge, die wir von hinten erhalten, zwingen uns, einen anderen Ort zu finden, der besser zu sein scheint. Aber es dauert nur ein Weilchen, bis wir feststellen, dass der neue Ort gar nicht so gut ist, wie es anfangs den Anschein hatte. Deshalb ziehen wir wieder um, und alles beginnt wieder von vorn.

Wenn wir uns jedoch durch die Kabbala entwickeln, wird sich unser korrigierter Zustand auf den gegenwärtigen Zustand projizieren und ihn erleuchten. In diesem Licht werden wir wissen, wie wir uns nach vorn bewegen können. Wenn wir von Anfang an das richtige Ziel kennen, werden wir uns freudig angezogen fühlen. Das ist der Unterschied zwischen der normalen menschlichen Entwicklung und der Entwicklung durch die Weisheit der Kabbala.

Heutzutage entwickelt sich die Welt unbewusst, ohne die Gründe für ihre Existenz zu kennen. Die Menschheit weiß nicht, wohin sie geführt wird und warum jeder geboren wird, lebt und stirbt. Die Weisheit der Kabbala öffnet uns die Augen und führt uns zu der Vollkommenheit und Ewigkeit, die wir auf der Stufe des Schöpfers erlangen.

Wenn wir anfangen, unsere Lage in der Wirklichkeit mit Hilfe der Kabbala zu untersuchen, stellen wir fest, dass der

Schöpfer uns gegenüber eine zweckmäßige Einstellung hat. Es wird klar, dass es keinen Zweck hat, den Schöpfer darum zu bitten, dass er Seine Einstellung uns gegenüber ändert. Wenn wir uns mit Hilfe des Lichtes nach vorn bewegen, wird unser Tempo die Leiden überholen, und wir werden sogar noch schneller vorankommen. Dies ist der große Vorteil, den uns das Studium der Kabbala bringt: die Beschleunigung des spirituellen Fortschritts, um das Leiden zu besiegen.

Heutzutage, am Anfang des einundzwanzigsten Jahrhunderts, steht die Menschheit kurz vor dem Abgrund. Der Drogenmissbrauch nimmt immer weiter zu, und die Hoffnungslosigkeit und Angst vor der völligen Vernichtung werden der Menschheit keine andere Wahl lassen, als dem Leiden zu entfliehen, das uns hinterrücks antreibt.

Aus alledem können wir klar ersehen, wie außerordentlich wichtig es ist, dass wir die Einstellung des Schöpfers uns gegenüber als zweckdienlich erkennen. Diese Einstellung des Schöpfers ermöglicht es uns, uns an Ihn als einen Reisegefährten zu wenden und Ihn um Hilfe, Weisheit und Stärke zu bitten, damit wir Ihm näher kommen können. Eine solche Bitte erhört der Schöpfer sofort. Er wird uns die Höheren Welten enthüllen und uns lehren, wie wir voranschreiten können.

So, wie wir unseren Kindern beibringen, ihre umgebende Wirklichkeit weise zu nutzen, so unterrichtet der Schöpfer die Kabbalisten. Er enthüllt ihnen die spirituellen Welten und führt sie in diese Welten ein. In diesem Zustand spüren die Kabbalisten die Kräfte, die in der Wirklichkeit wirken, und beginnen weise und unabhängig an dem Vorgang teilzuhaben.

Die Weisheit der Kabbala veranlasst uns, von der negativen Kraft, die uns von hinten anschiebt, umzuschalten auf eine positive Kraft, die uns von vorne zieht. Die Kabbala ist einzigartig darin, dass sie unsere Fähigkeit entwickelt, das Böse zu erkennen und zu akzeptieren. Sie entwickelt subtile, scharfe Einsichten von Gut und Böse.

Es fällt uns so schwer, das Böse vom Guten zu unterscheiden, weil das wahre Böse, unser Ego, uns als gut erscheint. Wir sind daran gewöhnt, unsere Egos als Hilfsmittel für unsere Entwicklung zu betrachten. Dabei werden alle unsere Genüsse, unser Auskommen, unser ureigenes Wesen und unser persönliches Selbst im Ego gespürt.

Die Kabbala hilft uns zu unterscheiden, was uns Schaden verursacht, wie er beseitigt werden kann, und erlaubt uns, in jeder Phase der Entwicklung voranzuschreiten. Der Unterschied zwischen einem hoch entwickelten Individuum und einem weniger entwickelten besteht in seiner Fähigkeit, das Gute vom Bösen zu unterscheiden.

Wir können das mit einem Messgerät vergleichen. Je kleiner die Einheit, die das Gerät misst, desto höher die Genauigkeit des Instrumentes. Das Studium der Kabbala macht uns immer empfänglicher für den Unterschied zwischen Körperlichkeit und Spiritualität sowie zwischen Geben und Selbstempfängnis.

Wenn heute jemand Gelegenheit hat, von der Kabbala zu hören und den Möglichkeiten, die sie bietet, kann so jemand seinen Schöpfungszweck erkennen: durch alle Welten hindurch bis zu *Ejn Sof* aufzusteigen, während er in dieser physischen Welt lebt.

Die richtige Einstellung zur Wirklichkeit

Kabbala bedeutet auf Hebräisch »Empfang«. Wie der Name besagt, lehrt uns die Kabbala, wie man empfängt. Mit der richtigen Einstellung der Wirklichkeit gegenüber gelingt es, endlosen Genuss zu erfahren. Dieser endlose Genuss stammt nicht von Sex, Nahrung, einem neuen Auto, einem großen Haus oder anderen flüchtigen, irdischen Vergnügungen. Vielmehr stammt er von solchen Freuden, die uns ein derartiges Entzücken bereiten, dass wir jedes Zeitgefühl hinter uns lassen würden, um sie zu empfangen.

Wir nehmen das Verstreichen von Zeit durch die Schwankungen zwischen guten und schlechten Gefühlen wahr und durch die Abwesenheit des Erfülltseins. Befinden wir uns jedoch in einem gehobenen Zustand, sind wir uns der Zeit nicht bewusst. Die Weisheit der Kabbala sagt uns, dass wir die Zeit ganz und gar aufheben können, zusammen mit dem Gefühl der Entfernung und anderen Begrenzungen oder Einschränkungen. Jemand, der einen solchen Zustand erreicht hat, lebt offensichtlich in einer unendlichen, unbegrenzten Welt.

Unser Leben wird immer zwei gegensätzliche Elemente beinhalten – Vergnügen und Verlangen, plus und minus. Ein Vergnügen, das einen Wunsch durchdringt, erfüllt ihn und hebt ihn auf. Wir treffen auf dieses Phänomen in jedem Lebensbereich. Wenn das Plus das Minus neutralisiert, fühlen wir am Ende gar nichts mehr. Solange wir das Vergnügen und das Verlangen kurzschließen, werden wir in einem Nullsummenspiel gefangen bleiben. Wenn wir jedoch einen Widerstand zwischen diese Gegensätze bringen, werden sie perfekt funktionieren und ewigen Genuss bereiten.

Kabbalisten erklären, dass dieser Genuss von der Höheren Kraft herkommt. Diese Kraft sendet uns Genuss, weil Sie uns liebt. Wenn wir versuchen, diesen Genuss unmittelbar zu empfangen, hebt der Genuss unseren Wunsch zu genießen auf, und der Genuss findet ein Ende.

Man kann sich jedoch auch anders auf den Genuss beziehen: Wenn wir die Liebe der Höheren Kraft für uns entdecken könnten und Seine Liebe durch unsere erwidern, würden wir der Höheren Kraft gleich werden. Jede Seite würde der anderen gefallen wollen, und so würden beide ihren Genuss daraus ziehen, dem jeweils anderen zu gefallen. Der Genuss käme von außerhalb, würde beiden Seiten entspringen, eine Folge der Liebe jeder Seite für die andere. Deshalb stillt Genuss, der aus Liebe kommt, nicht das Verlangen danach, und das Geschöpf empfängt einen endlosen Strom von Genuss, der als ewiges Leben empfunden wird.

Lasst uns das an einem Beispiel erklären: Wenn eine Mutter ihrer Tochter eine Süßigkeit gibt, genießt die Tochter den Geschmack der Süßigkeit. Sowie die Süßigkeit vernascht ist, schwindet der Genuss. Wenn die Tochter sich jedoch auf die Mutter bezöge statt auf die Süßigkeit, könnte sie an die Liebe ihrer Mutter für sie denken, aus der heraus diese ihr die Süßigkeit gab. Sie könnte dann beschließen, die Süßigkeit nicht deshalb anzunehmen, weil sie gut schmeckt und ihr Freude bereitet, sondern weil sie der Mutter ihre Liebe zurückgeben will.

Sie könnte die Liebe zu ihrer Mutter dadurch zum Ausdruck bringen, dass sie die Süßigkeit annimmt, die ihre Mutter ihr geben will. So würde sich die Tochter nicht auf den Genuss beziehen, den die Süßigkeit ihr bereitet, sondern auf die Freude, die ihre Mutter dadurch erfährt, dass ihre Tochter durch die Süßigkeit Genuss empfindet.

Dieses schafft eine ganz neue Beziehung zwischen Geber und Empfänger. Nun sind beide gleich. Somit hat sich das Problem zwischen Plus und Minus, die einander aufheben, gelöst, weil der Empfänger – ein Minus – zum Geber wurde – einem Plus. Wenn das Gefäß das Licht nur dazu empfängt, um die Liebe des Höheren zurückzugeben, wird es dem Geber, dem Höheren, völlig gleich. Das Vergnügen löscht den Wunsch nicht mehr aus, und der Genuss hält an.

Es ist nicht wichtig, wer gibt und wer empfängt. Allein die Absicht zählt, die Art, wie wir uns auf das Geben und Empfangen beziehen. Wir können uns so auf die Höhere Kraft beziehen, dass wir nicht Ihr Empfänger sind, sondern Ihr Geber. Eine derartige Absicht würde es uns ermöglichen, nicht deshalb zu empfangen, weil wir Genuss möchten, sondern weil wir der Höheren Macht gefallen wollen.

Am Ende des Prozesses und weil wir genauso handeln wie die Höhere Kraft, werden wir allmählich Ihr Denken annehmen, Ihre Gestalt und Ihren Grad. Wenn wir diesen Vorgang verinnerlichen, beginnen wir eine Verbindung mit der Höheren Kraft zu spüren. Wir spüren, dass wir Ihr Denken angenommen haben und lernen, von Ihr zu empfangen und uns von Ihr Genuss bereiten zu lassen. Es bedarf nur dieser einfachen Handlung, die Absicht zu ändern, um immer mehr der ewigen, grenzenlosen Höheren Kraft zu gleichen.

Um eine solche Handlung zu vollziehen, muss die Höhere Macht sich offenbaren, und dazu benötigen wir das Gefühl, dass es eine Höhere Kraft überhaupt gibt, dass Sie uns liebt und uns mit Überfluss füllen will. Wenn wir all das spüren würden, könnten wir die Beziehung zwischen uns und der Höheren Kraft allmählich wahrnehmen. Somit besteht die einzige Schwierigkeit, die vor uns liegt, darin, einen Weg zu finden, diese Höhere Kraft zu entdecken, Sie zu spüren und den Kontakt mit Ihr aufrechtzuerhalten.

Das Studium der Kabbala hilft jedem, diese Art von Kontakt zu entwickeln. Die Beziehung zwischen einem menschlichen Wesen und der Höheren Kraft setzt ein, sobald ein Mensch spürt, dass es »ein Feld« gibt, das die gesamte Wirklichkeit trägt, eine Höhere Kraft, und dass er oder sie in Ihr aufgefangen ist. Wenn wir erst einmal zu spüren beginnen, dass es diese Kraft gibt, Sie in einer liebenden Beziehung zu uns steht und will, dass wir Sie kennenlernen und Ihr näherkommen, werden wir auf ganz natürliche Weise diese Art von Verhältnis entwickeln.

Menschen, die schon einmal klinisch tot waren, sprechen von einem erhabenen Licht, das uns erwartet, und auch viele Wissenschaftler beginnen inzwischen ähnliche Vorstellungen zu entwickeln. Es bedarf jedoch nicht so schlimmer Zustände, um dieses Licht zu fühlen. Das Studium der Kabbala ermöglicht es uns allmählich, die Höhere Kraft wahrzunehmen. Wir fangen an, die Wirklichkeit zu untersuchen und danach zu handeln, was wir entdecken und spüren.

Wenn wir diese Kraft außerhalb von uns spüren, merken wir, dass die Höhere Kraft uns liebt; wir beginnen dann wahrzunehmen, dass diese Höhere Kraft zu unserem Wohl existiert und sich wünscht, dass wir genießen. Wir entwickeln dann demgemäß unsere wechselseitigen Haltungen.

Das ist keine Einbildung; das sind sehr reale und messbare Dinge. Kabbalisten messen die Form und Stärke, mit der diese Kraft sie erreicht, den Druck, den Sie auf sie ausübt, den entsprechenden Widerstand, den sie aufbringen müssen, wie sie sich mit Ihr verbinden können und Ihr gleichen, in welchem ihrer Verlangen sie schon wie Sie sind, und in welchen es ihnen noch nicht gelungen ist.

Kabbalisten sind von der Höheren Kraft beeindruckt und geben Ihre Liebe im gleichen Maß zurück, wie die Höhere Kraft ihnen als liebevoll und von dem Wunsch erfüllt zu sein scheint, ihnen Gutes zu tun.

Wir sind »Gefäße, die spüren«, und so beginnt alles damit, dass wir die Höhere Kraft spüren. Wir alle wollen etwas. Wenn wir spüren könnten, dass dieses Etwas von jemandem kam, würde sich unsere Einstellung der Wirklichkeit gegenüber drastisch ändern; wir hätten dann jemanden, mit dem wir Verbindung aufnehmen könnten. Das Studium der Kabbala kann uns dazu verhelfen, die Höhere Kraft, das Gefühl des Gebers, zu spüren.

Die äußere Wirklichkeit

Sowie wir die Höhere Kraft spüren und eine Verbindung mit Ihr aufbauen, beginnen wir die äußere Wirklichkeit zu spüren. Kabbalisten sagen, dass es nichts um uns herum gibt außer der Höheren Kraft, dass wir uns in einem Feld befinden, das die gesamte Wirklichkeit ausfüllt. Wenn wir dieses Feld zu spüren beginnen, werden unsere Körper völlig unwichtig. Wir beginnen dann zu spüren, wo wir ewig existieren, unendlich, mit oder ohne Körper. In so einem Zustand hängen wir nicht mehr von den Wahrnehmungen ab, die wir mit unseren fünf Sinnen aufnehmen.

Wir beginnen, zusätzlich zu unserer natürlichen Sinneswahrnehmung die äußere Wirklichkeit jenseits der fünf Sinne aufzunehmen. Wenn das geschieht, spielt das physische Leben oder der Tod keine Rolle mehr. Dieser Zustand erhebt sich über das Lebensgefühl hinaus, während wir noch in unserer »Kiste« sind. Wir werden mit dem endlosen Fluss des Lebens verbunden, der uns umgibt. Obwohl wir weiter in dieser Welt existieren, leben wir ewig in allen Welten.

Ein solches Gefühl wird durch die Wahrnehmung zweier Arten von Wirklichkeit hervorgerufen: die mit den fünf Sinnen wahrgenommene Wirklichkeit und die äußere Wirklichkeit. Das Gefühl der äußeren Wirklichkeit überschattet sogar das Gefühl der Wirklichkeit, die wir mit unseren fünf Sinnen wahrnehmen, weil sie viel intensiver, endloser und grenzenlos ist.

Das Überschreiten der Barriere

Wenn die Höhere Kraft einem Menschen als liebevoll erscheint und in ihm die Form des Gebens erweckt, überschreitet er »die Barriere« und betritt »die spirituelle Welt«. Dieser Vorgang ähnelt sehr der Entwicklung von Fotografien. Als ich noch Kind war, machten wir Aufnahmen auf Film und tauchten den Film in Chemikalien, um die Bilder zu entwickeln. Wenn der Film in den Chemikalien lag, sahen wir dann zu, wie das Bild allmählich deutlicher wurde.

Wir sind es gewohnt, dic Welt als eine Wirklichkeit zu behandeln, in der Menschen, Organisationen und öffentliche Anstalten unser Leben beeinflussen, so wie unsere Nachbarn, unsere Arbeitgeber und unsere Regierung. Langsam und allmählich spüren wir durch Handlungen, die darauf abzielen, die Höhere Kraft zu entdecken, was wirklich hinter allem steht, das in der Welt geschieht. Wir beginnen zu sehen, wie diese Kraft die Menschen wie Marionetten dirigiert, und wir begreifen, was Sie von uns will.

Langsam verhilft uns unsere Lebenserfahrung zu der Einsicht, dass alles von jemandes alleiniger Einstellung kommt, von dieser Höheren Kraft, die auf uns einwirkt. Das ist der Ausgangspunkt, an dem die Weisheit der Kabbala wahrhaftig beginnt.

Alles, was davor geschieht, wird als »Vorbereitungszeit« bezeichnet, vor dem Überschreiten der Barriere. Sowie man die Höhere Kraft fühlt und mit Ihr in Berührung kommt, beginnt man die speziell für den Leser geschriebenen Anleitungen in den Kabbalabüchern zu verstehen. Diese Bücher sagen den Kabbalisten, worum sie sich kümmern sollten, was zu tun ist und welche Reaktionen sie erwarten können.

Dieser Vorgang ähnelt der Art, wie Erwachsene Kindern beibringen, wie sie sich zu verhalten haben. Weil Kinder die weltlichen Verhaltensregeln noch nicht kennen, warnen wir sie vor allem, was ihnen schaden könnte, und raten ihnen, wie sie sich verhalten sollten. Genauso haben Kabbalisten ihre Anleitungen für uns aufgeschrieben. Kabbalabücher sind eigentlich Bedienungsanleitungen, die uns informieren, wie wir schneller voranschreiten und unsere Beziehung zu der Höheren Kraft verbessern können, eine Beziehung, die wir »die spirituelle Welt« nennen.

Die Gleichheit der Form

Wir haben somit bereits festgestellt, dass die Natur des Lichtes und die des Gefäßes gegenteilig sind: Die eine gibt, die andere empfängt. Wenn das Gefäß mit Licht gefüllt wird, annulliert es dieses. Mit anderen Worten: Der Wunsch zu genießen wird durch den Genuss, der ihn befriedigt, aufgehoben. Als Ergebnis verbringen die Menschen dauernd Zeit mit der Jagd nach neuen Genüssen, ohne dass es ihnen jemals gelingt, sie festzuhalten. Wahrer Genuss ist niemals möglich, solange der Kontakt zwischen dem Licht und dem Einzelnen darauf beruht, dass der Einzelne der Empfänger ist.

Um wahren Genuss zu empfangen, müssen wir mit der Absicht empfangen, die Höhere Kraft zu erfreuen. Wenn wir diese Absicht aufrechterhalten, werden wir erfüllt werden und immer der Gebende sein. Der Vorteil solchen Empfangens ist doppelt: Man wird mit dem Genuss und der Wertschätzung des Gebers gefüllt. Wenn man empfängt, um die Höhere Kraft zu erfreuen, lernt man die Höhere Kraft kennen, die wiederum dem Empfänger ein Gefühl für die äußere Wirklichkeit gibt.

Wenn wir aus rein egoistischem Interesse empfangen,

spüren wir nur uns selbst. Ein Empfangen mit der Absicht, dieser Höheren Kraft etwas zu geben, ermöglicht uns, die Höhere Kraft kennenzulernen. Durch so einen Empfang überwinden wir unsere eigene »Kiste« und erleben die uns umgebende Wirklichkeit.

Das Empfinden der äußeren Wirklichkeit bringt uns auf eine Ebene der Existenz, die an die Stelle der Existenz von Leben und Tod auf dieser Welt tritt. Ein Empfangen aus egoistischem Interesse, genannt »körperliches Empfangen«, wird ausgeschlossen, und der Mensch wechselt zu einer Empfängnis in der Seele, die als Empfängnis bezeichnet wird, »die der Höheren Kraft etwas geben« will.

Wenn man beginnen will zu empfangen, um etwas zu geben, muss man die Höhere Kraft spüren. Spürt der Empfänger, dass die Höhere Kraft der Geber ist, empfindet er Scham, was zur Folge hat, dass der Mensch sich entscheidet, nur zu empfangen, um dem Geber den Genuss zurückzugeben.

Doch die Höhere Kraft ist in unserer Welt verborgen. Läge sie offen zutage, würden wir alle doppeltes egoistisches Vergnügen genießen, einmal aufgrund der Freude und dann wegen des Kontakts mit der Höheren Kraft. Auf diese Weise würden wir uns egoistisch in der Höheren Kraft »verankern« und Genuss aus Ihr ziehen und wären nie in der Lage, die Haltung einzunehmen, dem Geber Liebe zurückzugeben.

Somit ist die erste Bedingung, um die Höhere Kraft zu spüren, sich vom Egoismus zu befreien. Das Empfinden für die Existenz der Höheren Kraft kann vom menschlichen Ego nicht nachvollzogen werden. Würden wir die Höhere Kraft mit unserem egoistischen Verlangen wahrnehmen, würden wir zur Klipa (Schale) werden. Eine Klipa ist ein egoistischer Wunsch, der so stark ist, dass man sich nicht von ihm loslösen kann. Der einzige Weg, das Ego loszuwerden, ist, sich der Form der Urseele anzugleichen.

Die Urseele

Wir sind alle als ein *Kli* (Gefäß) geschaffen, genannt *Adam ha Rishon* (der erste Mensch). Wir sind in diesem *Kli* als Teile eines einzigen Systems zusammengebunden. Um dem *Kli* die Möglichkeit zu geben, sich zu korrigieren, zersplitterte die spirituelle Struktur von *Adam ha Rishon* in zahlreiche Teilchen. Diese Teilchen sind die einzelnen Seelen, die sich in die Körper dieser Welt kleiden. Das Ergebnis dieser Zersplitterung ist, dass jeder Mensch in seinem egoistischen Verlangen eingeschlossen ist, sich der anderen nicht bewusst ist und nur sich selbst spürt.

Nach einer langen, entwicklungsreichen Zeitspanne beginnen die Menschen heute die Punkte in ihren Herzen zu spüren, die Punkte, die sie antreiben, sich mit der Höheren Macht zu verbinden, um nach der Spiritualität zu suchen. Auf dieser Stufe müssen wir die Kraft erlangen, unseren Egoismus zu überwinden und hinter uns zu lassen, denn dann werden wir uns mit der Höheren Kraft verbinden können, und Sie näher an uns heranziehen, auch wenn es auch nur zu dem Zweck ist, sich Ihr anzugleichen.

Es werden sich diejenigen mit der Höheren Kraft verbinden, die das gleiche spirituelle Ziel haben. Obwohl jeder seinem eigenen Willen zu empfangen unterliegt, wünschen sich alle, ihn zu überwinden. Eine solche gesellschaftliche Umgebung wird »spirituelle Umgebung« genannt. Mit ihrer Hilfe kann man die Mauer durchbrechen, die uns von anderen trennt.

Auch wenn diejenigen in einer »spirituellen Umgebung«

noch Egoisten sein mögen, so tun sie doch ihr Bestes, eine Struktur zu schaffen, die der korrigierten Struktur der Seele von *Adam ha Rishon* gleicht. Allein kann uns diese Aufgabe nicht gelingen, weil eine solche Aufgabe der menschlichen Natur widerspricht. Wir können jedoch ein starkes Verlangen entwickeln und uns mit anderen zusammenschließen.

Hier wird nun die Weisheit der Kabbala wichtig. Bücher über Kabbala beschreiben den korrigierten Zustand der Seelen und den Unterschied zwischen diesen und verdorbenen Zuständen. Der wichtigste Unterschied ist die Absicht, mit der wir unsere Natur nutzen. Korrektur bedeutet, dass wir den Zweck ändern, zu dem wir unseren Wunsch verwenden – von der Selbstbefriedigung zum Wohl anderer.

Wenn wir die echte Kabbala richtig studieren, können wir uns den eigenen korrigierten Zustand schließlich vorstellen. Diese Vorstellung veranlasst das Licht, das bereits unseren korrigierten Zustand füllt, auch unsere Seele zu korrigieren. Sobald dieses Licht unsere Seele korrigiert, füllt Es sie, und wir beginnen die spirituelle Welt zu spüren.

* * *

In der spirituellen Welt gibt es keine Zeit, keinen Raum und keine Bewegung. Die Höheren Welten befinden sich nicht im physischen Sinne des Wortes über uns. »Aufstieg« bedeutet eigentlich »das Wiedererlangen von Bewusstsein«. Das Studium der Kabbala verlangt von uns, dass wir unsere körperlichen Kleider der vertrauten weltlichen Gefühle und Wahrnehmungen ablegen, die Materie durchdringen und in die Kräfte hinter ihnen gelangen.

In der Spiritualität wenden wir uns von der Wahrnehmung des Bildes der Wirklichkeit ab und lernen die Kräfte kennen, die es gemalt haben. Wir beginnen zu verstehen, wie die Wirklichkeit gemacht ist, erwerben die Fähigkeit, uns mit den Kräften zu vereinen, die dieses Bild schufen, und schließlich beherrschen wir sie. Die Kabbala ist unser Schlüssel zum »Kontrollraum« der Wirklichkeit.

Die Wahrnehmung von Wirklichkeit

Erschaffung des spirituellen Klis (Gefäss/Werkzeug)

Die Formung des Kli

Das Wesentliche an unserer Arbeit ist die Formung des *Klis*. Wenn wir wissen, wie wir unser Wahrnehmungswerkzeug richtig bauen können, verstehen wir auch, wo wir eigentlich stehen. Wie in den vorigen Kapiteln gesagt, besteht unsere Substanz aus dem Verlangen, Freude und Genuss zu empfangen.

Wenn wir diese Substanz feinfühlig machen können für die Einsichten hinsichtlich Empfangen und Geben, sind wir in der Lage, mit ihrer Hilfe die spirituelle Welt wahrzunehmen. Ähnlich, wie man einen rohen Block Eisen schmilzt, um Maschinenteile daraus zu formen, ergeben die Teile, wenn sie richtig zusammengefügt werden, eine funktionierende Maschine.

Genauso müssen wir auch an uns arbeiten, um Spiritualität zu erreichen. Die Entwicklung des spirituellen *Klis* gleicht der Tätigkeit eines Bildhauers – man muss das Rohmaterial behauen und feilen, bis die gewünschte Form erscheint. Das Rohmaterial sind in diesem Fall unsere Wünsche, unsere Gedanken und Absichten.

Der Schöpfer schuf die Schöpfung in der Absicht, Gutes zu tun. Dazu formte er ein *Kli* – den Willen zu empfangen –, das Seine Wohltaten empfangen würde. Anfangs ist dieser Wille noch ohne Form. Unser aller Arbeit besteht nun darin, den Willen zu empfangen zu formen, bis er seine endgültige Form annimmt – das Geben, die Form des Schöpfers.

Die Substanz selbst bleibt so, wie sie zuerst gemacht wurde – der Wille, Genuss zu empfangen –, aber wenn die Absicht ins Geben verändert wird, werden ihre Handlungen denen des Schöpfers gleich. Folglich ist die Absicht die Form.

In den Kabbalabüchern werden die Formen beschrieben, die man Schritt für Schritt im Willen zu empfangen schaffen sollte, damit man endlich die Wohltaten des Schöpfers spüren kann. Der allgemeine Wille zu empfangen besteht aus 613 Wünschen, und jeder von ihnen wird noch von dem Ziel zu empfangen oder dem Ziel zu geben übertroffen. Diese Formen des Empfangens oder Gebens, die jeden Wunsch »abdecken«, bestimmen unseren Grad spirituellen Wachstums.

Ein Grad zeigt ein gewisses Maß an Stärke in der Form des Gebens an. Es ermöglicht den Wohltaten des Schöpfers, sich innerhalb des Willens zu empfangen zu manifestieren. Die verschiedenen Füllungen innerhalb des Willens zu empfangen sind der Ursprung der vielen Namen des Schöpfers. Das empfangende Individuum benennt den Schöpfer je nach den Aromen, die in den Gaben des Schöpfers gefühlt werden.

Als die Kabbalisten erst einmal die Natur der Wirklichkeit erfasst und studiert hatten, unterteilten sie die Erkenntnis der Wirklichkeit in vier Stufen: Materie, Form der Materie, abstrakte Form und Essenz. Die Kabbala ist eine praktische Lernmethode, die den Forscher gründlich und systematisch auf dem evolutionären Weg führt. Wie jede andere wissenschaftliche Methoden lehrt die Kabbala den Forscher, was er tun soll, welche Ergebnisse er erwarten kann, und legt die Gründe dafür dar. Die Kabbala befasst sich nicht mit der Beschreibung theoretischer Zustände, die man nicht unabhängig und in vollem Gewahrsein ausführen kann.

Die Kabbala bestimmt die Grenzen, innerhalb derer die Wirklichkeit richtig wahrgenommen werden kann: Materie und Form aus Materie. Die Kabbalisten spüren die zusätzlichen Unterschiede, die abstrakte Form und die Essenz, nur vage und ungewiss; deshalb befasst sich die Kabbala mit solchen Formen auch nicht.

Diese Grenzen beziehen sich auf Forschungen in körperlichen und spirituellen Welten, während die Seele die spirituelle Welt genauso wahrnimmt, wie die physische Welt sie wahrnimmt. Selbst in unserer Welt studieren verantwortungsbewusste Forscher und Wissenschaftler nicht abstrakte Formen und die Essenz, sondern nur Materie und die Form aus Materie.

Die Reaktion der Sinne

Wir existieren in der Welt, aber wir wissen nicht, was außerhalb von uns ist. Wir wissen beispielsweise nicht, was außerhalb unserer Ohren ist, wir können dieses »Etwas«, das auf unser Trommelfell einwirkt, nicht identifizieren. All das, was wir spüren, ist unsere eigene Reaktion auf dieses »Etwas«.

Deshalb ist der Name, den wir einem äußeren Phänomen geben, eigentlich die Bezeichnung für unsere Reaktion darauf. Es ist gut möglich, dass es Frequenzen oder Phänomene gibt, die sich von denen, die wir in unseren Ohren erschaffen, unterscheiden. Unsere Ohren reagieren jedoch auf einzigartige Weise auf dieses unbekannte »Etwas« dort draußen, und durch diese Reaktion bestimmen wir das Phänomen. Alles, was wir tun können, ist unsere eigene Reaktion auf Phänomene studieren, also das, was in uns geschieht.

Daraus folgt, dass unsere Wahrnehmung der Welt sehr

begrenzt ist. Wenn wir anfangen zu verstehen, dass das, was wir sehen, nicht dem entspricht, was wirklich außerhalb von uns geschieht, können wir auf ganz neue Art und Weise untersuchen, wie wir die Wirklichkeit wahrnehmen. Sicher gibt es eine gewisse Essenz, die auf uns einwirkt, aber wir werden sie nie in ihrer wahren Form spüren. Wir können nur unsere innere Reaktion auf sie spüren. Unser Weltbild ist die Summe unserer inneren Reaktionen, doch gibt es für uns keine Möglichkeit zu sehen, was wirklich außerhalb von uns vorhanden ist.

Wenn wir richtig mit der Wirklichkeit in Verbindung treten wollen, müssen wir akzeptieren, dass unsere Wahrnehmung Grenzen hat. Wir dürfen uns nicht der Täuschung hingeben, das wahre Bild wahrzunehmen, weil wir keine wahre Wahrnehmung seiner Essenz oder abstrakten Form haben. Wir können nur die Form wahrnehmen, die es in unserer eigenen Materie annimmt. Wir mögen es bedauern, dass wir uns begrenzen müssen, aber so ist es nun einmal.

Wie gesagt können wir nicht das Gesamtbild wahrnehmen, nur unsere Reaktion darauf. Wir können auch nicht wissen, wie nahe unsere wahrgenommene Form in unserer Materie der abstrakten Form ist, die außerhalb unserer Materie existiert und sie beeinflusst.

Auf die gleiche Art, wie wir unsere Umgebung spüren, nimmt das spirituelle *Kli* die spirituelle Wirklichkeit wahr. Dieses *Kli* kann nur seine eigene Reaktion auf das Licht in sich selbst fühlen; es kann nichts über das Licht außerhalb des *Klis* sagen, das es wahrnimmt.

Durch seine innere Reaktion versteht und bestimmt das *Kli*, was Licht ist, was ein *Kli* ist, was das Licht vom *Kli* will und was das *Kli* vom Licht will. Alle diese Beschreibungen haben nicht die geringste Beziehung zu den Phänomenen, die sich außerhalb des *Klis* abspielen.

Baal HaSulam legte in seiner Einführung zum Buch *Sohar* sehr viel Gewicht darauf, diese Dinge zu erklären, weil die Kabbala sich einzig und allein mit dem Ausformen des *Klis* für die Wahrnehmung der Wirklichkeit befasst:

Zum Beispiel nimmt der Sehsinn nur Wellen vom Wesen des Gesehenen wahr, entsprechend dem Licht, welches es reflektiert. Auf ähnliche Weise ist das Hörvermögen nur eine Kraft des Auftreffens, die ein Wesen auf die Luft ausübt. Die Luft wird zurückgestoßen, schlägt auf das Trommelfell, und wir hören, dass ein Wesen in unserer Nähe ist.

Der Geruchssinn ist nichts anderes als Luft, die dem Wesen entstammt und auf die Geruchsnerven trifft, und wir riechen dann etwas. Auch der Geschmackssinn ist nichts anderes als das Ergebnis dessen, dass ein Wesen unsere Geschmacksnerven berührt.

Somit bieten uns alle unsere Sinnesorgane nichts weiter als die Offenbarung der Wirkungen, die von irgendeinem Wesen ausgehen, doch keineswegs das Wesen selbst. Und sogar die stärkste Empfindung – der Tastsinn, der fähig ist, Kaltes von Heißem, Hartes von Weichem zu unterscheiden, stellt auch nichts anderes dar als die Offenbarung der Wirkungen innerhalb des Wesens, doch diese sind nur Äußerungen des Wesens. Man kann Heißes abkühlen und Kaltes erwärmen, Hartes kann man bis zum flüssigen Zustand schmelzen, und eine Flüssigkeit verdampfen, indem man sie in den gasförmigen Zustand bringt, und zwar so, dass es nicht mehr möglich sein wird, sie mithilfe unserer fünf Sinnesorgane aufzuspüren. Und nichtsdestotrotz bleibt das Wesen bewahrt. Wir können das Gas wieder in eine Flüssigkeit verwandeln, und eine Flüssigkeit in einen festen Zustand überleiten.

Es ist also klar, dass unsere fünf Sinnesorgane uns das

Wesen keineswegs offenbaren werden, sondern nur dessen Äußerungen und Einwirkungen.

– Rabbi Yehuda Ashlag (Baal HaSulam), Einführung zu dem Buch *Sohar*, Punkt 12

Deshalb ist eine angemessene Wahrnehmung der Wirklichkeit für uns von äußerster Wichtigkeit. Die Grenzen sind nicht gesetzt, um unser Wissen einzudämmen oder zu verringern oder uns davon abzuhalten, uns mit verbotenen Dingen zu befassen. Im Gegenteil, wenn wir uns von den Teilen trennen, die wir nicht unter Kontrolle haben, ersparen wir uns Verwirrung. Wenn wir unser Gesichtsfeld darauf beschränken, was wir kontrollieren können, werden wir das wahre Wirklichkeitsbild empfangen. Folgen wir diesem Zustand rigoros, ermöglicht uns das, die richtigen Fortschritte zu machen.

In unserem gegenwärtigen Zustand nehmen wir das Höhere Licht noch gar nicht wahr. Das liegt an der Gegensätzlichkeit zwischen unseren egoistischen Gefäßen und dem altruistischen Licht. Wären unsere Gefäße dem Licht angepasst, das heißt, wären wir dem Willen zu empfangen und dem Licht angepasst, könnten wir es wahrnehmen. Eine solche »Angleichung« wird »Einkleiden« genannt. Einkleiden legt das Gewicht auf die Absicht zu geben statt zu empfangen, eine Absicht, die man nur vom Licht empfangen kann.

Um diese Absicht vom Licht empfangen zu können, muss man »einen Punkt im Herzen« haben oder ein Teil des Lichtes innerhalb des Willens zu empfangen. Dies kann man dazu verwenden, die Angleichung zwischen seinem *Kli* und dem Licht zu pflegen. Der Punkt im Herzen ist ein Bruchstück der Absicht zu geben, und mit seiner Hilfe kann man den Rest des »Herzens«, den Rest des Willens zu empfangen, verwenden. Kann man seinen Wunsch mit der Absicht zu geben verwenden, wird dies »das Einkleiden des Lichtes« genannt.

Kehren wir für eine Weile zu unserem Gehörsinn zurück. Um hören zu können, müssen wir immer ein Gleichgewicht zwischen dem Druck in uns selbst und unserer Umgebung herstellen. Um den Druck auf unser Trommelfell von außen im Gleichgewicht zu halten, übt ein feiner Mechanismus den gleichen Druck in die entgegengesetzte Richtung von innen aus. Somit messen wir anscheinend den Druck von außen, doch in Wahrheit messen wir den Druck, den wir in uns erschaffen, als Reaktion auf den Druck von außen.

Alle unsere Messwerkzeuge arbeiten nach diesem Prinzip. Wir können das veranschaulichen, indem wir ein mechanisches Gewicht benutzen. Mehrere Gegenstände sind an

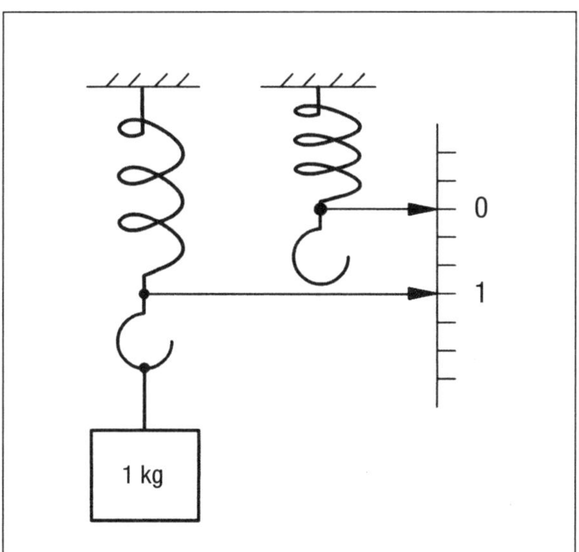

Abbildung 13

dieser Messung beteiligt: eine Feder, eine Skala und der Gegenstand, der gewogen werden soll. Wenn man den Gegenstand an die Vorrichtung hängt, ergibt es einen Druck nach unten (Abbildung 13). Um den Druck auszugleichen, zieht die Feder nach oben. Die Skala misst dann den nach oben gehenden Druck, den die Feder ausübt, und zeigt ihn als Gewicht des Gegenstandes an. Misst man den Druck unseres inneren Mechanismus, wird dies »das Messen von Form aus Materie und Materie« genannt.

Kehren wir nun zum spirituellen *Kli* zurück. In der Spiritualität ist die Form aus Materie die Reaktion des *Klis* darauf, was sich außerhalb von ihm befindet. Das wird »Absicht« genannt. Die Absicht, mit der die Materie (der Wille zu empfangen) eingesetzt wird, bringt das, was von oben, vom Schöpfer, kommt, ins Gleichgewicht. Damit kann ein Kabbalist die Ähnlichkeit der Absicht mit der des Schöpfers ihm gegenüber messen.

Ein Kabbalist nimmt das volle Spektrum des Willens zu empfangen, von Freude und Entzücken wahr. Wenn der Kabbalist einen Teil davon mit der Absicht zu geben verwenden kann, wäre das eine spirituelle Handlung. Das liegt daran, dass, wenn man irgendeinen Teil des Willens zu empfangen dazu verwendet zu geben, man damit den Druck des Schöpfers ausgleicht. Eine solche Handlung bedeutet, »ein spirituelles Parzuf (Gesicht) zu bilden«, eine Formulierung, die das Maß des Gleichgewichtes zwischen dem Schöpfer und dem Geschöpf und dem Licht und dem *Kli* anzeigt.

Die Kabbalisten benutzen Parzufim (Mehrzahl von Parzuf), um herauszufinden, wie viel der Schöpfer geben will und wie viel Genuss sie dem Schöpfer zurückgeben können. Beträgt beispielsweise die Stärke der Absicht zu geben zwanzig Prozent des Lichtes, so weisen sie die übrigen achtzig Prozent zurück, ohne sie zu empfangen. Mit anderen

Worten: Man kann beim Schöpfer nur ein Gleichgewicht mit zwanzig Prozent seines Willens zu empfangen, seiner Materie, herstellen. Folglich wird diese Person die restlichen achtzig Prozent des Willens zu empfangen nicht aktivieren, sondern ausgrenzen.

Unsere Wahrnehmung des Schöpfers hängt von der Macht unserer Absicht über unsere Materie ab. Genauso wie das Gewicht und die Feder können wir nichts anderes messen als unsere Absicht. Die Absicht zu geben ist die Form, die wir messen, woraus sich auch der Begriff »formatives Lernen« ableitet, den die Kabbalisten benutzen, um unsere Lernmethoden zu beschreiben.

Die Absicht zu geben nennen wir oft »einen sechsten Sinn«. Dieser Begriff hebt hervor, dass man mit der Absicht zu geben spüren kann, was außerhalb unserer fünf natürlichen Sinne liegt.

Unser sechster Sinn arbeitet genau wie unsere fünf Sinne. Der einzige Unterschied ist, dass die fünf ursprünglichen Sinne bereits in uns vorhanden sind, während wir den sechsten Sinn selbst herausbilden müssen. Die Empfänglichkeit der natürlichen Sinne kann je nach Alter oder anderen Einflüssen variieren, aber im Allgemeinen haben wir doch fünf natürliche Sinne, die auch angemessen funktionieren.

Wie gesagt, es liegt an uns, den sechsten Sinn zu entwickeln. Er ist nämlich kein Sinn in der üblichen Bedeutung des Wortes, sondern eher eine Absicht. Unsere Aufgabe ist es, die Formen zu studieren, in denen der Schöpfer gibt, und wenn wir das auf unabhängige Weise tun, entwickeln wir uns zu »Geschöpfen«, die nach eigener Maßgabe existieren. Das ist der Unterschied zwischen der Menschheit und dem Rest der Schöpfung.

Die richtigen Formen entwickeln

Die spirituelle Welt ist vor uns verborgen. Deshalb verstehen wir es nicht, unsere Wahrnehmungswerkzeuge richtig einzustimmen; wir wissen einfach nicht, was wir empfangen müssen. Aus diesem Grund kommen uns die Kabbalisten zu Hilfe und raten uns, wie wir unsere Werkzeuge ansetzen sollen, damit wir das Höhere Licht spüren können.

Die Kabbalisten sagen, dass das Höhere Licht abstrakt ist. Das bedeutet jedoch nicht, dass irgendeine von Menschen geschaffene Form ihnen ermöglicht, irgendetwas vom Höheren Licht wahrzunehmen. Man kann das Höhere Licht nur wahrnehmen, wenn man sein *Kli* an eine der 125 Formen anpasst, die genau für diesen Zweck gedacht sind.

Folglich besteht die spirituelle Leiter aus 125 Stufen. Jede Stufe steht für eine fortgeschrittenere Form, das Licht in unserem *Kli* zu empfangen. Die Kabbalisten beschreiben, wie wir diese Formen ausfindig machen, studieren und auf unsere Materie beziehen können. Sie zeigen uns auch, wie wir unseren Willen zu empfangen so einrichten können, dass »wir uns« vor dem Höheren Licht in Formen präsentieren können, die für das Licht »geeignet« sind.

Es gibt ein ähnliches Phänomen, das sich auf körperlicher Ebene manifestiert. Viele Forscher behaupten, die Menschen könnten so lange kein äußeres Phänomen wahrnehmen, wie es nicht auch in ähnlicher Form in ihrem Bewusstsein vorhanden ist.

Der Film *What the bleep do we know?* bietet ein gutes Beispiel für diese Vorstellung mit der Geschichte über die amerikanischen Ureinwohner, die am Strand beobachteten, wie die Armada von Kolumbus an der Küste von Amerika eintraf. Es wird erzählt, dass die Indianer am Strand die Schiffe gar nicht sehen konnten, die nicht weit vom Ufer entfernt ankerten. Der Schamane, ein Mann mit großem Vorstellungsvermögen, war durch die ungewohnten Wellen, die aus keinem ersichtlichen Grund erschienen, verwundert. Viele Stunden lang starrte er auf das Wasser hinaus, um die Ursache der Wellen herauszufinden.

Durch seine Bemühungen gelang es ihm endlich, die Form des Körpers zu erkennen, die die Wellen verursachte, und war deshalb in der Lage, die Schiffe zu sehen. Dann beschrieb er seinem Stamm, was er sah, und weil sie ihm vertrauten, gelang es ihnen ebenfalls, die Form der Schiffe zu bilden, bis sie alle die Schiffe von Kolumbus sahen.

Die Kabbala bestätigt, dass es nichts außerhalb des menschlichen Verstandes gibt. Indem er das Modell des Schiffes in seinem Geist erschuf, setzte er für sich das Bild des Schiffes zusammen, von dem der Schamane dachte, es existierte außerhalb von ihm. Eigentlich existiert ein Schiff überhaupt nicht außerhalb; wir sind nur gezwungen, uns so zur Wirklichkeit zu stellen, als existierte sie unabhängig von uns in einer äußeren Wirklichkeit, in der wir alle möglichen Entdeckungen machen. Die Kabbalisten sagen jedoch, dass alle Erfindungen nur neue Modelle innerhalb unseres Verstandes sind.

Erlangen wir erst einmal eine wahre Vision der Wirklichkeit, so spüren wir, dass die vorherige Vision völlig erfunden war, wie ein Traum. Wenn wir die eigentliche Wirklichkeit wahrnehmen wollen, müssen wir reale Modelle in uns entwickeln. Das ist die Bedeutung des Aufstiegs aus der erfundenen Welt in die reale Welt. Aus diesem Grund wurde der Menschheit die Weisheit der Kabbala gegeben und sie ist es auch, die diese Modelle in uns wachruft.

Lernmethoden

Unsere Werkzeuge der Wahrnehmung können ungeachtet der Stufe, auf der wir uns befinden, nie die Essenz erkennen. Auch wenn wir tatsächlich die Essenz wahrnehmen, können wir sie doch nur durch die Materie empfinden. Wir können uns nicht einmal vorstellen, was die Essenz selbst ist. Mehr noch: Wir können uns nicht einmal wünschen, die Essenz zu spüren.

Zum Beispiel hält niemand einen sechsten Finger für nötig. Könnten wir uns jedoch vorstellen, dass wir einmal einen sechsten Finger hatten und etwas damit tun konnten, was uns heutzutage nicht mehr möglich ist, dann würden wir von der Notwendigkeit eines sechsten Fingers sprechen. Aber wenn wir nie einen zusätzlichen Finger hatten, könnten wir uns auch nicht vorstellen, wie er von Vorteil für uns sein könnte. Deshalb haben wir auch kein Verlangen nach einem zusätzlichen Finger.

Gleichermaßen können wir uns auch nicht wünschen, die Essenz zu empfangen, wenn wir die Essenz nie spürten. Die Kenntnis der Materie, die Manifestation der Handlungen der Essenz, wie sie sich auch in der Materie ausdrückt, reicht ziemlich aus.

Aus dieser Erörterung ergibt sich eine wichtige Frage: Wenn wir die Essenz nicht wahrnehmen können, woher wissen die Kabbalisten dann von ihrer Existenz? Lassen wir diese Frage im Moment noch unbeantwortet, wir kommen später gewiss wieder auf sie zurück.

* * *

Der Wille zu empfangen ist die Materie. Sie ist in fünf Stufen unterteilt. Wenn der Wille zu empfangen mit der Absicht zu geben verbunden ist, nimmt er verschiedene Formen an, von der, die dem Schöpfer am gegensätzlichsten ist, bis zu der Form des Schöpfers Selbst. Während wir uns spirituell entwickeln, studieren wir nach und nach alle Eigenschaften, die die Materie annehmen könnte. Das wird »form-orientiertes Lernen« genannt.

In uns besteht der aufrichtige Wunsch, die Formen des Gebens zu erlernen, die in Materie eingekleidet sind. Der aufrichtige Wunsch bedeutet, dass es ein Wunsch ist, der daraus resultiert, dass man diese Form früher einmal besaß und jetzt nicht mehr.

Unsere Materie, der Wille zu empfangen, wurde zuerst in einer korrigierten Form geschaffen, also der Form des Gebens, die dann in Empfangen verwandelt wurde. Unser Bemühen, die Form des Gebens wiederzuerlangen, ist die Essenz unserer Korrektur. Dieser Prozess sollte durch die Verwendung des gleichen Musters ausgeführt werden, das geschaffen wurde, als wir noch die Form des Gebens besaßen, und beruht vollständig auf praktischem Experimentieren. Deshalb ist dieser Prozess auch ganz und gar verlässlich.

Die Philosophie jedoch beschäftigt sich mit Idealen, die von der Materie abstrahieren, und gründet sich auf dem Studium der abstrakten Form. Das steht im völligen Gegensatz zur Methode der Kabbala. Die Philosophie diskutiert

Eigenschaften wie Wahrheit, Falschheit, Ärger und Mut, die nicht in Materie gekleidet sind, und schreibt abstrakten Formen Sätze zu wie »Wahrheit ist gut, Lügen ist böse«. Das berechtigt den Einwand, dass Menschen solche Erklärungen idealisieren und fanatisch an ihnen festhalten.

Baal HaSulam zeigt dies durch das Gleichnis über jemanden, der die Eigenschaft der Wahrheit so hoch hält, dass er, als er Gelegenheit bekommt, Menschen vor dem Tod zu retten, sich dagegen entscheidet, weil er dazu eine Lüge erzählen müsste.

Dieses Gleichnis zeigt, dass es falsch ist, sich mit abstrakten Formen zu befassen, weil wir nicht die Mittel haben, eine Eigenschaft als gut oder schlecht zu beurteilen, wenn sie nicht in Materie gekleidet ist. Nur wenn die Form in Materie gekleidet ist, können wir bestimmen, ob sie vorteilhaft für die Entwicklung der Materie ist oder ihr abträglich. Das einzige Kriterium ist, ob die Materie sich zur Einsicht in das Ziel der Schöpfung entwickelt.

* * *

Abstrakte Formen können wir uns zwar fälschlich vorstellen, aber die Essenz ist etwas Unvorstellbares für uns. Wir nehmen logischerweise an, dass es hinter der Form, die die Materie und die abstrakte Form kleidet, eine Grundlage gibt, die alle anderen Formen trägt und die wir Essenz nennen.

Wir sehen somit, dass unsere Fähigkeit begrenzt ist, dass wir nur die Materie und die darin eingekleidete Form erkennen können. Dennoch können wir es nicht vermeiden zu fragen, weshalb der Schöpfer uns nicht mit dieser Fähigkeit geschaffen hat, die abstrakte Form und die Essenz wahrzunehmen.

Die Antwort ist einfach: Könnten wir die abstrakte Form und die Essenz erfassen, würden wir die Essenz in allem eingekleidet sehen, wie sie alles lenkt, vom ersten bis zum letzten Zustand. So ein klares Bild würde uns die Freiheit der Wahl rauben; es würde uns davon abhalten, das Bild des Schöpfers zu studieren und Ihn in uns zu entwickeln.

Nachdem wir gezeigt haben, dass nichts außerhalb unseres *Klis* existiert, können wir nun die Begriffe »diese Welt« und »Höhere Welt« als Beschreibungen der Wahrnehmungsweisen von Wirklichkeit bestimmen. »Diese Welt« ist die Wahrnehmung von Wirklichkeit innerhalb des *Klis*, während wir daran arbeiten, zu empfangen. Die »Höhere Welt« ist die Wahrnehmung von Wirklichkeit innerhalb des *Klis*, während wir daran arbeiten, auf altruistische Weise zu geben.

Das Gesamtbild

Kabbalisten beschreiben ausschließlich das, was sie mit Gewissheit innerhalb ihrer Gefäße erreichen, also die Form in Materie und die Materie. Materie ist der Wille zu empfangen, und Form aus Materie ist die Form des Gebens, eingekleidet in den Willen zu empfangen. Das Geschöpf erreicht immer das Gesamtbild, doch die Frage bleibt, wie sicher können wir darüber sein, was enthüllt wird?

Wenn wir beispielsweise ein gewisses Bild sehen, wie können wir genau wissen, was wir wahrnehmen? Welcher Teil unserer Wahrnehmung des Bildes ist gewiss und welcher nicht? Da unsere Werkzeuge begrenzt sind, können wir uns nicht sicher sein. Vielleicht zeigt uns die Brille, durch die wir die Wirklichkeit betrachten, eine Ebene vor uns, obwohl unmittelbar vor uns eine Schlucht ist. Könnte unser nächster Schritt uns in den Abgrund stürzen?

Wenn uns obiges Beispiel als unwahrscheinlich erscheint, wird das nächste vieles klarer machen: Wie können wir Radioaktivität ohne ein Strahlenmessgerät aufspüren? Wir könnten leicht und ohne es zu wissen verseuchtes Gebiet betreten.

Es ist uns nicht möglich, Werkzeuge zu entwickeln, die uns helfen, das Vertrauenswürdige vom Unzuverlässigen in der Spiritualität zu unterscheiden. Der Unterschied zwischen dem, worauf wir uns verlassen können, und dem, worauf wir uns nicht verlassen können, besteht im Unterschied zwischen den verschiedenen Werkzeugen, die uns zur Verfügung stehen.

Der Erwerb der abstrakten Form und der Essenz wird nicht als sicherer Erwerb betrachtet. Der Grund ist der, dass sie durch »äußere Gefäße« und nicht durch »innere Gefäße« wahrgenommen werden, obwohl wir in ihnen so etwas wie ein »weit entferntes Leuchten« spüren. Solch ein Leuchten führt zu der Empfindung, dass es etwas gibt, aber es ist nicht deutlich mit den Sinnen zu erfassen. Dies ist die Antwort auf die Frage, was die Kabbalisten über die Existenz der abstrakten Form und Essenz wissen.

* * *

Wir sollten hervorheben, dass es nicht direkt eine Handlung ist, das Tor von dieser Welt in die spirituelle Welt zu finden. Es ähnelt vielmehr der Suche nach einem Ausgang in einem geschlossenen Kreis. Obwohl sich die Öffnung an einem bestimmten Ort befindet, kann sie nur entdeckt werden, wenn man alle 360 Grad abgesucht hat.

Um in uns die Form des Schöpfers zu entwickeln, müssen wir erst alle Formen kennen, die ihm entgegenstehen. Wenn der Schöpfer ein Bild außerhalb von uns besäße, wären wir sofort in der Lage, es aufzunehmen und somit den ganzen Vorgang zu beenden. Ein solches Bildnis besteht jedoch nicht außerhalb von uns; es liegt an uns, das Bild des Schöpfers innerhalb unserer eigenen Materie zu entwickeln. Zuerst müssen wir lernen, wie die entgegengesetzten Formen des Schöpfers aussehen, und erst dann können wir Formen entwickeln, die Ihm ähnlich sind. Die Summe der Bilder erschafft unser Bild vom Schöpfer.

Modelle entwickeln

Kehren wir kurz zu den Schiffen von Kolumbus zurück. Der Schamane konnte die Schiffe nicht sehen, weil er kein Modell eines solchen »schwimmenden Hauses« in seinem Verstand hatte. In kabbalistischen Begriffen können wir sagen, dass er nicht das *Kli* hatte, um diese Form zu sehen. Damit der Schamane das Schiff bemerken konnte, musste diese Form in seinem Verstand existieren, um sie mit der beobachteten Form vergleichen zu können. Erst dann konnte er das Schiff auf der Basis der Übereinstimmung der Form zwischen dem bereits existierenden Modell und dem Gebilde in der Außenwelt überhaupt als Schiff erkennen.

Damit wir die spirituelle Wirklichkeit spüren können, brauchen wir jedoch jemanden, der uns davon erzählt. Deshalb schreiben Kabbalisten ihre Bücher. Wir können diese Bücher benutzen, um unsere Außenwelt zu beschreiben und allmählich die spirituellen Formen und Muster in uns heranzubilden.

Die Muster, die wir in uns formen würden, wären zweifellos falsch, doch die Bemühung und das Verlangen allein genügen, damit das Licht uns beeinflusst. Das Licht bildet immer mehr Formen, die Seiner Form ähnlich sind, bis wir das eigentliche Licht zu sehen beginnen. Das ist der einzige Weg voranzukommen, denn nur das Licht kann die Gefäße in uns entwickeln. In Wahrheit können wir uns jetzt noch nicht vorstellen, was um uns herum wirklich stattfindet. Wir sind von Welten und Kräften umgeben, die wir aufgrund unseres Mangels an übereinstimmenden Formen nicht spüren können.

Ein Höhlenbewohner in der heutigen Zeit

Wenn wir noch ein wenig länger über die Eingeborenen und die Schiffe von Kolumbus nachdenken, könnten wir uns Folgendes fragen: Wenn ein Höhlenbewohner heute zur Welt käme, könnte er dann wohl Autos und Gebäude sehen? Die Antwort darauf ist, dass er es nicht könnte. Würde er dann mit den Häusern zusammenstoßen oder von einem Auto überfahren werden, sobald er den Fußweg verlässt?

Bevor wir auf diese Fragen eingehen, müssen wir verstehen, dass wir nur solche Formen wahrnehmen, die unsere Sinne erfassen können. Nehmen wir etwa die Luft um uns herum, die leer zu sein scheint, so könnte sie durchaus verdichtet und hart wie Beton sein. Wir sind daran gewöhnt, die Welt als einen Ort zu sehen, an dem wir uns frei bewegen können. Wenn wir jedoch angemessene Wahrnehmungswerkzeuge entwickeln, werden wir spüren, dass die Welt im Grunde mit den enormen Kräften des Schöpfers gefüllt ist, die uns keine freie Bewegung erlauben. Sollte dies geschehen, hätten wir das Gefühl, vollkommen vom Schöpfer gelenkt zu werden, als hätte man uns in Beton gegossen, unfähig, auch nur eine einzige freie Bewegung auszuführen.

Weil unser Höhlenbewohner nicht den Sinn hätte, mit dem er die Wände als Materie oder als Form aus Materie wahrnehmen könnte, würde er durch die Wände gehen, als wären sie Luft. Die Kabbalisten wollen unsere Beobachtungen lenken, damit wir die Welt richtig wahrnehmen können. Wenn wir uns auch nur ein bisschen von unserer gewöhnlichen Wahrnehmung der Welt in Richtung der realen Wahrnehmung ziehen ließen, die Kabbalisten beschreiben, würde uns diese Welt sehr seltsam erscheinen.

Heutzutage entdecken viele Quantenphysiker, dass die Welt eine »seltsame« Regelmäßigkeit von Zeit, Raum und Bewegung aufweist. Sie sagen beispielsweise, dass ein Gegenstand an mehreren Orten gleichzeitig sein kann. Diese Merkwürdigkeit lässt sie folgern, dass jede Messung vom Beobachter beeinflusst wird. Das Vorhandensein oder die Abwesenheit der Wände des Höhlenbewohners sowie die Fähigkeit, durch sie hindurchzugehen, werden somit einzig durch den Zustand der Gefäße des Wahrnehmenden gemessen.

Wir kommen auf diese Welt mit fünf Werkzeugen der Wahrnehmung – den fünf natürlichen Sinnen –, und diese Sinne entwickeln sich von Generation zu Generation weiter. Jedes Neugeborene ist von einer Umwelt umgeben. Wenn wir aufwachsen, nehmen wir deshalb die Dinge mit unseren fünf Sinnen als feste Tatsachen, als Formen aus Materie wahr.

Doch auch unsere Wahrnehmung durch die fünf Sinne reflektiert nichts anderes als das, was unsere Sinne projizieren. Ich bin der Schöpfer der Gebäude, der Autos, der Erde, des Universums und meiner gesamten Wirklichkeit. Ich erschaffe sie in meinen Gefäßen, in meinen Empfindungen. Außerhalb von mir haben sie keine Gestalt.

Es fällt uns sehr schwer, uns von den natürlichen Wahrnehmungen zu trennen. Anscheinend ist eine andere Sicht der Wirklichkeit nur nach dem Überschreiten der Barriere in die spirituelle Welt möglich. Erst dann verstehen wir, dass die Dinge anders sein können, als sie uns zuerst erschienen.

Wir können beispielsweise nicht durch Wände gehen, weil wir von den gleichen Gesetzen gelenkt werden, die wir erschaffen. Doch das Höhere Licht ist abstrakt; wir sind es, die Es begrenzen. Es gibt nur ein Gesetz in der Wirklichkeit: »das Gesetz der Übereinstimmung der Form«. Je mehr wir unsere eigene Form der des Lichtes angleichen, desto freier und unbegrenzter werden wir.

Unser Wille zu empfangen teilt sich in 613 Wünsche auf. Je nach unserer dem Licht gegenüber unterschiedlichen Form begrenzen wir jeden unserer Wünsche. Die Summe all dieser Einschränkungen macht die Form unseres inneren Werkzeuges der Wahrnehmung aus, und dieses Werkzeug erschafft unsere Beschreibung der Wirklichkeit.

Es fällt uns leichter, das Gesetz der Gleichheit der Form zu verstehen, wenn wir wissen, wie Radioempfänger funktionieren. Ein Empfänger kann die Wellen nur dann auffangen, wenn er identische Wellen in sich erschafft. Genauso »nehmen wir Dinge auf«, die scheinbar im Außen existieren, jedoch nur in Übereinstimmung mit dem, was wir innerhalb unserer selbst geschaffen haben.

Das Gesetz der Übereinstimmung in der Form bleibt konstant und umfasst die gesamte Wirklichkeit. Es ist gültig für altruistische wie für egoistische Gefäße. Mit anderen Worten: Wir nehmen die körperliche und die spirituelle Wirklichkeit auf genau die gleiche Weise wahr – durch die Übereinstimmung der Form. Der einzige Unterschied der Gefäße liegt in ihren Absichten: Eine ist auf sich selbst ausgerichtet, die andere auf den Schöpfer. Jedoch erlaubt die Existenz in egoistischen Gefäßen nur einer sehr begrenzten Anzahl von Gefäßen, auch gespürt zu werden.

Die Quantenphysiker sind dabei zu entdecken, dass jenseits einer gewissen Barriere der Forschung die Welt zu »verschwinden« scheint. Kabbalisten schrieben schon vor Tausenden von Jahren über solche »Entdeckungen«. Sie erklärten, dass jenseits dieser Barriere die physische Materie und ihre Formen verschwinden und nur die Kräfte und Formen, die sich oberhalb der Materie befinden, verbleiben. Die Fortsetzung der Studien über diese Barriere hinaus ist nur dann möglich, wenn sich die Forscher die richtigen altruistischen Gefäße erschaffen.

Die Kabbalisten beschreiben die Grundregeln für die richtige Einstellung der Wirklichkeit gegenüber in viel größerer Tiefe, als es Wissenschaftler jemals können werden. Erst wenn diese Regeln angewandt werden, wird es möglich sein, in der Forschung und Wahrnehmung der Wirklichkeit voranzuschreiten.

Die Kabbala wurde bis vor kurzem geheim gehalten, weil die Menschheit noch nicht bereit war, sie richtig zu verstehen. Die Errungenschaften der heutigen Wissenschaft haben uns darauf vorbereitet, die Weisheit der Kabbala zu verstehen. Deshalb wird die Kabbala heute bekannt gemacht.

Kehren wir kurz zu unserem Höhlenbewohner zurück, der in unsere Zeit gestolpert ist. Wir neigen zu der Auffassung, dass unsere Gefäße reichhaltiger sind als seine, weil wir Formen sehen können, die für ihn nicht existieren.

Das ist jedoch ein Irrtum. Während wir uns tatsächlich entwickelten und mehr Formen erworben haben als der Höhlenbewohner, sehr viel mehr Gefäße entwickelten, schränken uns diese Formen eigentlich auch mehr ein. Formen aus Materie, die wir wahrnehmen, waren für den Höhlenbewohner Abstrakte Formen; für ihn existierten sie nicht und grenzten ihn deshalb auch nicht ein.

In Zukunft werden wir entdecken, dass, je mehr wir »erschaffen«, wir uns desto mehr beschränken. Wir schreiten voran, indem wir Formen erschaffen und mehr und mehr Strukturen entwickeln, doch letzten Endes begrenzen uns diese Strukturen auf jeglicher Wirklichkeitsebene und zeigen uns, dass wir ganz und gar nicht frei sind.

Während wir uns entwickeln, nehmen wir zahlreiche Eindrücke aus unserer Umgebung auf: von unseren Eltern, Lehrern, Freunden und aus unseren Erfahrungen. Diese Eindrücke veranlassen uns, die Wirklichkeit gemäß unserer inneren »Selbstprogrammierung« zu sehen. Ihr zufolge ist Wirklichkeit nur eine Projektion unserer inneren Software; sie existiert nicht außerhalb unserer inneren Gefäße. Die Wirklichkeit ist ein Produkt unserer Einbildung, doch unser Verstand stellt sie dar, als existierte sie außerhalb von uns.

So wie die körperliche Wirklichkeit existiert auch die spirituelle Wirklichkeit nicht außerhalb von uns, sondern ist eigentlich ein Licht, eingekleidet in ein *Kli*. Außerhalb dieses *Klis* gibt es nur abstraktes, formloses Licht, und wir sprechen eigentlich über nichts anderes als darüber, wie wir die Formen des Willens zu empfangen anwenden.

Die Kabbalisten sagen, dass der Wille zu empfangen in der spirituellen Wirklichkeit eine begrenzte Anzahl von einzelnen Formen annehmen kann. Wenn wir all diese Formen vereinigen, können wir sie durch den stetigen Einfluss des Lichtes wahrnehmen, das genau das Bild des Schöpfers ist.

Körperlichkeit ist eine Projektion der Spiritualität, wie der Ableger einer Wurzel. Deshalb ist der Prozess, der auf der körperlichen Ebene stattfindet, dem spirituellen Prozess sehr ähnlich. Der egoistische Wille zu empfangen kann eine begrenzte Anzahl von Formen annehmen, wonach die Materie dann verschwindet – ähnlich dem, was die Forscher heute entdecken.

Nachdem man eine große Anzahl von Formen gebildet hat, werden diese ein einzelnes Bild von »einem« Geben oder

»einem« Empfangen. Dies ist eine Projektion des spirituellen Zustandes, genannt *Gmar Tikkun* (Ende der Korrektur). *Gmar Tikkun* ist ein spiritueller Zustand, den man erreicht, wenn sich das *Kli* mit all den Formen des Gebens des Lichtes einkleidet. In einem solchen Zustand gleichen sich das Licht und das *Kli* vollständig.

Die einzige Möglichkeit, wie das Gefäß die Entwicklung der Formen beschleunigen kann, an denen es ihm noch fehlt, ist, die richtige Umgebung für den spirituellen Fortschritt zu wählen. Eine solche Umgebung würde einen veranlassen, sich die in den Kabbalabüchern beschriebenen Formen »vorzustellen« und so zu bewirken, dass das Licht auf unsere Seele Einfluss nimmt. Das Licht wird dann »Fühler« entwickeln, um Formen des Gebens aufzuspüren.

Im Grunde ist dieses Licht die gleiche abstrakte Form, in der alles »verschwindet«, wie die Quantenphysik entdeckt hat. Diese abstrakte Form projiziert die Form des Gebens auf den Willen zu empfangen, und als Ergebnis werden die »Fühler«, die sie wahrnehmen, in uns Formen bilden.

Die Kabbalisten definieren dieses Licht als »das Licht, das neue Formen bildet«, weil es in uns die Form des Gebens erschafft und uns das dem Zustand der Vollkommenheit näherbringt.

Heute glauben viele Forscher, dass wir auf der fundamentalsten Ebene alle eins sind und die Verbindung zwischen uns Liebe sein sollte. Sie werden jedoch keinen Weg finden, dieses Ideal zu verwirklichen, weil die Kraft, die diese Korrektur ermöglicht, von »der anderen Seite«, der Seite der Liebe, herangezogen werden muss. Und das kann man nur durch das Studium der Kabbala erreichen.

Irgendwann werden die Forscher feststellen, dass die Materie völlig verschwindet und das Einzige, was dann noch existiert, der reine Gedanke ist, aber sie werden nicht in der

Lage sein, darüber hinaus zu gehen. Sie werden spüren, dass es eine andere Existenz jenseits von uns gibt, in der unsere Materie gegensätzlich zu unserer gegenwärtigen Materie ist, und dass wir alle in vollkommener Einheit miteinander verbunden sind. Doch die Methode, wie man diese Form von Existenz erhalten könnte, das Reich auf der »anderen Seite« der Quantengesetze, kann nur von denjenigen gelehrt werden, die bereits »dort« sind – den Kabbalisten.

Es ist unmöglich, diese Barriere zu überqueren, ohne das Licht anzuziehen, das in den Kabbalabüchern beschrieben wird, weil dies die einzigen Texte sind, die »von der anderen Seite her« geschrieben wurden. Unser Wunsch, »dort hinzukommen«, zieht, gemeinsam mit dem Studium der richtigen Kabbalatexte, das Licht zu diesem Menschen und bildet innerhalb der Seele dieses Menschen die Formen heran, durch die man das spirituelle Reich wahrnimmt. So wie der Schamane erst die richtigen Formen entwickeln musste, so müssen wir Formen des Gebens heranbilden, um uns im spirituellen Reich aufzuhalten.

Die Welt und wir

Von Geburt an besitzen wir die Werkzeuge, die körperliche Wirklichkeit wahrzunehmen. Innerhalb dieser Werkzeuge gibt es »Informationseinheiten« über die Zustände und Formen, die wir verwirklichen sollten – die *Reschimot*. Durch Erziehung und den Einfluss der Umgebung entwickeln sich unsere Werkzeuge so weit, bis wir alle eine »normale« Wahrnehmung der Wirklichkeit haben.

Dies ist jedoch nicht der Fall bei der Wahrnehmung der spirituellen Wirklichkeit. Es gibt keine »Norm«, mit der wir testen könnten, ob wir unsere inneren Gefäße richtig entwickeln, um die Eigenschaften des Gebens und das Entdecken der spirituellen Wirklichkeit zu enthüllen.

Wir wissen nicht, was wir mit unseren Wünschen tun sollen, wie wir sie formen und mit welchen Absichten wir sie erfüllen sollten. Die Kabbalisten helfen uns dabei, indem sie uns mit den notwendigen Definitionen versorgen. Sie lehren uns, wie wir unsere Wahrnehmungswerkzeuge abstimmen können, um die spirituelle Wirklichkeit zu spüren.

Wir nehmen die spirituelle Wirklichkeit in einer vorherbestimmten Weise wahr; wir kamen zur Welt und wurden aufgezogen, ohne dass wir gefragt wurden. Die Muster der physischen Wahrnehmung, die sich während des Aufwachsens in uns geformt haben, veranlassen uns nun, das Licht von *Ejn Sof* zu spüren. Dieses Licht steht uns eigentlich die ganze Zeit lang gegenüber – der physischen Wirklichkeit, in der wir uns befinden und die Welt um uns herum.

Allerdings ist in Bezug auf die spirituelle Wirklichkeit nichts vorherbestimmt. Wir müssen unsere eigenen Wege zur Wahrnehmung der Spiritualität finden, und erst die Werkzeuge, die wir noch bauen, werden jeden von uns mit dem Verständnis vom Schöpfer und der Höheren Kraft versorgen, die alles erschafft und beeinflusst.

Wir sollten uns immer daran erinnern, dass die Wirklichkeit in uns geformt wird. Unsere inneren Eigenschaften spiegeln einen »Schatten« auf das abstrakte Licht wider und erschaffen so unsere Weltbilder, die spirituellen wie die physischen. Deshalb hängt es allein von unseren Eigenschaften ab, wie wir den Schöpfer wahrnehmen.

* * *

Die Weisheit der Kabbala hat ihre Haltung über die Wahrnehmung der Wirklichkeit seit Jahrtausenden bewahrt. Umgekehrt hat die Wissenschaft ihre Herangehensweise durch verschiedene Schlüsselstadien hindurch kultiviert.

Die klassische Wahrnehmung, deren Vorkämpfer Isaac Newton war, stellt fest, dass die Welt in sich und aus sich heraus existiert, ungeachtet dessen, ob es uns gibt, um dies wahrzunehmen. Als sich die Wissenschaft der Biologie entwickelte, ermöglichte sie uns, die Welt durch die Augen anderer Geschöpfe zu sehen. Wir entdeckten, dass unterschiedliche Tiere die Welt auf sehr unterschiedliche Art und Weise wahrnehmen.

Zum Beispiel sieht eine Biene Zehntausende von Bildern, die zusammengesetzt das Bild der Welt um sie herum erschaffen. Ein Hund nimmt die Welt vorwiegend in Form von »Geruchsstellen« wahr. Dann entdeckte Einstein, dass, wenn man die Geschwindigkeit des Beobachters ändert, ein grundlegend anderes Wirklichkeitsbild entsteht.

Diese Entdeckungen ermöglichten eine zweite Herangehensweise, die behauptete, dass das Bild der Welt vom Wahrnehmenden abhängig ist. Wahrnehmende mit unterschiedlichen Eigenschaften und Sinnen nahmen auch ein anderes Weltbild wahr. Somit existierte die Welt wie bei der ersten Herangehensweise unabhängig vom Wahrnehmenden. Der Unterschied zwischen der ersten und zweiten Herangehensweise ist, dass die Welt in den Augen unterschiedlicher Wahrnehmender auch unterschiedlich erscheint.

Eine dritte, sich entwickelnde Auffassung schlug vor, dass der Beobachter die Welt beeinflusst und das wiederum das Bild beeinflusst, das der Beobachter wahrnimmt. Laut der dritten Denkschule ist die Wirklichkeitswahrnehmung wie ein Schnittmengenbild zwischen den Eigenschaften des Beobachters und denen des beobachteten Gegenstandes.

Mit anderen Worten: Der Beobachter nimmt etwas auf eine gewisse Weise wahr, weil er verglichen mit der tatsächlichen Qualität dieser Welt eben so gebaut ist. Diese Sichtweise behauptet, dass es insofern eine Wechselbeziehung zwischen dem Individuum und der Welt gibt, als der oder die Wahrnehmende das Weltbild, so wie er oder sie wahrnimmt, beeinflusst.

Der Unterschied zwischen der zweiten und dritten Auffassung ist Folgende: Die zweite Auffassung stellt dar, dass wir keinen Einfluss auf die Welt haben und dass das Weltbild in unseren Augen sich verändert, weil wir uns verändern. Die dritte Auffassung jedoch sagt, dass wir doch die Welt beeinflussen und dass unsere Wahrnehmung der Welt die Kombination der Eigenschaften des Individuums und derer der Welt ist. Heute gibt es sogar Menschen, die behaupten, dass es unendlich viele Möglichkeiten gibt und der Beobachter »wählt«, welche er von ihnen je nach seinen Eigenschaften wahrnehmen will.

Die letzte Auffassung kommt der kabbalistischen ziemlich nahe. Der grundlegende Unterschied zwischen ihnen liegt im Begriff »die Existenz der Welt«. Die Behauptung, dass die Welt unbegrenzte Formen besitzt, setzt die Annahme voraus, dass ich nur auf bestimmte Weise handeln muss, damit die Welt »reagiert«.

Die kabbalistische Herangehensweise geht davon aus, dass die Welt völlig abstrakt ist; sie nimmt überhaupt keine Form an. Es gibt außerhalb von uns nichts als das unveränderliche, abstrakte Licht. Auch wenn wir uns mit Sicht auf das Licht verändern und etwas von Ihm wahrnehmen, bewirkt das keinerlei Veränderung im Licht selbst. Alles, was wir wahrnehmen, ist das Maß unserer inneren Übereinstimmung mit dem Licht, weiter nichts.

Anhand dessen, was bisher gesagt wurde, können wir sehen, dass unser wahres Leben sich sehr von der Art unterscheidet, wie wir es wahrnehmen. Das Wirklichkeitsbild für jeden Einzelnen von uns hängt völlig von unseren inneren Eigenschaften ab. Dieses Bild ist aus Projektionen unserer Eigenschaften auf das abstrakte Licht geformt.

Im Grunde bringt es tiefgreifende Verwicklungen mit sich, dass unser Leben ein Abbild unserer inneren Vorgänge ist: Alle Prozesse, die wir erleben, Leben und Tod eingeschlossen, sind direkte Resultate der Wahrnehmungen unserer Gefäße. Mehr noch: Es liegt an uns, sie zu ändern. Wenn wir unsere Gefäße verändern, gibt uns das die Möglichkeit, von Welt zu Welt und von Wirklichkeit zu Wirklichkeit zu wechseln. Dann sind wir in der Lage, die höchsten Ebenen der Existenz zu erreichen, auf denen wir ganz und gar im abstrakten Licht aufgehen.

Die Erfahrung der Unendlichkeit

Der einzige Unterschied zwischen den Gefäßen, die die körperliche Wirklichkeit wahrnehmen, und denjenigen, die die spirituelle Welt wahrnehmen, liegt in der Absicht. Die körperlichen Gefäße sind egoistisch, und die spirituellen Gefäße sind altruistisch. Die Absicht bezieht sich auf die Einstellung, die man beim Wünschen hat.

Der einzige Zustand, der wirklich existiert, ist der Zustand von *Ejn Sof* (Unendlichkeit). In diesem Zustand ist das Licht innerhalb des *Klis* gegenwärtig. Dieser Zustand ist jedoch verborgen, und die Verborgenheit hindert uns daran, den Zustand von *Ejn Sof* zu erleben. Die altruistische Absicht hebt allmählich das Verborgene und deckt das Licht auf, das das *Kli* für immer füllt.

Wenn wir dieses Bild in Erinnerung behalten, bleibt uns bewusst, dass wir niemals Lichter außerhalb der Gefäße enthüllen können. Die Kabbalisten sagen, dass die Lichter in die Gefäße eintreten oder sie verlassen, aber damit wollen sie nur verdeutlichen, wie man sich dem Erwerb des ewigen Zustandes nähert. In kabbalistischen Begriffen ist *Ejn Sof* ein Zustand »vollständiger Ruhe«, nichts verändert sich. Unsere Arbeit besteht darin, unsere Wahrnehmungswerkzeuge nach und nach auf den Empfang dieses Zustandes vorzubereiten. Die einzige Veränderung liegt somit in unserer Fähigkeit wahrzunehmen.

Wenn das Licht einen Menschen »einkleidet« und er spürt, wie es langsam in ihn eintritt, wird der ewige Zustand schrittweise klarer, und er erwacht und spürt ihn. Das Licht tritt eigentlich gar nicht ein und existiert auch nicht. Es wird nur deutlicher und offenkundig, enthüllender und weniger verborgen.

Wenn das Licht im *Kli* offenkundiger wird, zeigt es uns,

dass wir eigentlich schon im ewigen Zustand von *Ejn Sof* sind und dass wir herausfinden müssen, dass es keinen anderen Seinszustand gibt. Die abstrakte Form existiert somit gar nicht. Das Licht, das das *Kli* erschafft, füllt es sofort aus. Es gibt keinen Zeitraum zwischen dem Erschaffen des *Klis* und seinem Auffüllen. Wenn die Kabbalisten sagen, dass Licht vom Schöpfer ausgeht, meinen sie damit, dass es bereits ein *Kli* gibt, das mit Ihm gefüllt ist.

Wir dürfen nicht vergessen, dass es im Gegensatz zu unserer Sprache, die einem zeitlichen Ablauf unterworfen ist, in der Spiritualität keine Zeit gibt. Deshalb sagen wir auch, dass ein *Kli* erst gemacht und dann gefüllt wurde. Aber in der Spiritualität geschieht beides gleichzeitig; Anfang und Ende befinden sich an derselben Stelle.

Deshalb gibt es die abstrakte Form eigentlich gar nicht wirklich, denn die Form oder das Licht sind bereits in einem Gefäß eingekleidet. Unsere Vorstellungskraft kann das Licht vom *Kli* trennen. Wir dürfen annehmen, dass das Licht im *Kli* vielleicht auch außerhalb des *Klis* existiert, obwohl wir keine Wahrnehmung davon haben, wie es außerhalb des *Klis* aussehen könnte.

Machen wir diese Überlegung noch einmal deutlicher: Angenommen, es gibt ein *Kli*, mit dem ich die gesamte Wirklichkeit wahrnehme. Nehmen wir ebenfalls an, dass es ein weiteres *Kli* gibt, in dem ich einen Teil der Wirklichkeit wahrnehme, und noch ein *Kli*, in dem ich nichts wahrnehmen kann. Die Korrektur meiner Gefäße führt dazu, dass sich meine Gefäße ausweiten, von klein zu immer größer und noch größer. Wenn ich sage, das Licht füllt mein Gefäß, dann ist damit nicht gemeint, dass es vorher nicht gefüllt war, sondern ich entdecke nun, dass ich mir dieser Tatsache wirklich bewusst bin.

Wir können diesen Vorgang mit einem bewusstlosen

Kranken vergleichen, der langsam wieder das Bewusstsein erlangt. Seine Familie und Freunde umgeben ihn und warten darauf, dass er aufwacht. Als er langsam seine Augen öffnet, beginnt er seine Umgebung wiederzuerkennen. Aus der Sicht des Patienten »kam die Wirklichkeit zu ihm« und füllte sein Gefäß der Empfindung, weil wir alles aus der Perspektive des Empfängers messen.

Der Begriff *Ejn Sof* bezieht sich auf nichts, was außerhalb des Geschöpfes ist. Er gehört zum Schöpfungsgedanken. Die Endform der Geschöpfe ist bereits im Schöpfungsgedanken angelegt. Alle Geschöpfe, ohne Ausnahme, befinden sich bereits in diesem Zustand mit all ihren Füllungen. Unser gegenwärtiger Zustand wird deshalb »der eingebildete Zustand« genannt. Wir sind dieser unbewusste Kranke; wir denken, dass wir auf gewisse Weise existieren, und wir wachen allmählich auf und sehen die wahre Wirklichkeit. Am Ende des Vorganges wird sich jedes Geschöpf seines wahren Zustandes bewusst sein.

In seiner Einleitung zum Buch *Sohar* beschreibt Baal HaSulam drei Phasen, die die Seele bei ihrem Erwachen zu ihrem wahren Zustand durchläuft. Die erste Phase ist der Anfang der Schöpfung und enthält alles, was sich später entwickeln wird. Die zweite Phase ist die Geburt der Seelen. In der dritten Phase erhalten die Seelen das, was schon in der ersten Phase vorhanden war. Anders ausgedrückt, bezieht sich die erste Phase auf die potenzielle Existenz der Seelen, in der zweiten Phase sind sie noch unbewusst, und in der dritten Phase kehren sie zu ihrem ursprünglichen Zustand zurück.

Wir sind an eine Vorgehensweise gewöhnt, in der wir zuerst entscheiden, etwas zu tun, dann unsere Entscheidung ausführen und schließlich das erwartete Resultat unserer Entscheidung bekommen. Der Schöpfer jedoch ist vollkommen. Deshalb gibt es für Ihn keinen Unterschied zwischen der Entscheidung und der Ausführung. Die Vorstellung von Zeit hat für Ihn keine Gültigkeit. Aus diesem Grund heißt es, dass im Schöpfungsgedanken, der seinen Geschöpfen nur Gutes tun will, Anfang, Mitte und Ende untrennbar miteinander verbunden sind.

Die Vorstellung von Zeit betrifft die Geschöpfe, weil wir nicht korrigiert sind. Für uns existieren drei Zustände: 1) das Verderben, 2) die Vorbereitung für die Korrektur sowie die Korrektur und 3) die Übereinstimmung der Form und das Füllen. Diese Reihenfolge erschafft unser Zeitgefühl.

Während die *Reschimot* in uns auftauchen, veranlassen sie uns, verschiedene Dinge zu wollen und anders zu denken. Wenn sich die *Reschimot* ändern, ändert sich auch mein Denken. Der Unterschied zwischen meinem Gedanken, den ich noch vor einer Minute hatte, und dem Gedanken von jetzt erschafft in mir das Gefühl, dass die Zeit vergeht. Wenn sich unsere Gedanken und Wünsche langsam ändern, haben wir das Gefühl, als »kröche« die Zeit dahin. Umgekehrt, wenn neue Gedanken und Wünsche auftauchen, haben wir das Gefühl, die Zeit »verflöge« nur so.

Nachdem wir den ersten spirituellen Grad erlangt haben, spüren wir, dass wir in einem spirituellen Prozess sind, das heißt, in einer spirituellen Zeit. In diesem Zustand spüren wir die physische Zeit nicht mehr und identifizieren uns völlig mit dem spirituellen Prozess, in dem die Zeit mit Veränderungen und Handlungen gemessen wird, die zum Kontakt mit dem Schöpfer gehören.

Die Frequenz der »Signale«, die von uns (jetzt Kabbalisten) zu Ihm fließen, erschafft das Zeitempfinden. Es ist nicht länger die Frage, wie viele Jahre wir in unseren physischen Körpern gelebt haben. Wenn alle *Reschimot* an die Oberfläche gekommen, korrigiert und mit allen Lichtern gefüllt sind, hört das Wechselspiel zwischen den Zuständen auf. Da es keine Mängel mehr zu füllen gibt und wir in einem Zustand der Ganzheit sind, gibt es auch kein Gefühl von Zeit, Raum und Bewegung mehr.

Wie man ein Haus baut

Man kann das Werden der Schöpfung an folgendem Beispiel verstehen: Jemand, der sich ein Haus bauen will, stellt es sich erst einmal vollendet vor. Danach muss er die Konstruktionsphasen genau planen und dann durchführen.

Beim Schöpfer ist das nicht der Fall. Sobald der Schöpfer sich die Erschaffung der Geschöpfe dachte, war es geschehen, und sie erschienen in ihrer korrigierten Form. Somit befinden wir uns – vom Schöpfer aus gesehen – in unserer korrigierten Form. Es ist unwichtig, dass wir unseren wahren Zustand erst allmählich entdecken.

Aus diesem Grund wenden wir uns, wenn wir Kraft erhalten wollen, an den Zustand von *Ejn Sof*, den wir den »Schöpfer« nennen. Um Kraft und Urteilsvermögen zu erhalten, wenden wir uns an die korrigierte Wirklichkeit, in der wir bereits existieren und nach der wir streben müssen. *Ejn Sof* ist der Gedanke, und die Welt *Azilut* ist die detaillierte Blaupause – das sind die beiden Phasen, die der Ausführung des Gedankens vorausgehen. Es ist so ähnlich, wie sich über den Bau eines Hauses Gedanken zu machen und seine Gedanken sogar zu Papier zu bringen, ohne die Materialien zu haben.

Unter der Welt von *Azilut* befindet sich der Parssa, die Trennung zwischen *Azilut* und der Welt unter ihr. Die Geschöpfe beginnen vom Parssa an abwärts. Doch der Schöpfer braucht nicht auf die Handlungen des Geschöpfes zu warten. Für Ihn sind der Gedanke und die Blaupause die gesamte Wirklichkeit. Unter dem Parssa existieren die Welten Beria, Jezira, Assiya, und unter ihnen ist diese Welt (Abbildung 14).

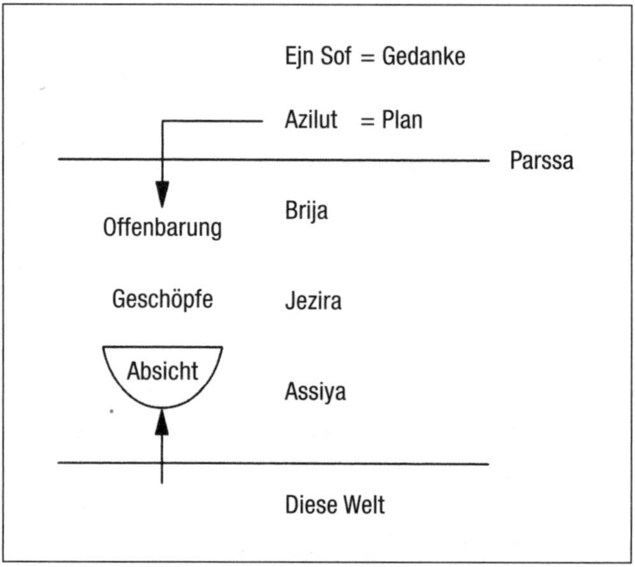

Abbildung 14

Das Licht dringt aus der Welt *Azilut* nach unten gemäß unseres Wunsches, »ein Haus zu bauen«. Dieser Wunsch, der uns in Richtung Höheres Licht erhebt, ist unsere Absicht, den Schöpfer zu erfreuen und Ihm zu ähneln. Anders ausgedrückt besteht die Absicht darin, Ähnlichkeit mit dem Schöpfer zu erreichen.

Der Vorgang des Gebens an den Schöpfer weist einen Anfang und ein Ende auf. Nicht nur, dass der Anfang und das Ende schon vorher existieren, auch all die dazwischenliegenden Zustände gibt es bereits. Man kennt die Phasen, die man im Voraus durchlaufen muss, weil laut Blaupause die

Festlegung jedes Zustandes aus dem *Kli* stammt, das eine schrittweise Korrektur durchmachen muss.

Es gibt verschiedene Wünsche im *Kli*, die alle miteinander verbunden sind. Sie können mit den Organen eines Körpers verglichen werden, von denen allen gefordert wird, die Absicht zu geben aufzubauen. Wenn man einen Wunsch korrigiert, beeinflusst das alle anderen, die sich an der richtigen Stelle in der Korrekturordnung entfalten müssen. Es gibt nichts in unserem Leben, was nicht von der Struktur des Willens zu empfangen vorherbestimmt ist, weil der Weg der Korrektur vorher festgelegt und in vorherbestimmte Reihenfolgen eingeteilt ist.

Wir befinden uns immer im endgültigen Zustand, auch jetzt. Wenn die *Reschimot* aufkommen und uns in verschiedene Zustände versetzen, ist alles, was wir tun, uns ihrer bewusst zu werden. Wir haben keine Wahl, welche Zustände wir erleben, doch kann uns von der Umgebung geholfen werden, diese Phasen wirksamer zu verwirklichen. Auf diese Weise werden wir von einem Zustand in den anderen gelangen.

Sogar die Art und Weise, wie wir diese Zustände erkennen, in die wir gebracht wurden, ist vorherbestimmt. Aus der Sicht des Schöpfers ist nichts neu; es ist nur vor uns verborgen, damit wir von uns aus die Wahl treffen, uns spirituell zu entwickeln. Später, wenn es unsere Bemühungen nicht mehr beeinflusst, stellen wir fest, dass unsere Erfolge und unser Misslingen zum Erlangen dieses Zustandes ebenfalls vorherbestimmt waren. Wenn wir das erkennen, werden wir uns ganz und gar unter die vollkommene Führung des Schöpfers gestellt haben.

Würden wir korrigiert werden, ohne an den Ergebnissen, die wir in unseren Gefäßen spüren, interessiert zu sein, wären wir nicht länger davon beeinflusst, was am Anfang, in der

Mitte oder am Ende geschieht. Wie im Schöpfer würden sich Anfang, Mitte und Ende in uns angleichen und eine Stufe werden. Deshalb gehen diejenigen, die sich korrigieren, über die Zeit und die Auswirkungen der zeitweiligen Stufen hinaus. Diese Korrektur, die wir durchmachen müssen, besteht hauptsächlich aus unserer Loslösung vom Selbstinteresse.

Wir können ein Geschöpf als »etwas« definieren, das sich vom Schöpfer entfernt fühlt und scheinbar aus sich heraus existiert. Aus der Sicht des Geschöpfes ist das Haus noch nicht fertig. Das Geschöpf meint, dass es etwas zu seinem Bau beitragen kann.

Wenn das Geschöpf allmählich die Blaupause herausfinden möchte, um den Bau des Hauses zu beenden, dann ist damit gemeint, dass sich das Geschöpf wieder nach *Ejn Sof* zurückgewandt hat. Seine Bemühungen, Rat und Stärke zu suchen, um den Plan des Schöpfers zu verstehen und ihn zu verwirklichen, führen das Geschöpf in eine immer tiefere Vertrautheit mit dem Plan und schließlich dazu, in das fertige Haus einzuziehen.

Doch entfaltet sich dieser Vorgang genau dann, wenn das Geschöpf dem Gebäude anscheinend jede Schraube und Mutter, jeden Bolzen, Ziegel und jedes Brett hinzufügt. Dieses Hinzufügen stellt seinen Wunsch dar, in das Haus einbezogen zu sein, nicht in dessen eigentlichen Bau. Die Rohmaterialien, das Metall, das Holz und die Ziegel sind alles Wünsche. Wir brauchen nur jeden Wunsch an die richtige Stelle zu setzen, nach dem Plan des Schöpfers. Durch den Bau des Hauses aus Wünschen erlangen wir den Schöpfungsgedanken. Das ist die Belohnung des Geschöpfes.

Der Schöpfungsgedanke kann nur innerhalb dieser Welt erreicht werden. Als Teil dieser Welt studiert der Kabbalist Schritt für Schritt die Handlungen des Schöpfers direkt von Ihm und fängt an, dasselbe zu wollen. Die Kabbalisten nennen diesen Vorgang: »An deinen Taten werden wir dich kennen.« Das Resultat dieses Vorgangs ist, dass wir den Geist des Schöpfers erlangen, Seinen Gedanken.

Der Gedanke des Schöpfers geht der Erschaffung des Geschöpfes voraus. Ihn zu erlangen, bringt uns jedoch nicht nur zu unserem Geburtsort zurück, sondern wir steigen sogar noch höher, überwinden die Ebene des »Geschöpfes« und erlangen die wirkliche Ebene des Schöpfers. An einem solchen Punkt können wir sagen, dass wir eins sind, eines Geistes, fest verbunden, oder übereinstimmen in unserer Form.

Um präzise zu sein, die Blaupause erscheint schon beim allerersten Kontakt mit der Spiritualität. Das ist so, weil jede spirituelle Stufe eine vollständige Struktur der zehn *Sfirot* ist. Die Substanz des Gebäudes, seine Struktur, sogar sein Baumeister – alles wird mit dem Erscheinen des allerersten Bildes bekannt.

Nach der Aufnahme in die spirituelle Welt wird man immer mehr und besser mit ihrer Struktur vertraut, weil Spiritualität allein durch unsere Einwilligung in jeden einzelnen Schritt des Prozesses geschaffen wird. Die Einwilligung gehört zu unserer Absicht zu geben, der altruistischen Absicht. Unsere Unabhängigkeit und freie Wahl, unser »Arbeitsplatz« sind dann einverstanden mit der altruistischen Absicht. Das ist die Hinzufügung, die der Schöpfer nie vornahm, und das kann Er auch nicht.

Die Welt *Ejn Sof* ist das Haus, das der Schöpfer dem Geschöpf so liebevoll schenkt, doch müssen wir Ihm die gleiche Liebe zurückgeben und dabei scheinbar das gleiche Haus für den Schöpfer bauen. Somit gibt das Geschöpf die Handlungen des Schöpfers zurück, wird Ihm gleich und steigt dadurch zum Schöpfungsgedanken auf.

Die Welten sind in uns

Die Höheren Welten und ihre Abstufungen existieren nur in Bezug auf uns, nicht an und für sich. Die Welten existieren potenziell und warten nur darauf, dass wir ihre spirituelle Form entdecken und korrigieren. In diesem Zustand werden uns sofort alle Abstufungen zwischen uns und *Ejn Sof* angeboten, angefangen mit der nächstfolgenden Stufe.

Eine Ladung in einem magnetischen Feld »spürt« den Einfluss des Feldes auf sich und »weiß« somit, dass das Feld existiert. Hätte sich die Ladung nicht innerhalb des Feldes befunden, hätte sie auch die Auswirkung des Feldes nicht gespürt; sie hätte noch nicht einmal gewusst, dass es das Feld gibt.

So entdecken wir auch, wenn wir die Erdatmosphäre verlassen, dass der Weltraum dunkel ist. Es klingt vielleicht seltsam in Anbetracht der Sonnenstrahlen, die sich durch den gesamten Weltraum ausbreiten, aber wenn es nichts gibt, was den Strahlen im Wege steht und sie »auffängt«, dann können wir auch die Existenz des Lichts nicht feststellen.

Ein weiteres gutes Beispiel für dieses Prinzip ist, wenn wir Sonnenlicht beobachten, das durch ein offenes Fenster in einen mit Staub gefüllten Raum fällt. Wir können die Sonnenstrahlen nur aufgrund ihrer Reflexion auf den Staubteilchen sehen. Mit anderen Worten: Wenn das Geschöpf etwas nicht fühlt, kann es nicht behaupten, dass es im Außen existiert. In einem solchen Zustand sagen wir, dass nichts außer dem Schöpfungsgedanken existiert, der dazu da ist, dem Geschaffenen Gutes zu tun.

Das Geschöpf, das sich in *Ejn Sof* befindet, entdeckt *Ejn Sof* je nach seiner persönlichen Korrektur oder seinem Verderben. Der Grad an Intensität, in der es das Licht auf allen spirituellen Ebenen spürt, von *Ejn Sof* bis zum Geschöpf, hängt einzig vom individuellen Geschöpf ab. Aus diesem Grund sagen wir, dass alle Welten innerhalb jedes Geschöpfes sind, und erst wenn wir gewisse Teile des Schöpfungsgedankens wahrnehmen, werden wir uns der Existenz dieses Gedankens bewusst. Wir können nicht über den Schöpfer, das Erlangen oder die Erfüllung sprechen, wenn es nicht aus dem Inneren des Individuums kommt, denn wenn es kein *Kli* gibt, gibt es kein Licht. Mit anderen Worten: Ohne Geschöpf gibt es auch keinen Schöpfer.

Die Entwicklung beschleunigen

Das Licht von *Ejn Sof* füllt die gesamte Wirklichkeit, den gesamten Willen zu empfangen, den Es erschuf. Es arbeitet in seinem Inneren daran, seine Form der Seinen gleich zu machen. Das Licht übt einen beständigen Druck auf den Willen zu empfangen auf, ohne seine Menge oder Eigenschaft zu ändern. Folglich entfalten sich andauernd Veränderungen im Willen zu empfangen, die wir »allgemeine Vorhersehung« nennen, »von oben«, also vom Schöpfer hinunter zum Geschöpf. Weil diese Einstellung ewig und unveränderlich ist, wird sie »*Ejn Sof*, das in völliger Ruhe liegt« genannt.

Der Begriff *Ejn Sof* hebt hervor, dass der Schöpfer unveränderlich ist und Sein Zweck ebenso – das Geschöpf zu *Gmar Tikkun* zu bringen (dem Ende der Korrektur). Die Weiterentwicklung zu *Gmar Tikkun* entsteht durch den Druck des Lichtes auf das *Kli*, der dem *Kli* schließlich das Gefühl gibt, dass es sich im Gegensatz zum Zustand des Lichtes befindet.

Weil auch das wieder Druck erzeugt, nennen die Kabbalisten diesen Weg den »Weg des Leids«. Solange wir auf diesem Weg wandeln, geschieht alles zu seiner Zeit, und der beständige Druck des Lichtes auf das *Kli* lässt verschiedene Formen im *Kli* entstehen, bis sie erschöpft sind und das *Kli* sein *Gmar Tikkun* erreicht.

Nach vielen Lebenszyklen, am Ende der natürlichen Entwicklung des Willens zu empfangen im Menschen, beginnen wir zu fühlen, dass es etwas Höheres gibt, einen Geber. In dieser Phase fangen wir an, Einsichten zu sammeln, die nicht zum Willen zu empfangen gehören, sondern zum Willen zu geben, der bei der Zersplitterung der Gefäße den Willen zu empfangen durchdrang.

In einem solchen Zustand befindet man sich zwischen zwei Kräften – dem Willen zu geben und dem Willen zu empfangen. Ein solcher Zustand erlaubt uns, unsere Entwicklung zu beschleunigen und schneller voranzukommen, als der natürliche Druck des Lichtes auf das *Kli* erlauben würde.

Die Beschleunigung der Entwicklung in Richtung Eigenschaft des Gebens kann jedoch nicht von unserem Ego aus geschehen. Die einzige Möglichkeit, die Eigenschaft des Gebens anzunehmen, ist die, sie vom Schöpfer zu erhalten. Die Arbeit des Individuums besteht darin, einen Weg zu finden, auf dem es die Form des Gebens »von oben« bekommen kann, ohne dabei voll die Übel des *Klis* zu erfahren, Erfahrungen, die das Geschöpf zwingen würden, vor dem Empfang des Gebens durch Leid und Qual zu fliehen.

Wenn man diesen Weg einschlägt, wird das »die Entwicklung von unten nach oben« genannt. Auf ihm gehen wir auf das Druck ausübende Licht zu und bringen uns systematisch in alle Zustände, einen nach dem anderen. Wir wollen uns dann auf den Schöpfer zubewegen, damit wir die Form des Gebens erlangen, und dabei die anderen Zustände überspringen.

Der große Vorteil dieses alternativen Weges, der »Weg des Lichtes« genannt wird, ist der, dass man die gleichen Zustände erlebt, alle Wünsche und die Gegensätzlichkeit zum Schöpfer, aber nicht wegen des Druckes von hinten, sondern aus unserem Verlangen nach dem Licht heraus. Dieser Weg erlaubt uns, die notwendigen Einsichten schnell und kontrollierter zu erfahren. Der Weg des Lichtes ähnelt der Erfahrung, dass wir krank sind und die richtige Medizin vor dem Ausbruch der Krankheit nehmen sollten. Auf diese Weise kann unser Verlangen uns große Schmerzen und Sorgen ersparen.

Wenn wir uns aus eigenem Antrieb zum Licht hingezogen fühlen, also über den Willen zu empfangen zu den Formen des Gebens gelangen, vermeiden wir schreckliche Heimsuchungen. Deshalb wurde der Menschheit die Weisheit der Kabbala gegeben. Ohne sie würde die Menschheit auf natürliche Weise voranschreiten, Schritt für Schritt, und jede Phase würde so lange dauern, bis ihre Negativität sich voll Geltung verschafft hätte und wir gezwungen wären, in den nächsten Zustand zu wechseln. Wenn wir die Weisheit der Kabbala lehren und lernen, wie wir das Licht an uns heranziehen können, wird uns das dabei helfen, uns auf ganz andere, wohltuende und schnelle Weise zu entwickeln.

Den Schöpfer in uns entwickeln

Wie wir schon erklärten, entfalten sich all diese Veränderungen in uns, obwohl sie alle scheinbar außerhalb von uns geschehen. Wir sollten verstehen, dass, wenn wir nicht wahrnehmen würden, dass Veränderungen außerhalb von uns stattfinden, wir nicht in der Lage wären, mit dem Schöpfer in Verbindung zu treten oder auch nur anzunehmen, dass ein Schöpfer existiert und irgendeinen Einfluss auf uns hat. Gerade diese Illusion erlaubt es uns, das Licht als etwas außerhalb von uns Existierendes wahrzunehmen.

Wenn wir das, was in uns geschieht, zur Existenz eines äußeren Schöpfers in Bezug setzen, können wir eine Einstellung dazu entwickeln und allmählich verstehen, wer der Schöpfer ist und wie Er uns etwas geben will. Hätten wir unsere inneren Erfahrungen nicht dem Schöpfer zugeschrieben, wären wir nicht in der Lage gewesen, etwas von Ihm zu spüren. Mehr noch: Wir wären nicht in der Lage gewesen, die Absicht zu entwickeln, dem Schöpfer etwas zu geben.

Während unserer Entwicklung bilden wir nach und nach ein immer wahreres Bild des Schöpfers auf. Am Ende dieses Aufbauprozesses erreichen wir das einfache Licht, den Geber, das ultimative Gute, das sich im Zustand ewiger und unwandelbarer Liebe befindet.

Das illusorische Gefühl, dass es eine Verbindung zwischen dem Schöpfer und dem Geschöpf gibt, ändert sich je nach den Veränderungen im Geschöpf. Das ermöglicht es uns, uns den Schöpfer nach Maßgabe unserer individuellen Eigenschaften vorzustellen. Dabei bauen wir den Schöpfer in uns auf; es gibt keinen anderen Weg, den Schöpfer zu spüren.

Wenn wir unsere Eigenschaften auf das abstrakte Licht projizieren, beleuchten wir damit unseren gegenwärtigen Grad, der die Ebene darstellt, die wir uns als den Schöpfer vorstellen. Deshalb betrachten wir diese Ebene als etwas höher stehend als die unsrige, als den Schöpfer. Wenn wir uns erst einmal an die Eigenschaft des Gebens angeglichen haben, »nehmen« wir den Platz des Schöpfers ein. Dann befindet sich der Mensch an dem Platz, den vorher (in unseren Augen) der Schöpfer einnahm.

So stellen wir uns, während wir uns entwickeln, durch

unsere verdorbenen Eigenschaften immer den nächsten Grad vor. Wir erbauen das Bild des Schöpfers, dem wir ähnlich werden wollen, in Beziehung zu unseren eigenen Eigenschaften. Das ist der einzige Weg, irgendeine Form des Schöpfers wahrzunehmen, der einzige Weg, mit dem wir uns dem abstrakten Licht nähern können.

Dieses imaginäre Empfinden hilft uns, den gegenwärtigen und den nächsten Grad zu formen. Es hilft uns zu verstehen, wohin wir uns wenden müssen, wenn wir Kraft aufbringen wollen. Obwohl es sich in uns entfaltet, zeigt das Bild vom Schöpfer, das wir formen, den Abstand zwischen unserem gegenwärtigen und dem nächsten Zustand an. Auf diese Weise erkennen wir den Unterschied zwischen uns und dem Schöpfer. Das ist die einzige Möglichkeit für uns zu erfahren, was oben ist, weil der Schöpfer keine Form hat, die wir anders wahrnehmen können. So bilden wir den Schöpfer in uns.

Sich die Wirklichkeit vorstellen

Wir können einen Menschen mit einer geschlossenen Kiste vergleichen, die Sensoren besitzt: Augen, Ohren, Nase, Mund und Hände, die für unsere fünf Sinne stehen: Sehen, Hören, Riechen, Schmecken und Fühlen.

Wie schon gesagt, ist das grundlegende Prinzip der Wirklichkeitswahrnehmung die »Übereinstimmung der Form«, was Druckausgleich bedeutet. Die Sinne fungieren als Sensoren, die alle unterschiedlich auf Druck reagieren, je nach der Bauweise des Sensors. Der Sehsensor ruft eine Reaktion von Licht, Dunkelheit und Farben hervor; der Sensor für das Hören ruft Töne hervor; der Riechsensor bringt Düfte hervor, der Sensor für das Schmecken den Geschmack und der Fühlsensor Empfindungen wie hart, weich, warm und kalt.

Die Reaktion der Sinne wird auf das Kontrollzentrum im Gehirn übertragen, wo die Informationen mit den Daten verglichen werden, die sich schon im Gedächtnis befinden, dem Speicher der vorangegangenen Eindrücke. Auf diese Weise verarbeiten wir, was unsere Sinne sammeln, und bestimmen, welche die vorteilhafteste Reaktion ist, untersuchen, wo wir sind und wie wir am besten in unserer Umgebung funktionieren. Wenn der Vorgang abgeschlossen ist, wird die Information auf einen sich im Gehirn befindlichen »Schirm projiziert« und bildet ab, was sich scheinbar vor uns befindet (Abbildung 15).

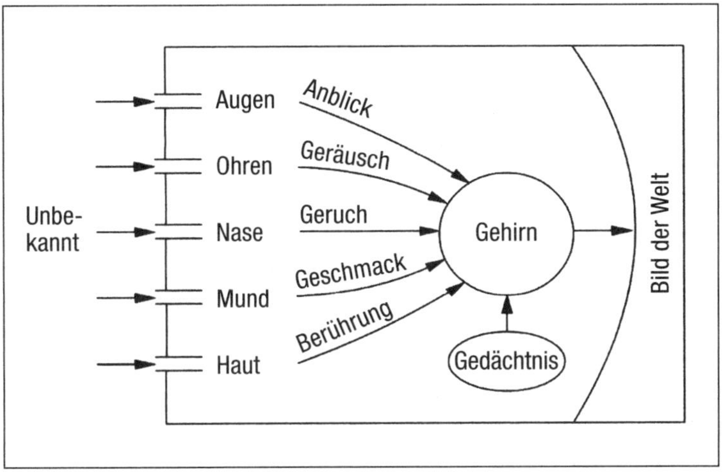

Abbildung 15

Während dieses Vorganges wird das uns umgebende Unbekannte »bekannt«, und ein Bild der äußeren Wirklichkeit wird geschaffen. Dieses Bild gibt jedoch nicht die äußere Wirklichkeit wieder, sondern nur ein inneres Bild, das Ergebnis der Struktur menschlicher Sinne und im Voraus existierender Daten. Hätten wir andere Sinne, würden wir ein völlig anderes Bild hervorbringen. Es kann sogar möglich sein, dass, wenn es durch andere Sinne wahrgenommen werden würde, das Helle als Dunkel erschiene oder sogar als etwas so grundlegend anderes, dass wir uns überhaupt keine Vorstellung machen könnten.

Der Wissenschaft sind diese Tatsachen nun schon seit geraumer Zeit bekannt. Heute können wir Sinne durch von Menschenhand geschaffene elektronische Apparate ersetzen. Obwohl die Wissenschaft die vollkommene Beherrschung dieser Techniken erst noch lernen muss, wird es uns mit der Zeit gelingen, die Reichweite unserer Sinne auszudehnen und neue Organe und vielleicht sogar einen vollständig neuen Körper zu erschaffen. Trotzdem wird das Bild in uns bleiben, auch wenn wir einen neuen Körper haben. Die Wissenschaft hat seit langem bewiesen, dass das Gefühl, an verschiedenen Orten und in bestimmten Situationen zu sein, durch elektrische Stimuli an das Gehirn hervorgerufen werden kann, in Verknüpfung mit den dort im Gedächtnis gespeicherten Daten.

All dies lehrt uns, dass alles, was wir spüren, aus unserem Inneren kommt, ungeachtet der uns umgebenden Wirklichkeit. Wir können noch nicht einmal sicher sein, dass es eine äußere Wirklichkeit gibt. Weil das Bild der »Außenwelt« in uns liegt, nennen die Kabbalisten die Welt, die wir sehen, die »vorgestellte Welt«.

Alles besteht aus dem Wunsch, sich zu erfreuen. Im Menschen ruft dieser allgemeine Wunsch, sich ständig zu erfreuen, den Wunsch hervor, gewisse Dinge zu genießen, aber welche das sind, kann sich jederzeit ändern. Zusammen mit der im Gedächtnis gespeicherten Information richtet dieser Wunsch unsere Sinne dann auf das, was gerade gewünscht wird. Die Entwicklung des Wunsches nach Genuss führt über Generationen hinweg dann zu einem Wunsch nach etwas Unbekanntem, das »der Punkt im Herzen« genannt wird. Heute erwacht dieser Wunsch in vielen von uns.

Das Problem mit diesem Wunsch ist, dass es keine entsprechenden Daten in unserem Gedächtnis gibt, die sich auf ihn beziehen. Sogar die Sinne können keine Quelle der Befriedigung für dieses neue Verlangen ausfindig machen. Wenn dieser Wunsch in uns aufkommt, stehen wir hilflos da, weil es nichts auf der Welt gibt, das ihn befriedigen kann. Wenn dieser Wunsch in uns aufkommt, wirkt das Leben, das wir bis dahin führten, abstoßend auf uns.

Der Punkt im Herzen ist der Anfang eines völlig neuen sensorischen Systems, das ganz und gar von unserem gegenwärtigen, natürlichen System abgetrennt ist. Wenn das neue System vollständig entwickelt ist, wird es »Seele« genannt. Die Seele enthält ein neues Gehirn, ein neues Gedächtnis und einen neuen »Schirm«. Wenn man ihn benutzt, sieht man ein völlig neues Weltbild, das der spirituellen Welt. Somit gibt es zwei unterschiedliche sensorische Systeme, die auf die gleiche Weise arbeiten: das natürliche, körperliche System und das spirituelle System.

Bei der Geburt erscheint im natürlichen System das Weltbild. Wir brauchen nichts zu tun, um es zu erschaffen, was es beträchtlich vom spirituellen System unterscheidet. Wir erleben vieles in unserem Leben, haben Erfahrungen, die uns bereichern und unser Gedächtnis aufbauen, die unsere Fähigkeit vergrößern, immer größere Feinheiten zu verarbeiten, und stellen zahlreiche Verbindungen und Assoziationen auf. Das Resultat davon ist, dass das Bild in unserem Verstand immer klarer wird. Das ist der Unterschied zwischen der Wahrnehmung eines Kindes von der Welt und der Wahrnehmung eines Erwachsenen.

Damit der Punkt im Herzen sich zu einem System spiritueller Wahrnehmung entwickeln kann, muss man zunächst den starken Wunsch danach verspüren. Weil die spirituelle Welt verborgen ist, kann der Wunsch einzig durch die richtige Umgebung verstärkt werden. Wenn jemand spirituell vorwärtskommen will, wird er je nach dem Ausmaß seines Willens zu empfangen der richtigen Umwelt zugeführt. Das ist ein natürlicher Vorgang, der sich als Ergebnis der Übereinstimmung mit der Form vollzieht, wobei man seinen Platz im spirituellen System je nach der Stärke des Wunsches findet, daran teilzunehmen.

Diese Umwelt enthält drei Elemente: einen kabbalistischen Lehrer, kabbalistische Texte und eine Gemeinschaft von Menschen mit einem ähnlichen Wunsch. Von diesem

Punkt an hängt unsere Entwicklung von unserem Wunsch ab, diese Umwelt richtig einzusetzen, das heißt, den Wunsch nach Spiritualität zu steigern. Wenn der Wunsch nach Spiritualität zu der gewünschten Stärke heranwächst, um ein anderes sensorisches System zu bilden, und nur dann, wird sich in dieser Person das Bild der spirituellen Welt formen.

Nur zu diesem Zweck wurden kabbalistische Texte geschrieben. Durch das korrekte Studium dieser Texte wird der Aufbau der Seele ermöglicht. Baal HaSulam (Kabbalist Rabbi Yehuda Ashlag) beschreibt es auf folgende Art:

Darum müssen wir fragen, weshalb die Kabbalisten dann jeden verpflichteten, die Weisheit der Kabbala zu studieren? Weil es in der Tat etwas Großes darin gibt, wert, veröffentlicht zu werden: Es gibt eine wundervolle, unschätzbare Medizin für jene, die sich mit der Weisheit der Kabbala beschäftigen. Obwohl sie nicht verstehen, was sie lernen, so erwecken sie doch durch ihr Verlangen und den großen Wunsch, den Gegenstand ihres Studiums zu verstehen, in sich das Licht, das ihre Seelen umgibt.

... wenn man sich mit dieser Weisheit beschäftigt und die Namen der Lichter und der Gefäße, die zu einer Seele gehören, erwähnt, werfen sie sofort in einem gewissen Maße ihr Licht auf uns. Sie werfen jedoch ihr Licht auf uns, ohne das Innere der Seele einzukleiden, weil es keine tauglichen Gefäße gibt, es zu empfangen. Trotzdem zieht die Erleuchtung, die man während der Beschäftigung immer wieder empfängt, die Gnade von oben heran, lässt einen eine Fülle an Heiligkeit und Reinheit zuteil werden, die uns viel näher an das Erreichen von Vollkommenheit bringt.

– Baal HaSulam, *Einführung in das Studium der Zehn Sfirot*, Punkt 155

Sobald das erste Bild der neuen Wirklichkeit auftaucht, entfaltet sich der Rest der Entwicklung in einem Vorgang, den die Kabbalisten nennen: »Eine Seele lehrt die andere«. Das Bild der körperlichen Welt wird klarer, wenn wir reifen und Eindrücke sammeln. Auch hier häufen wir Eindrücke und Empfindungen aus der spirituellen Welt an, die das neue Gedächtnis und die analytischen Fähigkeiten des neuen Verstandes bereichern. Folglich wird auch das Bild des neuen sensorischen Systems zunehmend klarer.

Der Tod des biologischen Körpers bedeutet, dass das natürliche System seine Funktion eingestellt hat. Die Sinne übertragen nicht länger Informationen an das Gehirn, und das Gehirn hört auf, das Bild der körperlichen Welt auf den »inneren Schirm« zu projizieren. Weil weder Wünsche noch Erfüllungen im Punkt des Herzens – aus dem sich das spirituelle System entwickelte – in diese Welt gehören, existiert dieser Punkt nach dem Ableben des Körpers weiter.

Wenn man erreicht hat, seine Existenz im Spirituellen wahrzunehmen und sich damit zu identifizieren, bevor der Körper stirbt, wird dieser Mensch seine spirituelle Existenz auch nach dem Tod des Körpers spüren. Das bedeutet es, wenn von der Existenz in der Seele die Rede ist.

* * *

Laut Kabbalist Baal HaSulam und dem Heiligen Ari, um nur zwei zu erwähnen, existiert außerhalb von uns nur das Licht, das die gesamte Wirklichkeit erfüllt und sich im völligen Ruhestand befindet. Obwohl wir uns innerhalb des Lichtes befinden, haben wir das Gefühl, als existierten wir in einem Körper, der in einem umgebenden Universum untergebracht ist.

Ja, wie schon gesagt, füllen uns Eindrücke durch unsere

fünf Sinne. Was ist demnach das, was uns ständige Veränderungen wahrnehmen lässt, wenn um uns herum nichts als das unveränderliche Licht ist?

Um diese Frage zu beantworten, müssen wir zu den *Reschimot* (Erinnerungen) zurückkehren. Wir erwähnten bereits, dass es innerhalb des Willens zu empfangen eine Kette von *Reschimot* gibt, einen Ablauf, der ständig neue *Reschimot* hervorruft. Das innere Weltbild, das wir erleben, ist eigentlich eine Manifestation des Unterschiedes, des Widerspruches zwischen dem gegenwärtigen aktiven *Reschimo* (Einzahl für *Reschimot*) und dem Licht.

Das Licht außerhalb von uns verändert sich nicht, nur die *Reschimot* in uns. Diese Wahrnehmung von uns selbst und der Welt um uns herum ergeben sich daraus, dass die sich im Inneren entfaltenden Veränderungen unseres Wunsches sich auf das Licht projizieren. Die Wiederbelebung der *Reschimot* und die Art, wie man sie verwirklicht, erschaffen dann unsere sich verändernden Bilder der Welt.

Die Verwirklichung des spirituellen Gens

Das Reschimo

Die Wahrnehmung unserer selbst und der Wirklichkeit bestimmt, wie wir uns und die Wirklichkeit empfinden. Das ist die Grundlage all unserer Forschungen. Wir müssen verstehen, was ein menschliches Wesen ist, und ob wir in uns selbst existieren und aus uns heraus. Die Quantenphysiker mögen Recht haben, wenn sie einwenden, dass der Mensch, wie jede Materie, nur ein »Wellenbündel« ist. Vielleicht unterscheidet sich die eigentliche Wirklichkeit sehr von dem, was wir gegenwärtig sehen. Wenn wir jedoch ein grundlegendes, objektives Prinzip etablieren können, das nicht auf unseren subjektiven Empfindungen beruht, ein Prinzip, das »uns« definiert und die »Wirklichkeit« definiert, besitzen wir einen Maßstab, an dem wir unsere gegenwärtige Wahrnehmung messen können.

Viele Forscher glauben, dass, je mehr wir in unseren Forschungen vorankommen, desto vager und trüber alles wird. Sie haben den Eindruck, dass wir im Dunkeln tappen. Unser fehlendes Verständnis unserer selbst und der Welt steht im Mittelpunkt der globalen Krise, der wir gegenwärtig gegenüberstehen. Zweifellos ist die wissenschaftliche Herangehensweise, die Tiefen der Wirklichkeit auszuloten, eine gute Sache, aber wir stellen fest, dass es eine Sackgasse gibt, eine Grenze, die wir nicht überwinden können.

Die menschliche Natur, die menschliche Wahrnehmung und alles, was die Wissenschaft entdeckt hat, werden das

Vorankommen nicht erleichtern. Wir spüren, dass von einem gewissen Punkt an alles »ungreifbar« wird und »verfliegt«. Die Quantenphysiker stellen bereits fest, dass die Materie plötzlich »verloren geht« und die Forscher in einer Art Leere zurücklässt.

Ein Empfinden dieser Art stellt sich dadurch ein, dass man das Gefühl für die gegenwärtige Wirklichkeit verloren hat, bevor man die »sich nähernde« Höhere Wirklichkeit wahrnahm. Das geschieht, wenn man nicht die Werkzeuge besitzt, diese »andere« Wirklichkeit wahrzunehmen. Baal HaSulam sagt (in seinem Artikel »Die Essenz der Weisheit der Kabbala«), dass die einzige Möglichkeit, sich diese Methode anzueignen, darin besteht, von einem Kabbalisten zu lernen, der sie bereits gemeistert hat.

Ein Blackout

Unser Zustand in dieser Welt ist weit von unserem realen Zustand entfernt, von dem oben erwähnten Maßstab, genannt *Ejn Sof*, in dem wir alle in einem Wunsch verbunden sind, der mit dem Höheren Licht gefüllt ist. Die Trennung oder »Ausschließung« fand statt, damit wir uns von einer Stufe des Wunsches zu einer höheren Stufe des Wunsches erheben, das heißt zur Ebene der Absichten. Dieses ermöglicht uns, freie Wahlen zu treffen, Unterschiede wahrzunehmen und Enthüllungen zu erlangen, mit denen wir vom Zustand des Geschöpfes, das empfängt, in den Zustand des gebenden Schöpfers überwechseln.

Das Herabsteigen vom Zustand *Ejn Sof* in den Zustand dieser Welt geschieht, indem man das *Kli* in viele Teile unterteilt. In der »Spiritualität« bedeutet »Ausschließung« einen »Unterschied in den Eigenschaften«. Wenn wir uns eigenständig dem wahren Zustand nähern, beginnen wir den Schöpfungsgedanken oberhalb des Zustandes von *Ejn Sof* zu verstehen. So wird uns beigebracht, wie wir von allein in den Zustand von *Ejn Sof* zurückkehren können.

Um jedoch nach *Ejn Sof* zurückkehren zu können, müssen wir zuerst die Essenz dieses Zustandes kennen. Wir sind alle im Zustand von *Ejn Sof*, einem Zustand von Liebe und gegenseitiger Gewährleistung, in dem wir ein *Kli* für das Höhere Licht formen. Damit wir von dieser Welt zu *Ejn Sof* zurückkehren können, müssen wir einen ähnlichen Zustand in unseren gegenseitigen Beziehungen erschaffen. *Ejn Sof* ist der wahre existierende Zustand, obwohl wir uns zur Zeit hinsichtlich unserer verschwommenen Sinne noch in einem imaginären Zustand befinden. Mit anderen Worten: Wir sind sogar jetzt im Zustand von *Ejn Sof*, aber unsere Sinne sind von Staub »verschleiert«, der unsere Sicht trübt. Wir müssen unsere Sinne »reinigen«. Deshalb ist der Zustand von *Ejn Sof* der Maßstab, den wir zu erreichen bemüht sind.

* * *

Wir können nie einen Zustand klar verstehen, solange wir uns in ihm befinden. Der gegenwärtige Zustand wird erst klarer, wenn wir zu einem höheren aufsteigen. Die Methode der Kabbala liefert ein neues Bild und eine neue Sichtweise, die es uns ermöglichen, unsere vorherige Wirklichkeit zu verstehen. Es ist interessant, dass sich uns nicht sehr viele Hindernisse in den Weg stellen, wenn wir uns mit dem Leblosen, Pflanzlichen und Belebten befassen. Kümmern wir uns jedoch um Angelegenheiten, die sich auf unserer Ebene abspielen – der Ebene des Sprechens –, scheitern wir unvermeidlich. Unsere Hilflosigkeit bei der Lösung von sozialen und familiären Problemen unserer Zeit stellt nur eines der vielen Zeugnisse für diesen Zustand dar.

Die Methode der Kabbala erhebt uns zu einem höheren Zustand als dem gegenwärtigen. Aus dieser neuen Perspektive können wir unseren früheren Zustand betrachten und analysieren. Das ist der grundlegende Unterschied zwischen der kabbalistischen Forschungsmethode und der gewöhnlichen wissenschaftlichen Methode. Bei der wissenschaftlichen Forschung versucht der Forscher die gleiche Wirklichkeit zu durchdringen, in der er sich befindet, wie ein Kind, das herauszufinden versucht, wie es ist, ein Kind zu sein. Bei der Kabbala erhebt sich der Forscher jedoch über die gegenwärtige Ebene und studiert die vorangegangene, niedrigere Ebene.

Die Kabbalisten untersuchen die Wirklichkeit nicht auf gewöhnliche wissenschaftliche Weise. Sie wollen ihre enge Wahrnehmung nicht zu einer breiteren Perspektive ausdehnen, weil sie das für unmöglich halten. Nur wenn man korrekt die Wirklichkeit erforscht, kann dies unseren Fortschritt ermöglichen, weil wir dann die nächsten Schritte erreichen. Ohne richtige Forschung verharren wir einfach auf der Ebene des Studierens der Materie.

Die richtige Forschung erhebt den Forscher auf die Ebene der Kräfte, die hinter der Materie wirken. Wenn wir diese Kräfte wahrnehmen, nehmen wir auch wahr, was in der Materie geschieht, weil diese Kräfte die unsrigen werden. Der Untersuchende spürt, dass diese Kräfte, die sein Leben dirigieren, ihm zur Verfügung stehen, nimmt sie eher als greifbare Empfindung durch die Sinne statt durch den Intellekt wahr.

Man kann die Wirklichkeit nicht auf einer höheren Ebene untersuchen, als Naturwissenschaftler sie wahrnehmen, wenn nur rationale und sinnliche Wahrnehmung verwendet werden. Um zu einer höheren Wirklichkeit aufzusteigen, muss man seine Sinne ändern. Raffinierte Werkzeuge der Forschung werden uns dabei nicht helfen.

Wenn wir die Natur erforschen, können wir uns vorstellen, dass es im Gegensatz zu unserer noch eine höhere Wirklichkeit gibt, in der alles darauf aus ist, zu geben statt zu nehmen. Wir können auch annehmen, dass oberhalb unserer egoistischen Natur alles aus Liebe und in Verbundenheit miteinander wirkt, dass alles ein einziger Gedanke ist.

Die Wissenschaftler haben festgestellt, dass alle Teile der Wirklichkeit harmonisch miteinander verbunden sind, dass jedes Teil jedem anderen hilft und unerlässlich für das Gesamtsystem ist. Die Bestandteile der Wirklichkeit stehen miteinander in einer »rücksichtsvollen« Beziehung, so wie die Zellen eines einzelnen Körpers. Diese Entdeckungen führten die Forscher zu der Annahme, dass das allgemeine Gesetz für jeden Bestandteil der Wirklichkeit das Gesetz der Liebe ist. Das einzige Problem dabei ist, dass die Forscher sich nicht auf diese Stufe erheben und diese Natur sein können.

Wenn die Wissenschaftler ihre Natur nach Maßgabe dessen verändern könnten, was ihrer Auffassung nach jenseits der physischen Ebene ist, würden sie herausfinden, dass sich jenseits des »verborgenen Materials« eine sehr reale, solide Wirklichkeit befindet, so real wie jene, die sie jetzt kennen. Sie könnten die Kräfte wahrnehmen, ihre wechselseitige Verbindung und ihr System. Doch damit ein Forscher all das entdecken kann, muss es eine Übereinstimmung der Form des Forschers mit der Ebene geben, auf der diese Kräfte wirksam sind.

Wir können das damit vergleichen, wenn wir in einen völlig dunklen Raum gehen. Anfangs sehen wir die Gegenstände im Raum nicht, aber wenn wir das Licht anmachen, können wir sie sehen. Selbstverständlich waren die Gegenstände von Anfang an dort, aber unsere Fähigkeit, sie zu sehen, war der Aufgabe nicht gewachsen. Deshalb müssen wir uns den Kräften angleichen, die in der Wirklichkeit schon existieren, und die beste Art, sich ihnen anzugleichen, ist die Methode der Kabbala.

Virtuelle Wirklichkeit

Zahlreiche Theorien behaupten, dass unendlich viele Wirklichkeiten gleichzeitig existieren. Die Kabbala sagt, dass es nur eine gibt. Diese Wirklichkeit wird *Malchut de Ejn Sof* genannt, was bedeutet: Malchut der Welt *Ejn Sof*. Der Begriff *Malchut de Ejn Sof* beschreibt das Geschöpf in seinem vollkommenen und ewigen Zustand. Alles außer *Malchut de Ejn Sof* wird »virtuelle Wirklichkeit« genannt.

Die virtuelle Wirklichkeit besteht aus verschiedenen Bildern, die vor *Malchut de Ejn Sof* aufscheinen, während sie durch mehrere Stufen des »Bewusstseins« herabsinkt. Die Folge ist, dass *Malchut de Ejn Sof* sich und ihre Füllung immer weniger spürt.

Der Vorgang, bei dem Bewusstsein verloren geht, wird intensiver, bis *Malchut de Ejn Sof* ihren niedersten, trübsten und losgelöstesten Zustand ereicht, der »diese Welt« genannt wird. In diesem Zustand nimmt *Malchut de Ejn Sof* die Form der menschlichen Seelen an, die sich voneinander getrennt fühlen. Genau dieses Bild der Wirklichkeit ist es, aus dem wir danach streben müssen, in den Zustand von *Malchut de Ejn Sof* zurückzukehren.

Wenn wir sagen, dass unsere Wirklichkeit virtuell ist, beziehen wir uns auf die Wahrnehmung, die wir haben, wenn wir feststellen, wie die Dinge stehen. Die Wahrnehmung einer solchen Wirklichkeit als virtuell erspart uns nicht die

Arbeit mit ihr; wir müssen nur verstehen, dass dies eine der Phasen ist, die wir erfahren müssen.

Man kann dies mit einem Kind vergleichen, das voller Fantasie ist. Die Fantasie löscht nicht die Welt des Kindes aus, und wir wissen, dass die Fantasie wichtig für das Wachstum des Kindes ist. So ähnlich beziehen wir uns, wenn wir in eine höhere Wirklichkeit eintreten, auf die vorige Wirklichkeit, als wäre sie erfunden, obwohl sie für diejenigen, die sich noch auf dieser Ebene befinden, sehr real ist.

Es gibt eine Art Barriere zwischen der spirituellen Wirklichkeit und der körperlichen Wirklichkeit. Wir können die Kräfte hinter dieser Welt erst sehen, wenn wir die Barriere überwunden haben, aber diese Kräfte zeigen das Bild der Welt in uns genauso, wie elektronische Raster Bilder auf dem Fernsehschirm oder Computermonitor erzeugen. Wenn wir auf den Schirm schauen, sehen wir ein buntes, dreidimensionales Bild, aber in Wahrheit ist es nichts anderes als eine Kombination elektrischer Kräfte, die verarbeitet, übertragen und gespeichert werden können. Die Wahrheit ist, dass wir ebenso in einem ähnlichen Bild existieren, nur dass der Schirm in uns ist.

Diejenigen, die zur Ebene dieser Kräfte aufsteigen, sehen, wie real sie sind, während das Bild, das sie erzeugen, imaginär ist. Diese Kräfte erzeugen ständig andere Bilder, obwohl die Kräfte selbst die gleichen bleiben.

Alles in allem gibt es 125 Stufen des Erwerbs. Je höher wir auf dieser Leiter steigen, desto wahrer und korrekter werden wir wahrnehmen, wie diese Kräfte miteinander verbunden sind. Am Ende der Leiter nimmt man die vollkommene Verschmelzung dieser Kräfte wahr, genannt *Ejn Sof*.

Das sich daraus ergebende Prinzip ist, dass erst, wenn wir etwas erfassen und wahrnehmen, es auch definieren können. Aus diesem Grund halten alle Kabbalisten unerschütterlich an einem Gesetz fest, das Baal HaSulam in Worte fasste: »Was wir nicht erfassen, können wir nicht namentlich oder mit einem Wort bestimmen.«

Massenmeditationen

Viele Leute neigen zu der Auffassung, dass die Menschheit ihre Lage verbessern kann, wenn sie es so wünscht. Ein Beispiel dafür sind die Massenmeditationen, die oft auf der ganzen Welt stattfinden, um unsere Lebensqualität zu erhöhen. Zweifellos beeinflusst es die Wirklichkeit, wenn Menschen mit einem einzigen Gedanken sich zusammenschließen. Die Macht der Gedanken ist wahrlich gewaltig. Wir müssen jedoch verstehen, dass der bloße Gedanke noch keinen vorteilhaften Einfluss auf die Wirklichkeit nimmt, so sehr wir das vielleicht auch möchten.

Weil wir von Natur aus egoistisch sind, werden unsere besten Gedanken immer noch darauf gerichtet sein, bessere Ergebnisse für uns selbst zu erzielen. Unsere Situation wird sich nur bessern, wenn wir erkennen, dass unsere grundlegende egoistische Natur schlecht ist. Wenn wir begreifen, dass wir nur durch den Erwerb einer neuen, altruistischen Natur glücklich werden können, werden wir blühen und gedeihen. Eine solche Einsicht wird uns zwingen, unsere Natur auszutauschen.

Handlungen wie diese Massenmeditationen bringen die Menschheit nicht dem Schöpfer näher, das heißt der altruistischen Natur. Sie gründen sich auf unsere Fähigkeit, den Gebrauch unserer egoistischen Kräfte zu maximieren; folglich kann kein menschlicher Plan helfen, unsere Welt zu verbessern. Diese Handlungen werden schließlich zur schnelleren Enthüllung des Übels in unserem Ego führen.

Jede Verbindung vieler Menschen, die ein gemeinsames Ziel erreichen wollen, positiv oder negativ, beschleunigt sogar noch die Enthüllung des Bösen, aber das ist nicht gerade ein wünschenswerter Weg für den Fortschritt.

Die optimale Entwicklung vollzieht sich, wenn man das »Licht von oben« anzieht. Die spirituelle Kraft legt die Fehler dar und korrigiert sie auch, doch damit das geschieht, muss es eine Methode der Korrektur geben. Wenn sie fehlt, wird die Menschheit gezwungen, sich durch Elend und Not zu entwickeln. Schließlich wird das angesammelte Leid die Menschheit zu der Erkenntnis bringen, dass sie nichts allein vollbringen kann.

Das Heranziehen des Lichtes von oben ist das Ergebnis der Bemühung, dem Zustand von *Ejn Sof* gleich zu sein – dem einzigen Zustand, der wahrhaft existiert, in dem wir alle vereint dem Schöpfer gegenüberstehen. Wir brauchen nichts zu fantasieren, um dem endgültigen Zustand möglichst gleich zu sein, weil wir uns bereits in ihm befinden. Dazu ist nur der Wunsch erforderlich, die korrigierende Kraft aus diesem Zustand zu empfangen, und schon wird uns diese Kraft in ihn hineinbringen.

Kabbalistische Texte beschreiben den korrigierten Zustand. Wenn wir diese Texte lesen und im korrigierten Zustand sein wollen, »ziehen« wir das Licht auf ähnliche Weise an, wie eine bewusstlose Person eine Infusion zugeführt bekommt. Das Licht arbeitet am Leser, erweckt ihn und hilft ihm bei den ersten Schritten des Hinaufsteigens.

Wir sehen also, dass die Begriffe »Licht« und »oben« folgende Bedeutung haben: »Licht« ist die Höhere Kraft, die das Geschöpf korrigiert und füllt. »Oben« bedeutet »aus einem korrigierterem Zustand« heraus, einem Zustand von größerem Geben in Bezug auf den Schöpfer.

Was ist der Schöpfer?

Der Schöpfer ist das, was wir auf der Höheren Stufe finden. Der hebräische Begriff *Boreh* (Schöpfer) zeigt eine Einladung an: »Komm und siehe.« Jemand, der die höchste Stufe erreicht, befindet sich in einem Zustand von Anhaftung an den Schöpfer. Bevor man diese höchste Stufe erreicht, wird es immer einen Makel in dieser Anhaftung geben, obwohl es nicht wirklich ein Makel ist, sondern ein neuer, unkorrigierter Wunsch, der in dem betreffenden Menschen auftauchte.

Diese Wünsche kommen zum Vorschein, damit wir sie korrigieren und durch die Korrektur unsere Anhaftung an den Schöpfer weiterentwickeln. Bei jedem neuen Wunsch, der auftaucht, erscheint der Schöpfer höher stehend als vorher. Wenn man die Gegensätzlichkeit der Höheren Stufe entdeckt und ihr Ausmaß an Altruismus, muss man die Kraft aufbringen, sich zu ihr zu erheben.

Deshalb gibt es vor dem Zustand des *Ejn Sof*, in dem alle Fäden zusammenlaufen, noch keinen absoluten Schöpfer. Die einzige Definition, die wir dem Begriff »Schöpfer« geben können, ist (bis wir *Ejn Sof* erreichen) »höher, als ich bin«. Die Höhere Stufe bildet, erschafft, zeugt, korrigiert und füllt die niedere Stufe.

Der Schöpfer erscheint als eine Mischung höherer Qualitäten als jener, die man vorher besaß. Die *Reschimot*, die erwachen, veranlassen uns, dass wir uns jedes Mal eine höhere Stufe vorstellen. Dennoch ist die Beschreibung des Schöpfers immer eine Projektion unserer gegenwärtigen Eigenschaften auf das Abstrakte Licht. Der Druck des abstrakten Lichtes ist konstant; die Veränderungen und Bewegungen finden nur im Inneren statt. Obwohl sich lediglich die *Reschimot* in uns verändern, kommt es uns vor, als sei es der Schöpfer, der sich ändert.

Das Erkennen der Reschimot

Jemand, der kein Kabbalist ist, erkennt die *Reschimot* unfreiwillig. Ein solcher Mensch reagiert je nach den Umständen, in denen er sich befindet: Erziehung, Umwelt, innere Kräfte, Gesundheit und so weiter. Auf diese Weise wird man durch verschiedene Gefühle und Eindrücke »geführt« und gelangt endlich zum Wunsch nach Spiritualität.

Während man »seiner selbst zum Trotz« voranschreitet, sammelt man Eindrücke von den Freuden und Kümmernissen des Lebens, hat Wahrnehmungen und setzt sie unterwegs ein. Das ist eine Vorbereitungsphase, in der man bezüglich seines Willens zu empfangen zahlreiche Eindrücke anhäuft und die Entstehung der *Reschimot* in sich erfährt.

Obwohl wir uns dessen nicht bewusst sind, verbleiben diese Eindrücke im Gehirn, und wenn ein bestimmtes *Reschimo* an die Oberfläche tritt, erwachen die *Reschimot*, die dazu nötig sind, es zu erkennen, ebenfalls. Wir können diesen Vorgang nicht lenken; Geschehnisse, die wir vor vielen Jahren erlebt haben, kommen plötzlich wieder auf, und wir verstehen einfach nicht, warum.

Mehr noch: Weil die Seelen in einem einzigen System vernetzt sind, hat jeder »persönliche« Eindruck eines Menschen oder einer Gruppe von Personen Einfluss auf alle anderen Seelen. Vorgänge, die sich an bestimmten Stellen der Erde vollziehen, haben Einfluss auf alle Erdbewohner, auch wenn sie sich dessen nicht bewusst sind. Wir sind noch nicht in der Lage zu verstehen, wie diese Informationen übertragen werden, doch wird es beim Erlangen des Zustandes von *Ejn Sof* glasklar. Wir beschleunigen das Hervorkommen der *Reschimot*, weil wir Teil eines einzigen Systems sind.

In Bezug auf das Höhere Licht besteht jeder von uns aus allen anderen. Jeder ist wie ein einziges *Kli*, das der Schöpfer wie ein Hologramm erschuf, und jeder trägt in sich das »Selbst« und seine Verbindung oder Existenz mit allen anderen Seelen. Die Verbindung einer Person mit allen anderen Seelen ist wechselseitig; man ist Bestandteil der anderen Seelen, und die Seelen sind in einem selbst. So kommt es, dass der Wille zu empfangen so viele Einsichten und Veränderungen mit sich bringt.

Zwischen dem Höheren Licht und dem Individuum gibt es immer eine Verbindung, doch das Ausmaß dieser Verbindung wechselt. Das Höhere Licht scheint auf die Wünsche in uns und erweckt ein Empfinden, das wir »das Bild meiner Welt« nennen, sei es diese oder die spirituelle Welt. Dieses Empfinden ändert sich ständig unter dem Einfluss des eigenen *Reschimo* sowie der eigenen Integration in die *Reschimot* anderer. Die Summe dieser Veränderungen erzeugt das dynamische Bild unseres Lebens.

Die Zukunft wählen

Wir glauben, dass wir viele »Zukünfte« zur Auswahl haben. Doch wählen bedeutet, einen Blick in die Zukunft zu werfen, und worauf beruht dann unsere Wahl? Woher soll man wissen, welche Zukunft die beste ist? Wenn wir das Ergebnis dieser oder jener Möglichkeit sehen könnten, wüssten wir, welche besser ist. Doch in Wahrheit gibt es keine zur Auswahl stehenden Möglichkeiten.

Ein bestimmtes *Reschimo* erweckt in uns einen bestimmten Willen zu empfangen, nämlich innerhalb eines bestimmten Menschen in einer bestimmten Umgebung. Folglich erkennt dieser Mensch das *Reschimo* und häuft dabei weitere Eindrücke von Geschehnissen in seinem Leben an.

Sobald wir begriffen haben, dass wir nur Marionetten

sind, jedoch gleichzeitig unsere Zukunft ändern können, gelangen wir an einen Punkt, an dem wir eine Wahl treffen können. Mit anderen Worten: Wir können dann eine Umgebung aussuchen, die uns positiv beeinflusst und uns in unserer spirituellen Entwicklung unterstützt. Eine solche Umgebung würde uns dabei helfen, das *Reschimo* in die gleiche Richtung zu verwirklichen und für die gleiche, bereits existierende Leiter, aber wir täten es freiwillig und nicht unter Druck.

In jedem gegebenen Zustand sind die Umgebung und das *Reschimo* im erwachten Willen zu empfangen beide vorherbestimmt. Auch wenn wir den Drang dazu haben, das *Reschimo* zu verwirklichen, käme dieses Drängen von innen heraus; und auch wenn man die Umgebung dazu benutzen würde, das Entfalten des *Reschimo*s zu beschleunigen, würde es nur die vorherbestimmte Entwicklungsphase verkürzen.

Unsere Bemühungen, ein Teil dieser Umgebung zu sein, die an spiritueller Entwicklung interessiert ist und von ihr angespornt wird, sich zu entwickeln, bieten uns einen neuen Intellekt – den »umfassenden Intellekt«, der zur Absicht des Schöpfers mit Blick auf seine Geschöpfe gehört. Wenn man diesen Intellekt erlangt, bedeutet es, dass man die Absicht und den darauf folgenden Aufstieg zum Schöpfer entdeckt. Dies ist eine große Vergünstigung.

Wir müssen begreifen, dass wir von uns aus alles wollen können, außer in die genaue Richtung zum richtigen Ziel voranzuschreiten. Eine einzelne Person ist wie ein Blinder – nicht in der Lage, den Weg zum richtigen Voranschreiten zu sehen. Wir können nicht die Öffnung von dieser Welt zur Höheren Welt sehen, vom Willen zu empfangen zum Willen zu geben. Wir können nicht einmal sehen, dass so etwas existiert und dass hierin unsere Rettung liegt.

Daraus folgt, dass der Punkt der freien Wahl ungemein subtil ist. Wir können uns die Umgebung aussuchen, die uns in einen Zustand versetzt, in dem das Höhere Licht unsere Eigenschaft ändert, und durch die Einwirkung des Lichtes werden wir das spirituelle Reich betreten können. Doch allein, ohne eine Methode oder eine gesellschaftliche Umgebung, wird uns der Durchbruch zur Spiritualität nicht gelingen.

* * *

Begriffe wie »Parallelwelten« und »parallele Universen« nehmen an Beliebtheit zu. Viele finden die Möglichkeit betörend, ihre Zukunft selbst auszuwählen. Es gibt Meditationen, die einem die Möglichkeit bieten, morgens als Erstes die Ereignisse des kommenden Tages festzulegen. Auf diese Weise »programmiert« man sich psychologisch und bestimmt im Voraus, wie man die *Reschimot* akzeptieren will, die an diesem Tag aufkommen werden. Dennoch bleibt die Frage, ob man tatsächlich eine andere Wirklichkeit damit erzeugen kann.

Man kann von einem solchen Menschen nicht behaupten, dass er außergewöhnlich ist, weil wir alle unsere Neigungen im Leben haben. Wir haben alle Gewohnheiten, mit denen wir den Tag beginnen, seien es körperliche Übungen oder ein Besuch beim Therapeuten.

Ob wir unseren Tag nun bewusst oder unbewusst planen, die Tatsache bleibt bestehen, dass unser Bild von der Wirklichkeit völlig von dem *Reschimo* in uns bestimmt wird. Dieses *Reschimo* bringt uns in diesem Bild unter und erschafft alle darin enthaltenen Entscheidungen. Entsprechend sind unsere bewussten Bemühungen, auszuwählen, was geschehen soll, nichts anderes als ein Produkt des sich entfaltenden *Reschimo*s.

Das Gedächtnis

All die Bilder, die unser Leben ausmachen, sind miteinander verbunden. Deshalb erinnert uns das Wachrufen eines bestimmten *Reschimo*s auch oft an vergangene Erlebnisse. Wir klären unsere Erinnerungen nicht, noch können wir ihnen etwas entlocken oder sie vergessen. Das *Reschimo* bestimmt absolut alles. Wir können uns nur »über« die Erlebnisse stellen, die in uns erwachen und arbeiten. Wenn die Verwirklichung eines *Reschimo*s es verlangt, werden ganz von selbst plötzlich vergangene Erinnerungen wach.

Alles, was wir jemals erleben, bleibt in uns, nichts verschwindet. Ein *Reschimo*, der in unserem Wunsch erwacht, wird vor dem Licht erkannt und produziert eine Einsicht von dem, was gerade geschieht. In der Folge erwacht ein weiteres *Reschimo*, und da alle *Reschimot* miteinander verbunden sind, verwendet das neue *Reschimo* das alte je nach Bedarf.

Wenn mehrere andere *Reschimot* gekommen und wieder gegangen sind, verschwindet das erste *Reschimo* aus dem Gedächtnis, und die Bilder, die es erzeugte, lösen sich von der Empfindung. Diese Empfindungen können später wiedererwachen, wenn sie für das Entstehen eines neuen *Reschimo* benötigt werden. Deshalb unterscheiden wir eine Kette von Erlebnissen, in der die *Reschimot* abwechselnd aktiv und passiv werden, und wenn diese *Reschimot* verwirklicht werden, häufen sie Eindrücke in uns an.

Dieser Vorgang entfaltet sich »oberhalb« von uns; deshalb können wir nicht an unser Gedächtnis heran und ihm bestimmte Bilder entlocken. Gehen wir beispielsweise auf der Straße entlang, könnten wir auf einen vertrauten Duft treffen, der uns an eine Szene aus unserer Kindheit erinnert. So wie die Szene auftaucht, vergeht sie auch wieder, und wir können den Grund dafür nicht verstehen. Nichts geschieht jedoch zufällig auf der Welt; alle Erinnerungen tauchen je nach ihrer Notwendigkeit zur Verwirklichung des gegenwärtigen *Reschimo*s auf.

Alle Seelen sind innerhalb eines einzelnen, umfassenden Systems miteinander verbunden. Wir können deshalb sagen, dass sie alle auch die Erinnerung gemeinsam haben. Das wird zunehmend klarer, je mehr wir mit jeder anderen Seele verbunden sind. Je bewusster wir in Richtung dieses Systems arbeiten, desto mehr Erinnerungen werden in uns auftauchen, und mit ihnen gemeinsame Fähigkeiten und Errungenschaften. Wenn wir zu einer bestimmten Ebene der Verbundenheit mit anderen aufsteigen und mit ihren Gefäßen arbeiten, als wären es unsere eigenen, werden wir gewiss alles in ihnen verwenden.

Die Macht der Gedanken

Der Gedanke ist eine machtvolle Kraft. In dem Dokumentarfilm *What the bleep do we know?* erzählte Dr. John Hagelin von einem Experiment, bei dem in Washington, D.C., eine Massenmeditation durchgeführt wurde. Laut Hagelin bringen Massenmeditationen zur Reduzierung der Kriminalitätsrate eindrucksvolle Ergebnisse hervor, und die Kriminalität fiel in dem Sommer um fünfundzwanzig Prozent.

Doch diese Handlung enthält noch keine freie Wahl, weil es das *Reschimo* ist, das den gesamten Vorgang gestaltet – die Entscheidung, die Massenmeditation durchzuführen, sowie den darauf folgenden Rückgang der Verbrechensrate. Dessen ungeachtet wollen wir zur Zeit nur mit der üblichen Umgangsweise mit menschlichen Wünschen arbeiten, und nicht mit der darüberliegenden Ebene, die uns »lenkt«.

Wenn man eine Gruppe von Menschen zusammenbringt, die dasselbe Ziel haben, erzeugt das eine große Kraft. Das ist so, weil jeder unbewusst das schon existierende System benutzt, in dem sie bereits miteinander verbunden sind. Auch wenn Menschen sich in der schlimmsten aller Absichten miteinander verbinden, erwecken sie enorme Kräfte.

Gedanken verändern die Wirklichkeit, weil ein Gedanke ein Ausdruck des Wunsches ist. Dadurch, dass wir die Wirklichkeit so oder so zu sehen wünschen, schleusen wir unsere Zukunft anscheinend in die gewünschte Richtung.

Wenn Verbrechensraten steigen und Tausende von Menschen sich in einer Meditation miteinander verbinden, um sie wieder zu senken, werden sie auch sinken, weil die Teilnehmer an dem Experiment ihren Willen in dieses *Reschimo* eingebracht haben. Das *Reschimo* ist rohes Potenzial, und unsere Absicht diesem *Reschimo* gegenüber kann die Form beeinflussen, die das *Reschimo* dann annehmen wird.

Wenn man Menschen mit dem gleichen Gedanken verbindet, wird Übereinstimmung mit dem Zustand von *Ejn Sof* geschaffen, in dem alle Seelen bereits vereint sind. Wir sollten festhalten, dass eine solche Übereinstimmung auch dann besteht, wenn die Vereinigung nicht in der Absicht ausgeführt wurde, sich dem Schöpfer zu nähern, das heißt dem Geben. Sich zu vereinigen, zieht Kraft von oben an, und das ändert nun wieder die Art der Erscheinung des *Reschimo*s, das sich entfaltet. Wir müssen jedoch im Gedächtnis behalten, dass unsere Einstellungen dem *Reschimo* gegenüber innerhalb des *Reschimo*s vorherbestimmt sind.

Nehmen wir das Beispiel der Massenmeditation, um die subtile Angelegenheit der freien Wahl zu verdeutlichen. Zwei Punkte müssen wir hervorheben:

- Nach dem Erwachen des Wunsches, die gemeinsame Kraft zu nutzen, setzt man diese Kraft ein und erreicht eindrucksvolle Ergebnisse.
- Die Aktivierung des Wunsches führt zu einem materiellen Ergebnis, weil diese Person das *Reschimo*, das System und das Licht verwendete.

Bei alledem geht nicht eine einzige Handlung vom Individuum aus, denn das *Reschimo* trieb die Person an. So wie jede Maschine auch hat die Person eine Handlung durchgeführt und ein bestimmtes Ergebnis erzielt. Das Individuum war nur insofern daran beteiligt, als es Ursache und Wirkung dokumentierte. Weil wir in der Spiritualität unabhängige Existenz erlangen, ist unser Wissen nichts weiter als die Aufzeichnung von Ursachen und Wirkungen.

Die Kette der Reschimot

Unsere Wahrnehmung der Wirklichkeit entspricht unserer spürbaren Wahrnehmung des Höheren Lichtes. Die Maßeinheiten für diese Wahrnehmung des Lichtes werden »diese Welt« oder »die spirituelle Welt« genannt. Wenn wir das Höhere Licht durch eine egoistische Handlung wahrnehmen, wird es »diese Welt« genannt, und nehmen wir die Welt in altruistischer Absicht wahr, wird es »spirituelle Welt« genannt. Diese Beschreibungen drücken zwei Arten von Beziehungen zum Höheren Licht aus.

Unsere Einstellung zum Höheren Licht bestimmt unseren Zustand; sie bestimmt, in welcher Welt wir uns befinden und welche Stufe wir erreicht haben. Diese Einstellung wird von den *Reschimot* bestimmt, die sich von Stufe null aufwärts entwickeln. Diese *Reschimot* entwickeln sich in einer bestimmten Reihenfolge, angefangen vom Leblosen, über das Pflanzliche und Belebte bis hinauf zum körperlich Sprechenden, dem Menschen. Die sprechende Ebene entwickelt sich weiter durch innere Stufen des Leblosen, Pflanzlichen, Belebten und (spirituell) Sprechenden. Die Kette der *Reschimot* bestimmt alles, und außer ihr existiert nichts.

Die *Reschimot* erwecken zunehmend stärkere Wünsche in uns, angefangen mit körperlich-existenziellen Wünschen (nach Sex, Nahrung und Familie) über Wünsche nach Reichtum, Ehre, Herrschaft, und enden dann in dem Wunsch nach Wissen.

Die Wissenschaftler arbeiten mit den höchsten Wünschen in den Menschen – den Wünschen (*Reschimo*t) nach Wissen und Gelehrsamkeit. Wenn wir erst einmal alle *Reschimot* im egoistischen Wunsch zu empfangen erschöpft haben, wird von uns verlangt, unsere Korrektur zu beginnen, um voranzukommen.

Die Kabbala beginnt, wo unsere Fähigkeit, die Wirklichkeit zu erforschen, endet. Das ist so, weil die Weisheit der Kabbala uns ermöglicht, aus einem egoistischen *Reschimo* ein altruistisches zu machen. Ein *Reschimo* auf altruistische Weise zu verwirklichen, erlaubt dem Forscher, die Verwirklichungsebene der *Reschimot* zu überwinden, die im Forscher erwachen. Das führt uns auf die Stufe der Kräfte, die das Herauslocken der *Reschimot* in die spirituelle Welt koordiniert. In der spirituellen Welt untersucht der Forscher die Kräfte, die die Wurzeln der virtuellen Wirklichkeit dieser Person bilden, eben jener Kräfte, nach denen die Wissenschaftler so verzweifelt suchen.

Die Wissenschaftler befinden sich auf der höchsten Stufe von Wünschen in dieser Welt. Und das ist auch ihre Misere: Sie können nicht die Wurzel von allem finden oder lernen, was jenseits der Materie geschieht. Aber sie können die Annahme treffen, dass es einen Gedanken jenseits der Materie gibt, und dass dieser Gedanke wahrscheinlich aus Liebe und Geben besteht. Sie werden wahrscheinlich sogar offen zugeben, dass es einen anderen Weg geben muss, die Wirklichkeit zu erforschen; leider wird es ihnen nicht gelingen, ihn zu finden. Ohne die Weisheit der Kabbala ist es nicht möglich, den inneren Ansatz der Verwirklichung der *Reschimot* zu verändern.

Die Menschheit musste zweifellos all die *Reschimot* bis zum heutigen Zustand verwirklichen, ohne um ihre Meinung gefragt zu werden. Heute jedoch ist die Menschheit von dem Verlangen erfüllt, den Grund für ihren verzweifelten Zustand herauszufinden; der Aufschrei, der vom Herzen der Menschheit aufsteigt, ruft nach der Weisheit der Kabbala. Die Kabbala wird der Menschheit helfen, die spirituellen *Reschimot*, an die sie sich nun wendet, zu verwirklichen, die *Reschimot*, die die immer stärkere spirituelle Suche so vieler Menschen auslösen.

Wenn die Menschheit wartet, bis die Forscher von sich aus die Wahrheit entdecken, ohne die Hilfe der Weisheit der Kabbala, könnte sie sich in einer unvorhersehbaren Lawine von Krisen, Fehlschlägen und Unheil wiederfinden. Deshalb taucht die Weisheit der Kabbala jetzt auf, um den Übergang zu erleichtern. Das ist es auch, was die Kabbalisten der Menschheit erklären wollen, bevor sie in diese prekäre Lage gerät.

Enthülltes und Verhülltes

Wir können von einem Unterschied zwischen dem Enthüllten und Verhüllten in dieser und der spirituellen Welt nur mit Bezug auf uns sprechen. Alles, was wir noch nicht wissen – auch in dieser Welt – wird »verhüllt« genannt. Wenn das Unbekannte bekannt wird, dann wird es enthüllt. Somit sind wir zu jeder Zeit das Enthüllte und das Verhüllte. Der Unterschied zwischen dieser und der spirituellen Welt liegt in der Art, wie wir an Formen und Muster der wahrgenommenen Wirklichkeit herankommen.

Die spirituelle Welt ist eine Wirklichkeit, in der die Muster, sie wahrzunehmen, uns nicht auf natürliche Weise zufallen, weder in uns noch durch unsere Umgebung. Weil die spirituelle Wirklichkeit Gesetzen gehorcht, die unseren Naturgesetzen, in denen wir uns gerade bewegen, entgegengerichtet sind, erfordert die spirituelle Welt, dass wir unsere Einstellungen umkehren. Wo können wir jedoch die »entgegenstehende« oder »konträre« Kraft finden, um »konträre Formen« zu bilden? Wenn wir von Natur aus so gebaut sind, egoistische Formen zu bilden, wie können wir dann in uns altruistische Formen bilden und die altruistische Wirklichkeit wahrnehmen?

Eine solche Umwandlung erfordert einen besonderen Vorgang, der *Segula* (Verdienst) genannt wird. *Segula* bezieht sich auf einen indirekten Prozess, der das Höhere System durchläuft und dann zum Individuum zurückkehrt.

Durch das Studium der Kabbala wird man vom Höheren, dem altruistischen Gedanken angezogen. Dieser Gedanke wirkt nicht auf den Willen zu empfangen oder auf das Ego, sondern mehr auf den altruistischen Punkt – den Punkt im Herzen.

Die natürliche Ähnlichkeit zwischen dem Punkt im Herzen und dem Höheren Gedanken erzeugt eine Verbindung zwischen ihnen, und sie besitzen die gleiche Natur. Der Höhere Gedanke wirkt auf diesen Punkt ein und formt ihn in verschiedene Muster, die wir vermeintlich außerhalb von uns wahrnehmen, im spirituellen Reich.

In Wahrheit existieren diese Formen überhaupt nicht außerhalb von uns, sondern in uns. So wie wir in der Illusion leben, dass alles, was wir auf dieser Welt sehen, außerhalb von uns ist, so ist es auch in der spirituellen Welt. Wenn wir jedoch weitere spirituelle Formen erwerben, erreichen wir ein Verständnis und Wissen über den Gedanken, der diese Formen in uns heranbildet und entwickelt.

Während dieses Vorganges, den Gedanken kennenzulernen, bilden wir innere Formen, die zunehmend dem Höheren Gedanken ähneln. Dabei gleichen wir uns diesem Gedanken an, bis er das »Selbst« dieses Menschen wird, und danach erhebt man sich auf die Ebene, aus der dieser Gedanke stammt.

Umgekehrte Welt

Die Höhere Kraft erzeugt das gesamte Wirklichkeitsbild in uns – unsere Natur, Gesundheit, Wünsche und Gedanken, sogar unsere Freunde, das Land und die Welt, in der wir leben. All dies wird von der Höheren Kraft vorbereitet. Alles, was in und um uns herum geschieht, ist dazu da, um uns zu einer einzigen Entscheidung zu bringen: uns mit dieser Kraft zu vereinigen.

Aber wenn dies so ist, sollten wir uns fragen: »Wie kann diese so genannte gütige Kraft eine so schroffe und bittere Wirklichkeit hervorbringen, wie wir sie vor uns sehen?« Dazu sagen die Kabbalisten: »Wer anderen die Schuld gibt, trägt Schuld an seinem eigenen Versagen«. Das Weltbild ist ganz und gar persönlich und vollkommen von unserem Maß der Korrektur und unseren Eigenschaften abhängig.

In seinem Artikel *Verhüllung und Enthüllung des Antlitzes* schreibt Baal HaSulam über die Bedeutung, die eine Veränderung unserer Wahrnehmung, eine Veränderung der Werkzeuge unserer Wahrnehmung besitzt. In diesem Artikel argumentiert Baal HaSulam, dass es sich um Gegenteile handelt, wenn wir Phänomene aus der Sicht der Korrektur wahrnehmen oder wenn wir sie aus der Sicht der Verworfenheit wahrnehmen. Durch egoistische Gefäße wahrgenommen, sieht es so aus, als seien Egoisten erfolgreich; durch altruistische Gefäße wahrgenommen scheinen sie zu leiden. Doch haben sich diese Menschen wirklich verändert? Sind sie vom Millionär zum Tellerwäscher geworden, von der Glückseligkeit zur Seelenqual gelangt? Kann unsere Korrektur den Zustand jener, die wir beobachten, überhaupt verändern?

Jemand, der die spirituelle Wirklichkeit spürt und die körperliche Wirklichkeit beobachtet, nimmt ihre Geschehnisse und Ereignisse anders wahr als jemand, der die Spiritualität nicht spürt. Ein solcher Mensch sieht nur, wie unwahr und zersetzend die egoistischen Handlungen in unserer Welt sind und dass sie einen Abgrund zwischen den Ausführenden und der Höheren Kraft erzeugen.

Je mehr man sich (in egoistischen Gefäßen) über ein Phänomen freut und je erfüllender man es findet, desto weiter ist es in den Augen dessen, der die spirituelle Wirklichkeit spürt, von der Natur der Höheren Kraft entfernt. In einem solchen Zustand wird der Mensch es als quälend empfinden, weil es für ihn eine Distanz zwischen der Höheren Kraft und der Eigenschaft des Gebens aufbaut.

Widersprüchliche Phänomene

Forscher würden der Behauptung, dass »wir das Weltbild vor unseren Augen erschaffen«, schwerlich zustimmen. Schließlich würde das bedeuten, dass es nichts mehr zu erforschen gäbe, und Forscher werden gemeinhin als Menschen angesehen, die die Welt verbessern wollen. Aber die Welt mit den herkömmlichen Forschungsmethoden zu verbessern, ist unmöglich. An dieser Stelle versorgt die Kabbala die Forscher mit Werkzeugen, die es ihnen erlauben, sich selbst zu erforschen und die Welt so zu verbessern.

Mit anderen Worten: Die Kabbala wird einem redlichen Forscher helfen, das zu erreichen, was er von Anfang an wollte – die Welt zu verändern. Doch diese Veränderung wird innerlich sein und nicht im Außen. Die Weisheit der Kabbala ermöglicht es der Wissenschaft und der menschlichen Wahrnehmung, in die nächste Phase einzutreten, jenseits von Zeit, Raum und Bewegung. In diesem Zustand werden alle Phänomene, die den Forschern heute noch widersprüchlich erscheinen, miteinander verschmelzen.

Jetzt verstehen wir auch, wie unsere Wünsche entstehen. Nachdem sie sich aus Wünschen nach Reichtum zu Wünschen nach Ehre und Herrschaft entwickelten und schließlich zu dem Wunsch nach Wissen, ist es jetzt an der Zeit für den Wunsch nach Spiritualität, den Wunsch, der uns der Weisheit der Kabbala aussetzt.

Ein Wissenschaftler, der die Weisheit der Kabbala studiert, ist mit den Grundfesten der Schöpfung vertraut. Ein solcher Wissenschaftler wird überrascht feststellen, wie eng das Ganze mit den Gesetzen verbunden ist, die in der materiellen Welt entdeckt wurden. Folgerichtig wird diese Übereinstimmung zwischen den spirituellen und physischen Gesetzen dem Forscher helfen, Schwierigkeiten in jedem Bereich des heutigen Lebens zu bewältigen.

In der Ökologie und Psychologie, der Sozial- und Politikwissenschaft werden wir mit der Abwesenheit der »richtigen Formeln« konfrontiert. Die Dinge waren früher nicht so kompliziert. In der Newtonschen Zeit genügte es beispielsweise, einige Formeln hinreichend zu erklären, um seine Entdeckung zu rechtfertigen. Heute haben wir einen neuen Grad an Erforschung der Materie erlangt; auf dieser Ebene fehlt uns allerdings die Formel, die das allgemeine Verhalten der Materie erklärt.

Während die Wissenschaft behauptet, sich mit den Menschen und der Welt, in der sie leben, zu befassen, erklärt die Kabbala, dass wir nicht die Welt um uns herum erforschen, sondern uns selbst. In der Physik, Chemie, Physiologie, Ökologie und anderen Wissenschaften wird nicht die äußere Welt erforscht, wir erforschen unsere *innere* Welt, unsere inneren Gefäße. Die moderne Wissenschaft ist dabei zu entdecken, dass sich die herkömmliche Forschung erschöpft hat. Nun ist die Einsicht gefragt, dass die ganze Welt eigentlich in uns ist.

Eine neue Wissenschaft

Die Wirklichkeiten, die wir heute nicht sehen können, unser Analphabetismus bezüglich des Einflusses der Gedanken, das Unvermögen, mit der Gesellschaft und der Umgebung in gutem Einvernehmen zu stehen, sind alles Folgen der irrtümlichen Annahme, dass die Welt außerhalb von uns existiert. Aus diesem Grund können wir keine klaren, tragbaren Regeln aufstellen, die uns einen sicheren und garantierten Lebensunterhalt bieten. Wir müssen verstehen, dass wir alles von innen heraus beurteilen; wenn die Forscher dem zustimmen, wird das der Beginn einer neuen Wissenschaft sein.

Die neue Wissenschaft wird ein klares Verständnis der Welt, in der wir leben, ermöglichen und eine angemessene Verbindung zur Wirklichkeit herstellen. Um der Menschheit die Methode der Korrektur zu bringen, müssen wir die Sichtweise akzeptieren, dass wir innerhalb unserer selbst existieren. Zugegeben, seine Einstellungen gegenüber der Wahrnehmung von Wirklichkeit zu ändern, ist keine leichte Sache, besonders, wenn wir einem so fundamentalen Wandel entgegensehen. In der Vergangenheit erforderten neue Methoden immer eine gewisse Gewöhnungszeit, bevor sie akzeptiert wurden.

Die größte Schwierigkeit besteht im Übergang zu der neuen Wahrnehmung, denn laut der neuen Wahrnehmung existiert nichts außer dem wahrnehmenden Individuum. Alle vorherigen Wahrnehmungen behaupteten, dass es etwas außerhalb von uns gibt, mit dem wir entweder in Gedanken oder durch Handlungen verbunden sind. Die Behauptung, dass das menschliche Wesen die einzige Schöpfung des Schöpfers sein soll und dass es außer dem wahrnehmenden Individuum nur noch das Höhere Licht gibt, ist schwer zu verdauen.

Die Auffassung, dass alles, was wir spüren, innere Phänomene sind, ist kein psychologischer Schalter. Vielmehr ist es eine fundamentale Veränderung, die uns zwingt, in uns hineinzutauchen. Man kann nicht einfach nur mit dieser neuen Wahrnehmung einverstanden sein, man muss auch seine inneren Eigenschaften pflegen und verbessern, damit letztlich ihre Form mit dem Höheren Licht im Außen übereinstimmt. Wenn unsere Eigenschaften sich verändern und denen des Schöpfers nicht mehr entgegengesetzt sind, beginnen wir den Schöpfer zu entdecken. In diesem Zustand wird man für das Höhere Licht »durchlässig«, und die menschliche Materie – der Wille zu empfangen – fungiert nicht mehr als Abschirmung vor dem Licht.

* * *

Die Kabbala erklärt, dass unsere Wahrnehmungswerkzeuge aus fünf Teilen bestehen: Drei dieser Teile werden »interne Gefäße« genannt, die anderen beiden »externe Gefäße«. Mit den internen Gefäßen nehmen wir uns selbst wahr und mit den externen Gefäßen unsere Umwelt. Die externen Gefäße erzeugen das Gefühl einer äußerlichen Wirklichkeit, weil es unvollständige Gefäße sind, ungenügend entwickelt.

Wenn jemand seine Gefäße (die externen eingeschlossen) auf das Höchstmaß korrigiert, wird die äußere Welt als innere empfunden. Folglich wird die äußere Welt verschwinden und zum einfachen Licht, das die gesamte Wirklichkeit füllt. Weil der Mensch, der sich korrigierte, sich dem Höheren Licht in jeder Hinsicht angeglichen hat und keine Unterschiede mehr existieren, steht er nun in wechselseitiger Wahrnehmung mit dem Höheren Licht. Dieser Zustand wird *Dvekut* (Verschmelzen) genannt, und in ihm ist man völlig im Höheren Licht integriert.

* * *

Der Unterschied zwischen dem Verhalten der Materie als Welle und als Teilchen, den die Quantenphysiker entdeckten, ist von höchster Wichtigkeit für die Kluft zwischen der Materie – dem Willen zu empfangen – und dem Licht. Mit Hilfe der Kabbala wird die Menschheit erfahren, welchen Zweck es hat, dass Materie eintrifft, nämlich die Übereinstimmung der Form zwischen Materie und Licht.

An diesem Punkt gibt es aus unserer Sicht keinen Unterschied mehr zwischen einer Welle und einem Teilchen oder zwischen Licht und Materie. Wir sind bisher nicht in der Lage, zwei widersprüchliche Dinge zu vergleichen und unter einen Hut zu bringen. Erst wenn wir erkennen, dass die Wirklichkeit in uns und nicht im Außen ist, erst wenn wir die Wahrnehmung von »ich« und »außerhalb von mir« loslassen, werden diese Gegensätze eins werden.

Die Gesetze der Natur

Wir leben in einer Welt, die wir nur teilweise kennen. Es gibt viele Regeln in der Natur, von denen wir einige mit Leichtigkeit entdecken, weil sie durch unsere Existenz offensichtlich sind. Das Gesetz der Schwerkraft ist beispielsweise offensichtlich, denn wenn wir ohne geeignete Instrumente fliegen wollten, fielen wir prompt auf die Erde zurück.

Einige Gesetze gelten nur für die Erde, und einige gelten für den Weltraum. Einige dieser Regeln werden durch unsere Sinne und unsere Körper wahrgenommen, aber es gibt noch andere Gesetze, wie die Gesetze der Strahlung, deren Aktivität wir nicht spüren. Wir sehen nur die Phänomene, die sie hervorbringen. Wir können Wellen weder wahrnehmen noch hören oder sehen, doch ihre Auswirkungen sind erkennbar.

Es gibt andere Regeln, deren Auswirkungen wir nicht kennen. Manchmal spüren wir gewisse Phänomene, können aber ihre Ursprünge nicht identifizieren. Wie dem auch sei, unsere Erfahrungen zeigen, dass, wenn wir alle Regeln kennen würden, die die Welt beeinflussen, wir glücklich und erfolgreich sein könnten.

Einige dieser Regeln lernen wir aus Erfahrung, einige Regeln des Verhaltens nehmen die Kinder von ihren Eltern, Freunden, der Umwelt und der allgemeinen Gesellschaft auf. Die Regeln, die wir durch Erziehung lernen, sind uns nicht angeboren. Es ist nicht klar, ob sie in der Welt wirklich so existieren, doch unsere Erzieher überzeugen uns auf unterschiedliche Weise, dass es sich lohnt, diesen Weg zu gehen. Könnten Kinder von sich aus sehen, dass etwas verkehrt ist, würden sie es nicht tun.

Wenn jemand nicht von allein versteht, dass es schlecht ist, anderen gegenüber böse oder grausam zu sein, wenn jemand nicht sehen kann, dass Diebstahl etwas Negatives ist, zeigt ihm die Gesellschaft das durch die Bestrafung, die diesen Handlungen folgen.

Wenn uns bewusst wäre, dass es ein Gesetz der Wirklichkeit gibt, das festlegt, dass, wenn wir stehlen, die Natur mit einer negativen Reaktion antwortet, dann würden wir gar nicht erst anfangen. Wenn wir wüssten, dass die Bestrafung für Diebstahl Krankheit ist oder dass uns oder unseren Lieben dann vielleicht etwas Schreckliches widerfährt, wir würden nicht stehlen. Sieht also jemand nicht das Gesetz und die Folgen seines Tuns, so hilft die Gesellschaft dabei, die Regeln festzulegen, denen man folgen muss, einschließlich Strafe und Belohnung.

Wir würden sicher gerne wissen, wie die Regeln der Natur ablaufen, und uns dann entspechend verhalten, doch die Regeln, die zu unserer Beziehung zur Gesellschaft und der Höheren Kraft gehören, scheinen vor uns verborgen zu sein. Die Kabbala sagt, dass diese Regeln nur dann befolgt werden können, wenn sie einmal erreicht worden sind. Wenn die Menschheit das gesamte System enthüllt und die Verbindung mit der Höheren Kraft versteht, werden wir sicher in der Lage sein, das allgemeine Gesetz der Wirklichkeit – das Gesetz des Gebens – zu befolgen. Doch solange das nicht der Fall ist, können wir niemanden in einen solchen Zustand zwingen.

* * *

In der Kabbala ist der numerische Wert der Worte »Gott« und »Natur« derselbe (86). Die Aussage über ihre Gleichheit hebt die Tatsache hervor, dass die gesamte Natur um uns herum, diese Welt wie auch die höheren, spirituellen Welten, alle Gott sind. Das System dieser Kräfte ist die Manifestation des Schöpfers vor uns.

Wir kennen die Regeln auf der physischen Ebene, und vielleicht werden wir in einigen hundert Jahren noch zusätzliche Gesetze kennen, aber das ist nicht die Ursache unseres Problems. Während wir uns entwickeln, müssen wir die spirituellen Gesetze kennenlernen, die zur menschlichen Ebene in uns gehören.

Zur Zeit kennen wir sie nicht einmal, sondern sind auch weit davon entfernt, sie zu kennen. Entsprechend gerät die Menschheit Generation für Generation in immer misslichere Lagen, und unsere Verzweiflung steigt. Keines der physikalischen Gesetze, die wir in der Physik, Chemie, Biologie oder auf irgendeinem anderen wissenschaftlichen Gebiet entdecken, wird uns helfen können. Der Einsatz von wissenschaftlichen Entdeckungen wird unser Leben nicht besser, sicherer oder vollkommener gestalten, weil wir nicht den spirituellen Gesetzen gehorchen.

Was haben wir dadurch gelernt, dass wir mehr und mehr Ernten haben, wenn der menschliche Egoismus uns davon abhält, sie zu jedermanns Vorteil zu verteilen? Die Menschen ziehen aus allen Regeln, die sie entdeckt haben, ihren ganz persönlichen Vorteil, weil sie sich noch nicht korrigiert haben. Wir leiden, weil wir nicht wissen, wie wir die sprechende, menschliche Ebene in uns lenken sollen. Alle Probleme der Menschen rühren einzig und allein daher, dass wir uns nicht korrekt verhalten.

Menschen bringen sich gegenseitig um, sind frustriert, verängstigt und verzweifelt. All diese Gräuel sind die Krankheiten der sprechenden Ebene in uns, nicht unserer leblosen, pflanzlichen oder belebten Stufen. Wir ärgern uns über nichts, was dem leblosen, pflanzlichen und belebten Teil in uns angehört.

Wir haben Nahrung, Wasser und Obdach. Früher waren die Lebensumstände viel rauer, aber die Menschen waren glücklicher. Wir sind nicht glücklich, und das rührt alles vom Ungleichgewicht zwischen der sprechenden Ebene in uns und den Kräften der Natur. Dieser Zustand wird sich erst ändern, wenn wir diese Kräfte studieren und uns ihnen angleichen.

Wir sind wie eine Schraube in einer beständig arbeitenden Maschine. Wenn wir nicht genau an der richtigen Stelle sitzen, befinden wir uns nicht im Einklang mit der Maschine. Dann fühlen wir garantiert Unbehagen. Dass wir uns nicht beeilen, diese Lage in Bezug auf diese Kräfte zu korrigieren, wird uns letzten Endes zum Verhängnis werden. Vor tausend oder zweitausend Jahren befanden sich die Menschen noch nicht so sehr im Gegensatz zum maschinellen Ablauf der Natur. Heute sind wir jedoch weiter entwickelt, egoistischer, grausamer und stehen deshalb in noch größerem Gegensatz zu den Gesetzen der Natur. Baal HaSulam sagt, dass dies der Grund dafür ist, weshalb wir in jeder Generation mehr leiden.

… die Natur, die ein gerechter Richter ist, bestraft uns je nach unserer Entwicklung, denn wir sehen ja, dass in dem Maße, wie sich die Menschheit entwickelt, auch die Leiden und Qualen größer werden … Und außer den Schlägen, die wir heutzutage empfangen, müssen wir auch das für die Zukunft gezogene Schwert berücksichtigen, und wir müssen die richtige Schlussfolgerung ziehen, dass die Natur uns nämlich am Ende besiegen wird und wir gezwungen sein

werden, Hand in Hand den Geboten mit all ihren erforderlichen Maßnahmen zu folgen.

– Baal HaSulam, *Der Frieden*

Das System der Gesetze beeinflusst uns unaufhörlich, es fragt nicht nach unserer Meinung. Wenn wir es kennen, vertragen wir uns gut mit ihm und haben ein wundervolles Leben. Wenn wir jedoch nicht studieren, werden wir größeres Unbehagen spüren, je mehr wir uns weiterentwickeln, und fallen zurück, wenn es darum geht, uns mit dem System auszubalancieren.

Um die spirituellen Regeln herauszufinden, müssen wir uns allmählich verändern und beginnen, in Übereinstimmung mit diesen Gesetzen zu handeln. Deshalb wurde uns die Weisheit der Kabbala gegeben. Die Wissenschaften, die wir bisher kennen und entwickelt haben, beziehen sich folglich auf die unbelebte Natur, auf die pflanzlichen und belebten Ebenen, und die Weisheit der Kabbala erscheint im Zusammenhang mit der sprechenden, menschlichen Ebene.

Im Gegensatz zu jeder anderen Wissenschaft enthüllt uns die Kabbala die Höhere Welt. Deshalb wird sie meistens auch »Weisheit« statt »Wissenschaft« genannt. Der empirische, wissenschaftliche Ansatz der Weisheit der Kabbala beruht auf den gleichen Prinzipien, die für andere Forschungsbereiche gelten. Auch die Kabbala betrachtet den Beobachter als Forscher und untersucht die Wirklichkeit aus subjektiver Perspektive, wie ein Mensch sie wahrnimmt. Die Einzigartigkeit der Weisheit der Kabbala im Vergleich mit anderen menschlichen Forschungsbereichen besteht darin, dass das Thema ihrer Forschung der höhere Teil der Wirklichkeit ist.

Die Weisheit der Kabbala ermöglicht uns, die Wurzel der Wirklichkeit zu erfassen und nicht nur einen weiteren Teil des Ganzen, sondern die Wirklichkeit auf ihren höchsten Ebenen, wie wir sie noch nie erreicht haben. Wenn man die Wurzeln dieser Wirklichkeit erreicht, wird den Forschern die Kontrolle über Geschehnisse in dieser Welt gewährt, bevor sie sich in unsere Welt kleiden, und die Fähigkeit, sich in sie einzumischen und sie zu ändern, sie zu führen und lenken, indem wir ihre einzigartige Methode einsetzen.

Wenn wir unseren Wunsch auf diese Weise festlegen, dass die gesamte Wirklichkeit uns als eine Gabe an den Schöpfer erscheinen soll, wenn wir in einer Wirklichkeit leben wollen, in der die fünf Sinne einem einzigen Ziel gewidmet sind, den

Schöpfer zu erfreuen, dann werden wir in diesem Zustand unsere Einstellung zur Wirklichkeit im Bereich und auf der Ebene des »sechsten Sinnes« festlegen. Das bedeutet, eine altruistische Einstellung der Wirklichkeit gegenüber einzunehmen, die völlig andere Eigenschaften als jene aufweist, die durch die fünf Sinne wahrgenommen werden. Wir bekommen nicht nur ein winziges Stückchen der Wirklichkeit mit, sondern ihre Wurzel, und steigen zum Kontrollraum auf, dem Hauptquartier der Wirklichkeit.

Dabei können wir noch über die Ebene des Geschöpfes aufsteigen und die Stufe des Schöpfers erreichen, die Quelle, aus der die Höheren Kräfte kommen, und die weltliche Materie einkleiden. Wenn wir unsere Einstellung zu den Kräften ändern, während sie noch in der Wurzel sind, empfinden wir ihr Einkleiden in unsere Welt ganz anders. Das hohle Empfinden wird dem Empfinden des Höheren Lichtes weichen.

Die Wirklichkeit schreitet unaufhörlich in Richtung der Enthüllung des Schöpfers vor den Geschöpfen fort. Alles hängt von unserer Einstellung zur Wirklichkeit ab. Wenn das Geschöpf sich freiwillig auf das Ziel zubewegt, indem es sich dem Schöpfer angleicht, wird diese Person die Enthüllung des Schöpfers als unaufhörlichen Zufluss an Fülle erleben. Wenn sich die Enthüllung des Schöpfers umgekehrt auf unfreiwillige Weise entfaltet und das Geschöpf sich nicht bemüht, dem Schöpfer gleich zu werden, dann wird die Enthüllung als drohend und böse angesehen, herbeigeführt durch die Ungleichheit der Form zwischen dem egoistischen Individuum und der Höheren Freigiebigkeit, deren Natur das Geben ist.

Die Enthüllung des Schöpfers in einem Zustand von Ungleichheit bringt Dunkelheit in unser Leben. Diese Dunkelheit ist die »Kehrseite« des Höheren Lichtes. Das Höhere

Licht füllt uns bereits, doch sind wir im Moment nicht in der Lage, es festzustellen, und das Auftauchen der Dunkelheit dient uns als deutlich vernehmbare Fanfare, die uns zur Änderung unserer Einstellung gegenüber der Wirklichkeit und zur Entdeckung des Höheren Lichtes aufruft.

Der sechste Sinn schließt sich nicht an die fünf Sinne an; vielmehr steht er getrennt über ihnen. So wie unser Wille zu empfangen die körperliche Wirklichkeit mit fünf Wahrnehmungsarten – unsere fünf Sinne – wahrnimmt, so enthält auch unser sechster Sinn fünf Wahrnehmungsarten der höheren Wirklichkeit. Unter Zuhilfenahme des sechsten Sinnes wird mit den fünf Sinnen eine andere Wirklichkeit gespürt, und das ist der Übergang von der Dunkelheit ins Licht, von Leere, Angst und Qualen zu Fülle, Sicherheit, Ruhe, Ewigkeit und Vollkommenheit.

Wenn man den sechsten Sinn erlangt, erweitert sich unser Wissen durch positive Eindrücke der Fülle. Wenn wir diesen Sinn erwerben, erscheint das Höhere Licht als Überfluss, der die Gefäße füllt, und nicht mehr als Dunkelheit. Dieser neue Zustand wird das Ergebnis wissenschaftlicher Forschungen verändern. Physiker, Chemiker und Biologen werden bei ihren Forschungen zu neuen Ergebnissen gelangen, als hätten sie die andere Seite der Medaille gefunden. Die Menschheit wird aufhören, Gefäße zu untersuchen, die nicht mit Licht gefüllt sind, und stattdessen mit Blick auf das Licht des Schöpfers gedeihen und erblühen, mit einem Willen, der wahrhaftig frei ist.

Eine solche Existenz wird ein Sein aus der Perspektive des Lichtes sein, einer Perspektive des korrigierten *Klis*, weil ein altruistisches *Kli* zu Licht wird und die Form und Eigenschaften des Lichtes annimmt. Die Menschheit wird die Wissenschaften unter Einsatz des sechsten Sinnes weiterentwickeln – der altruistischen Absicht. Sie wird das Licht anziehen, indem sie sich Ihm gleichmacht, und so wird sie einer anderen Existenz der Natur ausgesetzt, einer Existenz im Positiven und nicht im Negativen.

Alle Ebenen der Existenz sind im Menschen enthalten; sie steigen und fallen mit ihm. Wenn jemand ein »richtiger« Mensch wird, dem Schöpfer gleich, empfängt die gesamte Natur – die unbelebte, pflanzliche und belebte – eine andere Nahrung und Erfüllung. Wenn die Menschheit dem Schöpfer ähnelt, wird diese Welt in die Welten von Beria, Jezira und Assiya eingeschlossen und zusammen mit ihnen zu *Ejn Sof* aufsteigen.

Im egoistischen und verdorbenen Zustand kann man nicht sehen, dass das Wirklichkeitsbild leer ist und die Gegenwart des Schöpfers fehlt. Der Schöpfer erscheint zusammen mit dem sechsten Sinn als Lieferant der Wirklichkeit. Er erscheint als derjenige, der sich in jedem Detail der Wirklichkeit befindet, und folglich bezeugen die Empfindungen in den fünf Sinnen diesen Zustand, als wären sie ein Geschenk des Schöpfers. In diesem Zustand erscheint die Welt als Maßstab unserer Verbindung mit dem Schöpfer, als bindender Vergleich zwischen dem Individuum und dem Schöpfer.

Je mehr man den Schöpfer in die Wirklichkeit gekleidet spürt, desto mehr entdeckt man, dass der Schöpfer in einem selbst ist, und führt seine Sinne dieser Empfindung zu und verliert sich umso mehr darin. Alles, was übrig bleibt, ist ein winzig kleiner Punkt, in dem man als Beobachter verbleibt und die Enthüllung des Schöpfers von innen und von außen aus betrachtet. Deshalb sagen die Kabbalisten, dass der Schöpfer das *Kli* geschaffen und es auch mit dem Bild der Welt gefüllt hat.

Durch eben dieses Empfinden der »Abwesenheit des Selbst« eröffnet sich dem Menschen die Möglichkeit, sich selbst zu bestimmen. An genau dieser Stelle kann er seine unabhängige Einstellung der Wirklichkeit gegenüber festmachen.

Durch die Wahrnehmung, dass das *Kli* nicht uns gehört, dass seine Füllung nicht einem selbst zugeschrieben werden kann, beginnt man, seine Haltung zur Wirklichkeit zu bestimmen. An diesem Punkt beginnt man den sechsten Sinn zu pflegen, oberhalb der fünf Sinne, den Sinn, mit dem man sich selbst begründet. Aus der Sicht des *Klis* entscheidet eine Person, wie sie die Füllung des *Klis* spürt und sich selbst dabei je nach der Füllung bestimmt. So wächst ein Mensch, indem die Entwicklung stattfindet, die wir »die Weisheit der Kabbala« nennen.

Wir sehen daher, dass die Wissenschaft die Menschen durch die fünf Sinne ernährt, aber das ist nur ein Bruchteil des umfassenden Bildes der Wirklichkeit. Viele Veränderungen werden sich in der Wissenschaft noch ergeben und ihre Forschung sich über die Grenzen des heutigen Wissens und der bisherigen Entdeckungen ausweiten. Dieser Bruchteil der Wirklichkeit, den die Menschen schon entdeckt haben, wurde aus dem Inneren der leeren Gefäße heraus entdeckt, nicht aus dem Reichtum heraus, der in korrigierten Gefäßen erscheint. Die Einsicht der Wissenschaftler, eine Sackgasse erreicht zu haben, ist in Wahrheit das Eingeständnis der Existenz leerer Gefäße. Die Menschheit hat alles, was ihr möglich war, in diesen Gefäßen entdeckt, während das Licht in den *Kelim* noch abwesend war.

Die Humanwissenschaften und all ihre Zweige sind Anhäufungen von Wissen aus einer Position der Abwesenheit von Fülle heraus. Die Wissenschaft zeigt, wie jede andere menschliche Beschäftigung, eine Negativität und Unfähigkeit, sich zu entwickeln. Heutzutage führt die Abwesenheit der Fülle in den Gefäßen zu wachsender Verzweiflung. Die Menschen erkennen, dass alle weltlichen Freuden – Sex,

Essen, Familie, Reichtum, Ehre, Macht und Wissen – ihnen keine Erfüllung mehr bieten und sie leer lassen. Aber diese Leere ist die treibende Kraft hinter dem Wunsch, die Höhere Wissenschaft zu enthüllen – die Weisheit der Kabbala.

Viele Wissenschaftler und Philosophen geben zu, dass sie sich der Welt gegenüber so verhalten, als wäre sie eine echte Bedrohung. Aus ihrer Sicht hat die Menschheit die Kontrolle darüber verloren, in welche Richtung es geht, und auch jedes Verständnis für ihren Weg. Der Menschheit bleiben nur noch wenige Jahre für ihre Weiterentwicklung, bevor sie am Rande des Abgrunds steht, der jeden Aspekt menschlichen Seins auslöschen wird: Ökologie, Gesellschaft, Wirtschaft, Kultur, Forschung und Erziehung. Diese Wissenschaftler sind sich darüber im Klaren, dass, ohne die Entdeckung des Gedankens, der Essenz, die die Materie erzeugt, es der Wissenschaft nicht möglich sein wird, voranzukommen. Sie geben der Menschheit nur noch wenige Jahre, in denen sie sich entwickeln kann, und sagen, dass sie sich im Moment einer nie da gewesenen Krise gegenübersieht.

Die Menschheit ist nicht zum ersten Mal in einer schlimmen Lage, aber die Probleme tauchten bisher immer in einem einzigen Bereich menschlichen Lebens auf: in Religion, Kultur, Industrie oder Wissenschaft. Wenn ein Reich fiel, stieg dafür ein anderes auf; neue Ideologien ersetzten die alten, und die Welt bewegte sich auf ein neues Zeitalter zu. Heutzutage führen jedoch alle Tätigkeiten der Menschheit zu ihrer vollständigen Auslöschung.

Die Menschheit scheint sich wieder der Religion zuzuwenden, wie sie es tat, bevor Wissenschaft, Industrialisierung und Kultur ihre Stelle einnahmen. In Wahrheit findet nun eine ganz andere Entwicklung statt. Das weltweite Auftauchen von Religionen und allen erdenklichen mystischen Lehren verdankt sich nicht ihrer Anziehungskraft auf die

Menschen, sondern einem Mangel an Auswahlmöglichkeiten.

Die Menschheit verliert die Hoffnung, dass Wissenschaft und Technologie ihren Zustand verbessern können und ihr bitteres Leben versüßen. Der Grund für den erneuten Hang zur Religion ist, einmal mehr zu prüfen, um noch einmal und endgültig zu lernen, dass kein Heilmittel und keine Erleichterung für unsere Krise darin gefunden werden können.

Religionen entwerfen Theorien und Philosophien, die behaupten, dass Wissenschaft und Religion verbunden werden können und somit unser Leben verbessern. Aber auch diese Auffassung wird sich als Irrtum erweisen. Das erneute Interesse in Religion ist gleichzeitig das letzte. Es wird zu der Erkenntnis führen, dass die Religion unfähig ist, eine wahre Antwort für die leeren auftauchenden Gefäße zu liefern.

Die Vorgänge heutzutage summieren also Tausende von Jahren der menschlichen Entwicklung in egoistischen Gefäßen. Von hier aus müssen wir neue, altruistische Gefäße kultivieren. Diese Gefäße werden uns eine völlig andere Wirklichkeit offenbaren, eine Wirklichkeit voller Fülle, Perfektion, Ewigkeit und Licht. Und zuallerletzt ist der wahre Zweck der Schöpfung, dass die gesamte Menschheit diese Wirklichkeit entdeckt.

Anhang

Wortliste mit Erklärungen

In der gesamten Wirklichkeit gibt es nichts weiter als den Schöpfer und das Geschöpf, das Licht und das Gefäß, das Höhere und das Niedere. Die Kabbalatexte enthalten viele Namen und Benennungen, die dazu dienen, die unterschiedlichen Aspekte der Beziehung zwischen ihnen zu unterstreichen. Hier sind die wesentlichen Eigenschaften, die wir jedem von ihnen zuschreiben können:

Schöpfer
Höhere Kraft, Höheres Licht, Das Höhere, Licht, Gott, Göttlichkeit, die Eigenschaft des Gebens, der Wille zu geben, der Wille zu erfreuen, die Höhere Natur, die Natur des Altruismus, die spirituelle Natur, die Eigenschaften von *Bina*, der Geber, der Führer, der Ausstrahler, Vorsehung, Führung.

Geschöpf
Kli (Gefäß), Geschöpf, der Niedere, eine Seele, die Eigenschaften des Empfangens, der Wille zu empfangen, die niedere Natur, die Natur des Egoismus, die körperliche Natur, die physische Natur, die Eigenschaften von *Malchut*, der Empfänger.

Die Kabbalisten unterscheiden verschiedene Geschehnisse, Handlungen und Verhaltensweisen aus der Perspektive des Höheren wie aus der Perspektive des Niederen, indem sie beiden einen besonderen Namen geben. Sie wollen dadurch jene unterstützen, die auf dem Weg sind, die Höhere Welt zu entdecken; aus diesem Grund werden die Unterschiede zwischen den einzelnen Benennungen auch nicht hervorgehoben.

Jeder kabbalistische Begriff ermöglicht viele Interpretationen, je nach dem Zusammenhang mit anderen Elementen in der Wirklichkeit und der Verbindung, in denen sie zueinander stehen. Deshalb sind die Definitionen in der Wortliste dazu gedacht, die Begriffe nur in dem Zusammenhang zu erklären, wie sie in diesem Buch dargestellt werden.

Absicht (Ziel)	Der Wille zu empfangen, zum eigenen Wohl oder zum Wohl eines anderen.
Abstrakte Form	Die Form des Gebens ohne die Materie, die sie einkleidet.
Adam (mit Bezug auf den Menschen oder die Menschheit im Allgemeinen)	Der Wille zu empfangen, der die Eigenschaften des Gebens erwirbt und sich dem Schöpfer angleicht, dem Höheren Licht. Der Name Adam kommt von den hebräischen Worten *Adame la Elyon* (»Ich werde dem Höchsten gleich sein«; Jesaia 14,14).
Adam ha Rishon	Die allgemeine Seele oder das System, das alle einzelnen Seelen enthält, die herabsteigen und sich in dieser Welt in die Körper der Menschen kleiden.
Allgemeines Gesetz	Das Gesetz des Gebens. Dieses Gesetz umfasst die gesamte Wirklichkeit und

	verpflichtet all ihre Teile, ihre Form an sie anzugleichen.
Altruismus	Der korrigierte Wille zu empfangen mit der Absicht, den anderen zu erfreuen und keine Freude für sich zu empfangen; der Wunsch, anderen etwas zu geben.
Angleichung der Form	Das Erlangen der Eigenschaft des Gebens statt der des Empfangens.
Anheftung	Das Ergebnis der Angleichung der Form des Geschöpfes an die des Schöpfers.
Arbeit (Bemühung, Anstrengung)	Die Bemühungen des Willens zu empfangen, den Genuss näher herbeizuholen.
Aviut (Dichte)	Das Maß des Willens zu empfangen im Geschöpf.
Barriere/*Machsom*	Die Grenze zwischen dieser und der spirituellen Welt.
Bild des Schöpfers	Die Summe der korrigierten Absichten im Willen zu empfangen. Diese Absichten werden in den Wünschen als Bilder des Schöpfers gespürt.
Egoismus	Der Wille zu empfangen, die Materie der gesamten Schöpfung, in der es weder Gut noch Böse gibt, und der bewusst mit der Absicht eingesetzt wird, sich selbst zu erfreuen (um zu

	empfangen). Diese Absicht schadet direkt oder indirekt anderen.
Eigenschaften des Geschöpfes	Eigenschaften des Empfangens.
Eigenschaften des Schöpfers	Die Eigenschaft des Gebens.
Einkleiden (Eingekleidet)	Vorgang, bei dem eine Eigenschaft die Form einer anderen Eigenschaft annimmt, um dadurch eine bestimmte Handlung durchzuführen.
Einschränkung (*Zimzum*)	Die Abneigung des Willens zu empfangen, sich selbst Genuss zu verschaffen.
Ende der Korrektur	Die Vervollständigung der Angleichung der Form des Geschöpfes an die des Schöpfers.
Entwicklung des Willens zu empfangen	Dieser Begriff bezieht sich nicht auf den Willen zu empfangen selbst, sondern auf die Absicht, mit der er eingesetzt wird. Alle Wünsche, vom kleinsten bis zum größten, sind in uns. Sie erwachen in uns zu einer Stärke, dass wir das Ziel bekommen, dem Schöpfer zu geben. Mit anderen Worten: Die Entwicklung liegt in der *Absicht*; es ist die Absicht, die es uns ermöglicht, zusätzliche Wünsche einzusetzen.
Erkennen des Bösen	Erkennen, dass die Absicht, für sich selbst zu empfangen, schlecht für den spirituellen Fortschritt ist.

Erkenntnis	Die letzte Stufe von Verstehen; jedes einzelne Element im Zustand des Empfangens.
Erschaffung der materiellen Welt	Die Ankunft des Willens zu empfangen auf der letzten und niedersten Ebene, nach seiner Trennung vom Schöpfer, von der Form des Gebens.
Essenz	Die Wurzel und Grundlage aller Formen.
Ewigkeit	Die Integration des Willens zu empfangen in die Eigenschaften des Gebens, die den Willen zu empfangen zum Empfinden der unbegrenzten Wahrnehmung von Licht führt.
Form, eingekleidet in Materie	Die Form von geben, die der Wille zu empfangen annimmt.
Füllung (Erfüllung)	Das Gefühl der Befriedigung, entweder im Willen zu empfangen oder im Willen zu geben.
Genuss	Das Ergebnis der Füllung des Willens zu empfangen.
Geschöpf	Der Wille zu empfangen, der seine Verbindung zum Schöpfer entdeckt.
Seinen Geschöpfen Gutes tun	Die Handlung des Schöpfers seinem Geschöpf gegenüber.
Gott	Die allumfassende Kraft des Gebens, die alle Seelen lenkt und sie zur Gleichheit mit sich bringt. Sie projiziert die

	Eigenschaften der Göttlichkeit auf die Empfänger.
Göttlichkeit, Höheres Licht, Höhere Kraft	Die Eigenschaft des Gebens, die die Wirklichkeit lenkt und alle einzelnen Gesetze in der Höheren Welt sowie auch in unserer Welt enthält.
Gütig (der Gute, welcher Gutes tut)	Die Einstellung des Schöpfers dem Geschöpf gegenüber.
Höhere Kraft, Höheres Licht	Siehe Göttlichkeit.
Höhere Natur	Der Wunsch zu geben.
Höheres System	Ein Zustand, in dem der Wille zu empfangen und das Licht im wechselseitigen Geben sind, wie es im Schöpfungsgedanken bestimmt war.
Höhere Welt, Spirituelle Welt	Der Zustand, der sich in uns festsetzt, wenn wir ein gewisses Maß an Übereinstimmung der Form mit der Höheren Kraft erreichen.
Ibur, Katnut, Gadlut (Ibur, Yenika, Mochin) (wörtlich: »Reifeprozess, Kindheit, Erwachsensein«)	Die drei Phasen, die das Geschöpf von der spirituellen Geburt bis zur vollständigen Korrektur durchläuft.
Innere Gefäße, äußere Gefäße	Das Bild der Wirklichkeit wird in den Gefäßen des Geschöpfes wahrgenommen und gespürt. Innere Gefäße sind

	genügend korrigiert, um das Gefühl der inneren Wirklichkeit zu erwecken. Äußere Gefäße sind teilweise korrigierte Gefäße, die ein Bild der äußeren, entfernten Wirklichkeit erwecken, je nach dem Ausmaß ihrer Korrektur. Je mehr ein *Kli* korrigiert ist, desto näher fühlt sich die Wirklichkeit an, wenn sie durch es wahrgenommen wird; und je weniger ein *Kli* korrigiert ist, desto weiter entfernt fühlt sich die Wirklichkeit an, wenn sie durch es wahrgenommen wird.
Inneres Licht	Die Enthüllung des Höheren Lichtes im Geschöpf je nach seinem Maß der Angleichung der Form ans Licht.
Kabbalist	Ein Geschöpf, das ein gewisses Maß an Übereinstimmung der Form mit dem Schöpfer erreicht hat.
Kli (Gefäß)	Der Ort, an dem man das Füllen erlebt.
Körperlichkeit	Der Wunsch, sich selbst zu erfreuen.
Licht	Die Kraft des Gebens, die auf alle Seelen einwirkt und sie füllt.
Licht, das verändert, Umgebendes Licht, Licht der Korrektur	Die Kraft, die die egoistische Natur korrigiert und sie zu den Eigenschaften des Gebens erhebt.

Liebe für den Schöpfer	Der Wunsch des Geschöpfes, den Schöpfer durch jedes zur Verfügung stehende Mittel zu erfreuen.
Liebe des Menschen	Der Wunsch, alle Bedürfnisse des anderen ohne Rücksicht auf sich selbst zu erfüllen.
Malchut de Ejn Sof (*Malchut* der Welt *Ejn Sof*)	Der allgemeine Wunsch der gesamten Wirklichkeit, erschaffen vom Höheren Licht.
Massach (wörtlich: »Schirm«)	Die Absicht, einem anderen zu geben, die im Geschöpf den Willen zu empfangen aufhebt.
Materie	Der Wille zu empfangen.
Materielle Welt	Die Wirklichkeit, die durch die fünf körperlichen Sinne gespürt wird.
Muster (Formen)	Die Art und Weise des Empfangens oder des Gebens.
Niedere Natur	Der Wille zu empfangen.
Parssa	Die Grenze zwischen der Höheren Führung und Lenkung und den Geschöpfen, die er lenkt. Der *Parssa* liegt zwischen der Welt *Azilut* und den Welten *Beria*, *Yezira* und *Assiya*.
Parzuf	Eine Struktur aus zehn *Sfirot* des Geschöpfes, die in Übereinstimmung der Form mit dem Höheren Licht arbeitet.

Person (in dieser Welt)	Der Wille zu empfangen befindet sich in einem Zustand der Verhüllung vom Schöpfer. Deshalb hat dieser Wille zu empfangen auch nicht die Absicht, von Ihm zu empfangen oder Ihm zu geben.
Punkt im Herzen	Das Erwachen, um die Höhere Kraft zu erfahren.
Reschimot (Erinnerungen, Memoiren)	Die Wünsche, bevor sie durch die Absicht verwirklicht werden. Es sind »Informationszellen«, die Daten über Zustände und Formen enthalten, die man in der Zukunft verwirklichen wird.
Schöpfer	Die Stufe, die man am Ende aller Korrekturen erreichen soll. Das hebräische Wort *Boreh* (Schöpfer) leitet sich von den Worten *Bo Re'eh* ab (komm und siehe). Das ist die Stufe, auf die man kommen und die man sehen soll; man soll zu ihr aufsteigen.
Dem Schöpfer geben	Das Empfangen des Genusses mit der Absicht, den Schöpfer zu erfreuen.
Dem Schöpfer näherkommen	Größere Ausmaße an Eigenschaften des Gebens erreichen.
Seinen Geschöpfen Gutes tun	Der Akt des Schöpfers gegenüber dem Geschöpf.
Schöpfungsgedanke	Der Schöpfungsgrund, der das Ziel der Schöpfung enthält, das heißt die endgültige Form des Geschöpfes.

Schöpfungsvorgang	Der Vorgang, der im Willen zu empfangen gespürt wird, der sich durch die Übereinstimmung der Form mit dem Schöpfer entwickelt.
Sechster Sinn	Die Seele, die Absicht zu geben, der *Masach* (Schirm). All diese Begriffe beziehen sich auf ein spirituelles *Kli*, das empfängt und die Höhere Kraft je nach seinem Maß an Übereinstimmung mit der Form in sich spürt.
Seele	Der Wille zu geben.
Sehnsucht	Zusatz zum Willen zu empfangen. Sie erwacht im Geschöpf als Resultat seiner Bemühungen, zu bekommen, was es will.
Spiritualität	Die Eigenschaft des Gebens und alles, was dabei gespürt wird.
Spirituelle Entwicklung	Die Entwicklung der Absicht, dem Schöpfer Freude zu bereiten, das heißt die Evolution der Eigenschaften des Gebens.
Spirituelle Geburt	Über die Eigenschaften des Geschöpfes die erste Absicht zu geben erlangen *(Masach)*.
Spirituelles *Kli*	Der Ort, der die Füllung empfängt, um anderen zu geben; ein Mittel, anderen zu geben.
Stufen des Erwerbs	Phasen bei der Korrektur der Absicht, in denen man die Eigenschaft des Gebens spürt.

Sünde von *Adam ha Rishon* (Zersplitterung)	Das Bilden des Zieles, das Licht im Geschöpf selbst zu genießen.
Tikkun (Korrektur)	Die Absicht zu empfangen in eine Absicht zu geben umändern.
Um zu empfangen	Eine Handlung mit der Absicht, sich selbst zusätzlichen Genuss zu verschaffen.
Um zu geben	Eine Handlung mit der Absicht, einer anderen Person oder dem Schöpfer zusätzliche Freude zu bereiten.
Verbindung	Vereinigung der inneren Eigenschaften.
Vollkommenheit	Der Zustand, in dem das Geschöpf sich in Übereinstimmung mit der Form des Schöpfers befindet.
Von oben nach unten	Die Erschaffung des Willens zu empfangen und die Verminderung der Kraft des Gebens im Geschöpf.
Von unten nach oben	Das Vorherrschen der Kraft des Gebens im Geschöpf.
Weisheit der Kabbala	Die Enthüllung der Beziehung zwischen dem Licht und dem *Kli* auf jeder Entwicklungsstufe des *Klis*, vom Anfang der Erschaffung der Wirklichkeit bis zum Ende ihrer Korrektur.
Diese Welt	Der kleinste Wille zu empfangen. Er hat keine Absicht, das Höhere Licht

	zu erfreuen oder von Ihm erfreut zu werden.
Unsere Welt	Die Wirklichkeit, die im Willen zu empfangen gespürt wird.
Die Welt *Ejn Sof*	Der Zustand, in dem die Seele unbegrenzte Möglichkeiten des Gebens an den Schöpfer hat.
Welten	Die Zustände, die man während des Vorganges der Angleichung seiner Eigenschaften an die der Höheren Kraft spürt, die Eigenschaft des Gebens.
Wiedergeburten	Die Zustände, die die Seelen erleben, wenn sie in dieser Welt Körper einkleiden.
Wille zu empfangen	Die Natur des Menschen – der natürliche Wunsch, sich selbst zu füllen, erschaffen durch das Höhere Licht.
Wille zu erfreuen	Die Absicht, einem Fremden Freude zu bereiten, außerhalb des Wunsches, dem Willen zu geben.
Wille zu geben	A) Die Natur des Höheren Lichtes. B) Der Wille zu empfangen, der in einem Menschen korrigiert wurde, damit er ihn zum Geben für einen anderen Menschen oder den Schöpfer verwenden kann.
Wille zu genießen	Der Wille, Genuss und Freude zu empfangen.

Wollen	Der Eindruck des Willens zu empfangen vom Füllen zu empfangen, bevor er empfängt.
Wurzel der Seele	Der Ort der Seele im System von *Adam ha Rishon*.
Zehn *Sfirot*	Die zehn Teile des Geschöpfes. Die ersten neun Teile sind die Eigenschaften des Lichtes in ihm, und der zehnte Teil ist der Wille zu empfangen.
Zerbrechen (Sünde von *Adam ha Rishon*)	Das Bilden der Absicht, das Licht innerhalb des Geschöpfes selbst zu genießen.
Zersplittern der Seele von *Adam ha Rishon*	Die Zersplitterung der Urseele in einzelne Seelen, das heißt individuelle Wünsche. Als alle Wünsche in *Adam ha Rishon* die gemeinsame Absicht hatten, dem Schöpfer zu geben, waren sie als Einheit vereint. Als die Absicht in den Wünschen sich umkehrte und auf Selbstgenuss abzielte, empfand sich jeder Wunsch als getrennt von den anderen, und so zersplitterte die Seele.
Ziel der Schöpfung	Seinen Geschöpfen absolut Gutes tun, das heißt dem Geschöpf helfen, den Zustand des Schöpfers zu erreichen.

Kabbalisten schreiben über die Kabbala

Rabbi Moshe Chaim Lutzato (The Ramchal) (1707–1747)

»Alle menschlichen Tätigkeiten werden von einer einzigen, spezifischen Voraussetzung gelenkt, und alle Menschen sind in ihren inneren Zustand gekleidet. Dies wird ›Natur‹ genannt, deren numerische Zahl die gleiche ist wie bei ›Elohim‹ (Gott). Und dies ist die Wahrheit, die der Schöpfer vor den Philosophen verborgen hält.«

– Ramchal, *Das Buch des Krieges von Moses, Regel 15*

Rabbi Eliahu – Der Gaon von Vilna (1138–1204)

»Unser Rabbi [Der Vilna Gaon] beschäftigte sich intensiv mit dem Studium der Eigenschaften der Natur und der Erde, um die Weisheit der Thora zu erlangen, den Namen Gottes unter den Nationen zu heiligen und die Erlösung näher zu bringen. Schon in seiner Jugend offenbarte er Wunder in all den Sieben Lehren. Er bat und befahl seinen Schülern, so viel wie möglich die Sieben Irdischen Lehren zu studieren, und dies geschah auch, um die Weisheit Israels gemäß der Weisheit der Thora in den Augen der Nationen zu erheben, wie es geschrieben steht: ›Denn dies ist deine Weisheit und dein Verstehen im Angesicht der Menschen‹.«

– Rabbi Hillel Shklover im Namen des Vilna Gaon, *Die Stimme der Turteltaube*, S. 115

»Was das Studium der Sieben Lehren angeht, sagte uns unser Rabbi: ›Die messianische Offenbarung kommt Hand in Hand mit der Offenbarung der Weisheit der Thora und erscheint durch die Enthüllung der Geheimnisse der Thora und die Eröffnung der Sieben Lehren ... Dies ist das, was im *Sohar* gemeint ist (VaYera, 117), dass im Jahr 1840 die Tore der Weisheit von oben und die Quellen der Weisheit von unten geöffnet werden, zusammen mit dem Beginn der allmählichen Messianischen Offenbarung‹.«

– Rabbi Hillel Shklover im Namen des Vilna Gaon,
Die Stimme der Turteltaube, S. 117

»Er hatte die Gewohnheit, oft schwer zu seufzen und zu sagen: ›Warum sollten die Nationen sagen: Wo ist die Weisheit Israels?‹ Er flüsterte uns oft zu, dass diejenigen, die unsere Thora wahrnehmen, dies zum Lobpreis des Namen Gottes tun, wie es die alten Weisen aus Israel getan haben. Viele von ihnen priesen den Namen Gottes durch ihr ausgedehntes Wissen in der Erforschung der Geheimnisse der Natur und den Wundern des Schöpfers. Viele unter den Rechtschaffenen der Nationen der Welt rühmten auch sehr die Weisheit der Weisen der Thora in Israel – die Mitglieder der Sanhedrin, die Tanaaim, die Amoraim und so weiter, und in späteren Generationen unser Rabbi, der Rambam Baal HaTosafot, und andere, die viel dazu beitrugen, durch ihr Studium in irdischen Dingen den Namen Gottes unter den Nationen zu heiligen.«

– Rabbi Hillel Shklover im Namen des Vilna Gaon,
Die Stimme der Turteltaube, S. 118

»Wenn man die Sieben Lehren studiert, wird einem beim Erlangen der Weisheit in den Geheimnissen der Thora geholfen, die Weisheit von Israel wird erhöht und die Heiligung des Namen Gottes in den Augen der Nationen bringt die Erlösung näher.«

– Rabbi Hillel Shklover im Namen des Vilna Gaon, *Die Stimme der Turteltaube*, S. 118

»Um die Weisheit der Thora, die im Höheren Licht der Weisheit enthalten ist, zu verstehen und zu erlangen, muss man auch die Sieben Lehren, die in der niederen Welt, in der Welt der Natur verborgen sind, studieren.«

– Rabbi Hillel Shklover im Namen des Vilna Gaon, *Die Stimme der Turteltaube*, S. 119

»Dies sind die Sieben Lehren: a) die Weisheit von Kalkulus, Eigenschaft und Maß; b) die Weisheit der Schöpfung und Ansammlung; c) die Weisheit der Medizin und des Wachstums; d) die Weisheit von Verstand, Grammatik und Gesetz; e) die Weisheit des Musizierens und der Heiligkeit; f) die Weisheit der Korrektur und Integration; g) die Weisheit von ZRW (zwischen Regen und Wind), und die mentalen Kräfte. Unser Rabbi war in all diesen Lehren sehr bewandert.«

– Rabbi Hillel Shklover im Namen des Vilna Gaon, *Die Stimme der Turteltaube*, S. 120

Rabbi Abraham Yitzhak HaCohen Kook (1865–1935)

»Die Vernunft entwickelt sich nur, weil jenseits der Schwelle ihres Bewusstseins das Verborgene seine wissenschaftliche und moralische Arbeit tut. Die vorherrschende Auffassung, dass das Verborgene die reine Wissenschaft und genaue Kritik trübt, ist falsch. Gerade durch das Verborgene, mit der Kraft seines Singens und der Tiefe seines Verstandes, wird eine solide Grundlage für die Wissenschaft gebildet, innovativ und mit scharfer Kritik. Wenn man diese beiden Reichtümer mit ihrer großen Fülle kombiniert – das Verborgene und die Kritiken –, baut man eine solide Grundlage für das Höhere Göttliche Licht, die oberhalb jedes Wortes und jeder Erkenntnis liegt.«

– Rabbi Kook, *Orot (Lichter)*, S. 92

»Je mehr von den innewohnenden Geheimnissen der Thora – sei es aus der Perspektive der Wissenschaft, des Gefühls oder aus der Perspektive der Fantasie – erscheinen, sich ausbreiten, und je besser sie sich für das regelmäßige und konstante Studium eignen, desto höher wird eine Seele und die Seele der Welt aufsteigen.«

– Rabbi Kook, *Orot (Lichter)*, S. 90

»Die Zeitgeschehnisse, das Wachstum der gesellschaftlichen Beziehungen und die Ausbreitung der Wissenschaften haben den menschlichen Geist sehr verfeinert.«

– Rabbi Kook,
Orot Emuna (Lichter des Glaubens), S. 67

»Die Zukunft des Menschen wird in der Tat kommen, in der er einen so festen spirituellen Zustand angenommen hat, dass nicht nur die Professionen einander nichts mehr verhehlen, sondern auch jede Wissenschaft und jedes Gefühl das gesamte wissenschaftliche Meer und die gesamte emotionale Tiefe reflektieren, denn diese Materie besteht eigentlich schon in der gegenwärtigen Wirklichkeit.«

– Rabbi Kook,
Orot Kodesh A (Heilige Lichter A), S. 22

»Es gibt eine gewisse erhabene Tugend, durch die der verborgene Wissensschatz desto größer wird, je stärker das sichtbare Wissen ist.«

– Rabbi Kook,
Orot Kodesh A (Heilige Lichter A), S. 65

»Man sollte sein intellektuelles Maß der natürlichen Vernunft immer mit all seinen Eigenschaften füllen, damit der Inhalt ›eine gesunde Seele in einem gesunden Körper‹ auch in seinem spirituellen Maß gehalten wird.«

– Rabbi Kook,
Orot Kodesh A (Heilige Lichter A), S. 66

»So wie der Mensch sich an die materielle Natur und ihre Kräfte gewöhnen, ihre Methoden und Handlungen nach den gleichen Gesetzen studieren sollte, die ihn innerlich und äußerlich führen und die die Welt lenken, von der er ein Teil ist, so und sogar noch mehr sollte er (und muss er) sich an die Regeln der spirituellen Natur gewöhnen, die die gesamte Wirklichkeit, von der er ein Teil ist, lenken.«

– Rabbi Kook, 1985,
aus den Notizen in den Manuskripten,
Schätze des Raayah (Rav Kook), 4, S. 23

»Die große Bedeutung des menschlichen Wunsches, sein Stellenwert in der Wirklichkeit und seine äußerste Wichtigkeit muss durch die Geheimnisse der Thora erst noch zum Vorschein kommen. Und diese Enthüllung wird die Krone aller Wissenschaften sein.«

– Rabbi Kook,
Orot Kodesh A (Heilige Lichter A), S. 66

»Die Wissenschaften werden sich damit beschäftigen, alle Einzelheiten vom Potenziellen zum Aktuellen zu bringen, nach denen die guten und ehrlichen Neigungen, die diese Welt lenken, streben, und es handelt sich um alle Bedürfnisse der vortrefflichen Materie und des spirituellen Lebens.«

– Rabbi Kook,
Orot Teshuva (Lichter der Reue), S. 50 f.

»Um das Jahr 1923 herum besuchte Professor Einstein das Land Israel. Ein Treffen wurde zwischen ihm und unserem Rabbi Raayah Kook arrangiert ... Der Rabbi bemerkte unter Verweis auf das schiere Ausmaß der Methode des Professors, dass es eine allgemeine Auffassung in alten jüdischen Schriften gibt, wonach eine wundervolle Offenbarung, die die gesamte Menschheit in Erstaunen versetzt, in irgendeiner versteckten Ecke unserer alten Literatur und besonders im Okkulten gefunden werden wird, deren Lichtblitze bis hoch hinauf in unsere Gedankenwelt zucken und jedes bisschen historischer Entwicklung in der Welt der Vorstellungen durchdringen. So sei es auch mit der wundervollen Offenbarung seiner neuen relativen Methode geschehen, die jedem Denker den Atem verschlägt und deren Ursprung schon im Okkulten und in den Kabbalabüchern zu finden sei, in den Kommentaren, die über sie geschrieben wurden.

... und dass Professor Einstein mit der Macht seines großen Verstandes das große Meer überbrückt und einen Weg zu den Ideen und Konzepten gefunden habe, von denen Wege zu allen Wissenschaften ausgehen. Natürlich lauschte der Professor den Worten sehr aufmerksam und interessiert. Er kommentierte die philosophische Seite der Anmerkungen des Ravs und verwies auf das Verständnis seiner Methode, die letzten Endes die technische Wahrnehmung des Aufbaus der gesamten Welt erkläre.«

– 2002, Rabbi Shmuel Shulmans Beschreibung des Treffens zwischen Rav Kook und Albert Einstein, *Schätze des Raayah (Rav Kook)*, 1, S. 87

Rabbi Yehuda Leib HaLevi Ashlag (Baal HaSulam) (1884–1954)

»... sie haben keine wissenschaftliche Lösung dafür, wie es für ein spirituelles Objekt möglich sein kann, irgendeinen Kontakt mit physischen Atomen zu haben und sie in Bewegung zu setzen ... Wir benötigen nur die Weisheit der Kabbala, um hier einen Schritt vorwärts zu tun, auf wissenschaftliche Weise, denn alle Lehren dieser Welt sind in der Weisheit der Kabbala enthalten.«

– Baal HaSulam, *Die Freiheit*

»... die Wiedergeburt geschieht in allen Objekten dieser greifbaren Wirklichkeit, und jedes Objekt führt auf seine Weise ein ewiges Leben. Und obwohl unsere Sinne uns sagen, dass alles kurzlebig ist, hat es lediglich diesen Anschein. In Wahrheit gibt es hier nur Wiedergeburten, weil kein Gegenstand auch nur für einen Moment ruht, sondern unterwegs auf dem Rad der Transformation der Form nichts von seiner Essenz verliert, wie die Physiker gezeigt haben.«

– Baal HaSulam, *Der Frieden*

»... du kannst alles aus der Weisheit der Wahrheit ableiten, die sämtliche jahrhundertealten Lehren in sich trägt, die ihre sieben kleinen Töchter sind.«

– Baal HaSulam, *Einführung in das Buch Der Baum des Lebens*, Punkt 4

»Genauso, wie man seinen Körper nicht ohne Wissen über die stoffliche Zusammensetzung in der Natur erhalten kann … so ist auch unsere Seele in der nächsten Welt nicht lebensfähig, wenn sie nicht einiges Wissen über die Zusammensetzung der natürlichen Systeme der spirituellen Welten erwirbt. … Man wird wiedergeboren, bis einem das Erlangen der Weisheit der Wahrheit durch und durch gewährt wird.«

– Baal HaSulam,
Aus meinem Fleisch werde ich Gott sehen

»Die Wissenschaft ist normalerweise in zwei Bereiche unterteilt, der eine wird ›materielles Wissen‹ und der andere ›formatives Wissen‹ genannt.

… der Teil der Wissenschaft, der sich mit der Qualität der Materie der Wirklichkeit in ihren reinen Substanzen befasst – ohne jede Form – und mit Substanzen und Formen zusammen, wird ›formatives Wissen‹ genannt. Dieses Wissen beruht auf empirischer Grundlage, das heißt auf Beweisen und Rückschlüssen, die von praktischen Erfahrungen herrühren, und diese praktischen Erfahrungen werden als solide Grundlage für wahre Schlussfolgerungen herangezogen.

Der zweite Bereich der Wissenschaft befasst sich lediglich mit Formen, die von der Substanz unabhängig sind und keinen Kontakt mit den Substanzen selbst aufweisen. Deshalb beruht jedes wissenschaftliche Lernen dieser Art auf rein theoretischer Grundlage. Es rührt nicht von praktischen Erfahrungen her, sondern von theoretischen Befunden. Viele zeitgenössische Gelehrte haben diese Art der Forschung aufgegeben, weil sie mit Aussagen, die auf theoretischen Befunden beruhen, nicht zufrieden sind. Sie halten sie für unsicher, weil nur empirische Ergebnisse sie wirklich überzeugen können.

Beachten Sie, dass auch die Weisheit der Kabbala in die zwei oben genannten Bereiche unterteilt ist: in das materielle Wissen und das formative Wissen. Dennoch hat sie gegenüber den jahrhundertealten Wissenschaften große Verdienste errungen. Das liegt daran, dass hier sogar der Teil des formativen Wissens vollständig auf einer Kritik der praktischen Vernunft aufgebaut ist, das heißt, auf einer empirischen, praktischen Grundlage.«

– Baal HaSulam,
Materie und Form in der Weisheit der Kabbala

»Die Weisheit der Wahrheit, das heißt die Weisheit der Göttlichen Offenbarung auf Seine Art und für Seine Geschöpfe, wie bei jahrhundertealten Lehren üblich, sollte von Generation zu Generation erfolgen, wobei jede Generation der vorigen ein Bindeglied hinzufügt. So entwickelt sich die Weisheit und wird gleichzeitig für die Verbreitung in der breiten Masse leichter zugänglich.«

– Baal HaSulam,
Die Weisheit der Kabbala und Ihre Essenz

»So wie das Auftreten der Tiere in dieser Welt und die Muster des Fortbestands eine wundervolle Weisheit darstellen, so verbinden sich auch die Erscheinung der Göttlichen Fülle in der Welt und die Existenz der Stufen und ihrer Funktionsweisen zu einer wundervollen Weisheit, die noch weit wundervoller als die Wissenschaft der Physik ist. Das liegt daran, dass die Wissenschaft der Physik nur ein Wissen über das Verhalten einer bestimmten Art ist, die in einer besonderen Welt gefunden wird und ihrem Träger gleicht; eine andere Lehre enthält sie nicht.

Dies ist nicht so in der Weisheit der Wahrheit, weil es allgemeiner Wissensstand des allgemeinen Leblosen, Pflanzlichen, Belebten und Sprechenden ist, vorhanden in allen Begebenheiten und Verhaltensweisen in allen Welten, die in den Schöpfungsgedanken integriert wurden, das heißt in die absichtlichen Träger. Deshalb sind erstaunlicherweise auch alle Lehren dieser Welt, von der unbedeutendsten bis zur größten, darin aufgehoben. Sie macht alle Lehren gleich – selbst solche, die so weit entfernt voneinander sind wie der Osten vom Westen. Sie macht sie auf eine Weise gleich, die für alle dieselbe ist, bis die Ausübung jeder Lehre sich selbst beweist.

Die Wissenschaft der Physik beispielsweise folgt genau dem Aufbau der Welten und den *Sfirot*. Dem gleichen Aufbau folgt die Wissenschaft der Astronomie, und so ist es auch mit der Musik und so weiter. Deshalb finden wir, dass alle Lehren einem Aufbau folgen, einem einzigen Zusammenhang und einer einzigen Ratio – sie sind sich alle ähnlich, so wie ein Kind seinen Eltern gleicht. Aber das macht sie voneinander abhängig, das heißt, die Weisheit der Wahrheit ist von all den Lehren abhängig, und all die Lehren sind wieder von ihr abhängig. Wir finden demnach nicht einen einzigen echten Kabbalisten ohne umfassendes Wissen in all den weltlichen Lehren, weil er dieses Wissen aus der Weisheit der Wahrheit bezieht, das in ihr enthalten ist.«

– Baal HaSulam,
Die Weisheit der Kabbala und Ihre Essenz

Weitere Bücher von Dr. Michael Laitman

Leben aus der Kabbala (Allegria Taschenbuch, Ullstein Buchverlage, Berlin 2007)
Das Grundlagenwerk für Studium und Praxis des spirituellen Weges der Kabbala.

Kabbala ist eine exakte Wissenschaft, die uns Menschen nahe liegt und unsere Stellung im Universum definiert. Sie gibt uns Antworten auf die fundamentalen Fragen des menschlichen Daseins: Warum existieren wir, woher kommen wir, warum sind wir auf dieser Welt, wohin gehen wir, wenn unser Weg hier beendet ist?

Die Kabbala stellt eine Methode zur Erfassung der spirituellen und damit auch dieser Welt dar, wobei unsere Welt eine Folgeerscheinung der erstgenannten ist. Einerseits vermittelt uns diese Lehre umfangreiche Kenntnisse der spirituellen Welten, andererseits entwickelt sich durch das Studium der Kabbala ein zusätzliches »Empfindungsorgan«. Mit Hilfe von diesem neuen Sinn bekommt der Lernende die Möglichkeit, mit den spirituellen Welten in Kontakt zu treten.

Das Licht der Kabbala (Allegria Taschenbuch, Ullstein Buchverlage, Berlin 2007)
Was bedeutet das Studium der Kabbala und welchen inneren und äußeren Weg kann es weisen? Die grundlegenden Konzepte hinter dem Studium und Leben kabbalistischer Weisheit werden verständlich vorgestellt und so dargelegt, dass der Leser einen ersten Eindruck kabbalistischer Spiritualität bekommt.

Über Bnei Baruch

Bnei Baruch ist eine Gruppe von Kabbalisten in Israel, die die Weisheit der Kabbala mit den Menschen der ganzen Welt teilt. Das Studienmaterial, welches 26 Sprachen umfasst, beruht auf authentischen Texten, die von Generation zu Generation überliefert wurden.

Geschichte und Ursprung
Rav Michael Laitman, Professor der Ontologie, Erkenntnistheorie und Master of Science in medizinischer Biokybernetik, gründete Bnei Baruch 1991 nach dem Tod seines Lehrers Rabbi Baruch Shalom HaLevi Ashlag (der Rabash). Rav Laitman nannte seine Gruppe Bnei Baruch (die Söhne Baruchs) zum Gedenken an seinen Mentor, an dessen Seite er die letzten 12 Jahre, von 1979 bis 1991, verbrachte. Rav Laitman war Ashlags wichtigster Schüler und persönlicher Assistent. Er ist als Nachfolger von Rabash's Lehrmethode anerkannt.

Rabash ist erstgeborener Sohn und Nachfolger des größten Kabbalisten des 20. Jahrhunderts, Rabbi Yehuda Leib HaLevi Ashlag. Rabbi Yehuda Ashlag ist Autor des maßgeblichsten und umfangreichsten Kommentars zum *Buch Sohar* – dem *Sulam Kommentar (Stufen der Leiter);* dieser enthüllt die vollständige Methode für einen spirituellen Aufstieg. Dies ist auch der Grund für Ashlags Beinamen Baal HaSulam (Herr der Leiter).

Bnei Baruch gründet ihre gesamte Lehrmethode auf den Erkenntnissen dieser großen spirituellen Führer.

Die Lehrmethode
Diese einzigartige von Baal HaSulam und seinem Sohn Rabash entwickelte Methode wird täglich von Bnei Baruch gelehrt und angewandt. Sie bezieht sich auf authentische Kabbala-Quellen wie z.B. *Das Buch Sohar* (von Rabbi Shimon Bar-Yochai), die Schriften des ARI, *Talmud Esser Sefirot (Das Studium der zehn Sefirot)* und auf andere Bücher von Baal HaSulam.

Obwohl es sich um authentische Quellen handelt, sind sie in einer einfachen Sprache verfasst und bieten einen wissenschaftlichen und zeitgenössischen Ansatz. Dadurch wurde Bnei Baruch zu einer international anerkannten Organisation betreffend den Kabbala-Unterricht. Bnei Baruch ist in ganz Israel höchst geachtet.

Die einzigartige Kombination einer akademischen Lehrmethode mit persönlichen Erfahrungen erweitert die Perspektive der Schüler und erlaubt ihnen eine neue Wahrnehmung der Realität, in der sie leben. Der Unterricht rüstet die Studenten auf ihrem spirituellen Weg mit emotionellen Werkzeugen aus, die sie dazu befähigen, sich selbst und ihre umgebende Wirklichkeit zu erforschen.

Die Botschaft
Bnei Baruch ist eine facettenreiche Bewegung mit vielen tausend Studenten weltweit. Jeder Student wählt seinen eigenen Weg, entsprechend seinen persönlichen Gegebenheiten und Fähigkeiten.

In den letzten Jahren entwickelte sich die Gruppe zu einer Bewegung, die sich vermehrt mit freiwilligen Unterrichtsprojekten beschäftigt, indem sie die ursprünglichen Kabbala-Quellen in einer zeitgemäßen Sprache präsentiert. Die Essenz der Botschaft, die von Bnei Baruch verbreitet wird, ist folgende: Verbindung unter den Menschen, Verbindung der Völker und Liebe zwischen den Menschen.

Jahrtausendelang lehrten Kabbalisten, dass die Liebe zwischen den Menschen die Basis eines Volkes ist. Diese Liebe herrschte zur Zeit Abrahams, Moses' und in den kabbalistischen Gruppen, die jene gründeten, vor. Die Liebe war der Treibstoff, der das Volk Israel zu erstaunlichen Leistungen führte. In den Zeiten jedoch, als sich die Liebe in unbegründeten Hass verwandelte, verfiel die Nation in schwere Qualen.

Wenn wir diesen alten (und doch neuen) Werten Raum geben, werden wir entdecken, dass wir die Kraft haben, unsere Differenzen beizulegen und uns zu vereinigen.

Die für Jahrtausende verborgene Weisheit der Kabbala tritt nun hervor. Sie wartete auf den Zeitpunkt, an dem wir ausreichend reif und bereit dafür sind, ihre Botschaft zu realisieren. Daher erscheint sie heute in Form einer Lösung, die Interessensgruppen innerhalb eines Volkes und zwischen den Völkern vereint, und uns alle, ob Individuen oder Gesellschaft, zu einer viel besseren Situation verhilft.

Bnei Baruch Aktivitäten
Bnei Baruch wurde unter der Voraussetzung gegründet, dass »wir nur durch die Verbreitung der Kabbala in der Öffentlichkeit vollständige Erlösung erlangen werden« (Baal HaSulam).

Daher bietet Bnei Baruch den Menschen verschiedene Hilfsmittel an, damit sie die Bedeutung ihres Lebens erforschen und entdecken – mit einer sorgsamen Anleitung für Anfänger und Fortgeschrittene.

Kabbala-Zeitung
Die Kabbala-Zeitung, *Kabbalah Laam (Kabbala für das Volk),* wird wöchentlich von Bnei Baruch aufgelegt und verbreitet. Sie ist unpolitisch, nicht kommerziell und in einem klaren zeitgenössischen Stil verfasst. Ihr Ziel ist die kostenlose und deutliche Darlegung der großen Erkenntnis, welche sich in der Weisheit der Kabbala verbirgt. Die Zeitung wird in Israel gratis verteilt.

Die Anfängerseite auf Deutsch, *www.kabbalah.info*, präsentiert die Weisheit der Kabbala in Form von Artikeln. Das Material dieser Seite wurde sorgfältig ausgewählt und in acht Kategorien eingeteilt, welche sich zu einem klaren verständlichen Gesamten zusammenfügen. Dies kommt dem Seitenbesucher bei seinem ersten Kontakt mit der Weisheit der Kabbala zugute. Auf dieser Internetseite gibt es weitere Bücher zum freien Download und eine Aufstellung der abgehaltenen Kurse.

Auf der Seite für Fortgeschrittene finden sich Essays, Bücher und Originaltexte. Sie beinhaltet eine einzigartige und umfangreiche Bibliothek zur Erforschung der Weisheit, genauso wie das Medienarchiv *www.kabbalahmedia.info* mit mehr als 6000 Lektionen, Bücher zum herunterladen und einen Fundus von Texten, Videos und Audiomaterial in vielen Sprachen. Der Download ist kostenlos.

Kabbala-Fernsehen
Bnei Baruch gründete die Produktionsfirma ARI Films *(www.arifilms.tv)*, die sich weltweit auf die Herstellung von Unterrichtprogrammen in vielen Sprachen spezialisiert hat.

In Israel sendet Bnei Baruch live auf Kanal 25 (Kabel) und 98 (Satellit) von Sonntag bis Freitag. Alle Sendungen auf diesen Kanälen sind kostenfrei und auf Anfänger ausgerichtet, die keinerlei Vorkenntnisse benötigen. Dieser bequeme Lehrvorgang wird mit Diskussionsrunden von Rav Laitman und bekannten Persönlichkeiten in Israel und auf der ganzen Welt ergänzt. Zusätzlich legt Bnei Baruch Kurse, Dokumentationen und anderes TV-Material auf DVDs auf.

Kabbala-Vorträge
Bnei Baruch eröffnete kürzlich ein neues Studiencenter in Israel mit dem Namen *Beit Kabbalah Laam (Haus der Kabbala für Menschen)*. Das Gebäude besteht aus zwei Sälen: einem großen Saal für öffentliche Vorträge und einem kleinen für Kabbala-Unterricht in Kleingruppen.

Lektionen und Vorträge gibt es am Morgen und Abend; sie befassen sich mit verschiedenen Themen, die die authentische Kabbala sowohl Anfängern als auch Fortgeschrittenen zugänglich machen.

Kabbala-Bücher
Rav Laitman verfasst seine Bücher, die auf den Schlüsselkonzepten Baal HaSulams basieren, in einer klaren und modernen Sprache. Heute dienen diese Bücher als Bindeglied zwischen den Lesern und dem Originaltext. Alle Bücher Laitmans stehen frei zum herunterladen zur Verfügung oder können bei *www.kabbalahbooks.info* gekauft werden.

Kabbala-Lektionen
Wie alle Kabbalisten der vergangenen Jahrhunderte vor ihm, hält Rav Laitman täglich im Bnei Baruch Center zwischen 2:15 und 5:00 Uhr (Mitteleuropäische Zeit) Unterricht ab. Die Lektionen werden simultan in Deutsch, Englisch, Russisch, Spanisch, Italienisch und Türkisch übersetzt. Demnächst wird es Übersetzungen auch in Französisch, Griechisch, Polnisch und Portugiesisch geben. Auch diese Unterrichte stehen tausenden Studenten weltweit kostenlos zur Verfügung und können während der Unterrichtszeit live auf *www.kab.tv* mitverfolgt werden.

Finanzierung
Bnei Baruch ist eine nicht auf Gewinn orientierte Organisation für das Lehren und die Verbreitung der Weisheit der Kabbala. Um ihre Unabhängigkeit und integren Absichten aufrecht zu halten, wird Bnei Baruch nicht von Regierungen oder politischen Organisationen unterstützt bzw. finanziert. Da die große Menge der Aktivitäten von Bnei Baruch kostenfrei ist, besteht die vorrangige Quelle der Finanzierung aus dem zehnten Teil, den die Studenten auf freiwilliger Basis zur Verfügung stellen.

Zusätzliche Einnahmen bringen Rav Laitmans Bücher, die zum Selbstkostenpreis verkauft werden, und Spenden.

Kontakt zu Bnei Baruch

Deutschland:
ARI-Bildungseinrichtung e. V
Heerstrasse 31
14052 Berlin
Telefon: +49-30-30100418
Mobil: +49-177-4015157
Mail: *info@ari-bildung.de*

Österreich:
Kabbalah Bildungs- und Forschungsinstitut
»Baum des Lebens«
Josefinengasse 4
1020 Wien
Telefon: +43-676-4461617
Mail: *austria@kabbalah.info*

Israel:
Bnei Baruch
P. O. Box 584,
Bnei Brak 51105, Israel
Fax: +972-3-5781795
Mail: *info@kabbalah.info*

Für nähere Informationen besuchen Sie die Seite *www.kabbalah.info*